diversités

journal étrange IV

© Éditions Les Belles Lettres, 2009
Collection « encre marine »
ISBN : 978-2-35088-013-6

marcel conche

diversités

journal étrange IV

encre marine

$\mathcal{M}$ON JOURNAL est « étrange » en ce sens qu'il « sort de l'ordinaire » (cf. *infra*, chap. XXVI) : je ne conte pas mes journées ; je m'en tiens à « enregistrer », comme dit Montaigne, ce qui me vient à l'esprit, de façon imprémeditée.

Que ce soit là le point commun des quatre volumes de ce journal n'empêche pas le quatrième volume, ici présenté, de se différencier des trois premiers. Dans ceux-ci, entre le premier chapitre et le dernier, on ne discerne pas une orientation définie, un progrès. Il en va autrement dans *Diversités*. Il est marqué par l'influence d'Émilie.

De toutes les personnes vivantes, Émilie est celle qui m'a le plus influencé (ma femme étant celle qui m'a le plus aidé). Cette influence s'est exercée en 2008 de façon différente de ce qu'elle avait été en 2001. Ma rencontre avec Émilie, à Treffort, en août 2001 (cf. *Confession d'un philosophe*, XVII), avait eu, de mon côté, pour suite immédiate, un grand élargissement culturel : la découverte des chefs-d'œuvre de la poésie mystique musulmane, une attention renouvelée aux penseurs de l'Inde, et surtout un intérêt nouveau pour Lao-tseu, dont je traduisis le *Tao te king* (PUF, 2003).

Mes retrouvailles avec Émilie en 2007, et mon séjour en Corse auprès d'elle en avril 2008, ont eu pour résultat, de ma part, une compréhension, je crois, plus réelle et plus profonde de la personnalité d'Émilie, de sa vision du monde et de la vie. Et je dois dire que cette compréhension s'est accompagnée d'une sorte de participation et d'adhésion. J'en viens à me dire « fervent de la religion d'Émilie ». Cela signifie seulement que je consens à qualifier la Nature (la *Phusis* omnienglobante des Grecs), en laquelle je vois la Source de toutes choses, de « divine ».

Pourquoi ? Émilie a attiré mon attention (ce qu'avait déjà fait Aristote, in *De partibus animalium*, 645a, pour les espèces animales) sur le fait que *toutes* les créations de la Nature (pas seulement les fleurs, les arbres, ou le ciel, le monde, etc.) ont de la beauté. Dès lors, il m'est difficile d'admettre que la Nature opère par pur hasard indifférent, qu'elle n'ait pas une sorte de « préférence » pour ce qui est beau et bon (n'est-ce pas déjà ce que signifie le clinamen d'Épicure ?). Si la Nature est poète, si elle est le Poète universel, pourquoi ne serait-elle pas comme le poète humain, qui privilégie d'instinct les harmonies les plus belles, qui veut « de la musique avant toutes choses » ? Or, si la Nature nous offre une immensité de beauté, n'est-ce pas qu'elle est *comme* une Déité qui nous aime, et ne faut-il pas répondre à cet amour par de l'amour ?

Ma dette envers Émilie est, plus précisément, celle-ci. Dans ma conférence « La voie certaine vers "Dieu" », tout en rejetant le Dieu des monothéismes, je me rallie – un peu à la façon d'Auguste Comte – à la religion de l'amour, telle qu'elle ressort de la Parole de Jésus.

J'admets cette visée idéale d'aimer son « prochain » d'un amour inconditionnel (c'est-à-dire sans la condition qu'il ne soit pas un ennemi), autrement dit, d'aimer tout être humain comme un frère. Or, selon Émilie, c'est là se limiter encore à la sphère humaine. Il faut un amour non seulement inconditionnel, mais immense et infini, c'est-à-dire élargi à toute la Nature. C'est ce qu'elle-même vit et ressent, et en aimant son magnifique terrain qu'elle a planté d'oliviers, c'est toute la Nature et c'est la Déité qu'elle aime en lui, car elle ne cesse jamais de voir l'infini dans le fini.

Ainsi, dans ce quatrième volume, il n'y a pas seulement une suite de chapitres, il y a une orientation : il y a un mouvement vers Émilie.

mai 2008

$\mathcal{M}$ARIE-NOËLE, qui fut mon élève au lycée d'Évreux en 1955-1956, pour qui j'éprouvai par la suite une passion aussi ardente que vaine, qui opposa à ma requête d'un baiser (cf. *Oisivetés* LXXVII) la fin de non-recevoir que d'ailleurs j'attendais, Marie-Noële donc, voici qu'aujourd'hui, 1er juillet 2007, elle m'envoie la liste de ses « dix raisons de croire », telles qu'elles sont développées, sous ce titre, dans un article de revue, par Guillaume de Menthière, curé de Saint-Jean-Baptiste-de-La-Salle. L'auteur admet que ces raisons ne sont pas déterminantes : « Chacun opte dans la liberté de sa conscience. » Il n'en va pas ainsi. L'option n'est pas libre : « Nous sommes Chrestiens à mesme titre que nous sommes ou Perigordins ou Alemans », dit Montaigne (*Essais*, II, XII, PuF, p. 445). Marie-Noële, Ébroïcienne, née et éduquée dans une famille chrétienne, ne pouvait être que chrétienne. Presque toutes mes élèves du lycée d'Évreux l'étaient. Il est vrai qu'elle ne fût pas restée chrétienne si elle ne l'eût pas voulu. Mais pouvait-elle ne pas le vouloir ? Il n'y a pas de foi sans volonté de croire. Mais la volonté ne saurait contrevenir à l'ancrage de la foi, sauf influences contraires très fortes et rarissimes. Quelles influences ? Marie-Noële m'a entendu lire et commenter en classe le chapitre des *Frères Karamazov* intitulé « La révolte ». Que le gouverneur du monde soit ce Dieu « raison suprême » dont parle Benoît XVI, cela est incompatible avec le *déraisonnable* absolu, le martyre des enfants – qu'ils soient victimes de l'homme ou de la nature, comme ceux qui, à Pompéi ou à Herculanum, périrent étouffés par les cendres brûlantes du Vésuve. La lecture que j'ai faite de quelques pages de Dostoïevski a-t-elle incité Marie-Noële à la réflexion ? C'est probable. Avec Guillaume de Menthière, elle parlera du « scandale du mal ». Pour autant, sa foi ne sera pas ébranlée. Les paroles du professeur admiré se sont brisées sur ce récif qu'est la volonté de croire. Les mots ne sont que des mots. Ce qu'il faut pour faire bouger la volonté entêtée à croire, c'est une expérience qui vaille comme une révélation de l'inacceptable. Pilar Sánchez Orozco m'a dit que l'une de ses amies avait perdu la foi à la mort de son petit enfant. Juive polonaise de quatorze ans, morte à Auschwitz en 1943, Rutka Laskier tenait un journal. Dans le ghetto de Bedzin, elle écrit ceci : « Le peu de foi que j'avais a été complètement anéanti. Si Dieu existait, il n'aurait certainement pas permis que des humains soient jetés vivants dans des fourneaux et que des têtes de petits bébés soient fracassées par des crosses de revolvers ou bien jetées dans des sacs et gazées jusqu'à la mort... » (cité dans *Le Monde*, 2 juillet 2007, p. 3, trad. de l'anglais par Oihana Gabriel). La vérité sort de la bouche des enfants. Le chrétien lit cela. Aussitôt il se répand en mots, et se tourne vers Job ou vers la croix de Jésus de Nazareth. Car loin que les mots puissent dire l'indicible, ils servent à en amortir l'effet. Le chrétien est en face de la souffrance extrême, de l'injustice absolue, du désespoir sans fond. Qu'à cela ne tienne, les mots lui apportent un apaisement. Mais pourquoi parler de

« raisons de croire » ? Pourquoi « raisons » ? Dieu a fait un miracle, a-t-on lu récemment : il a guéri sœur Simon-Pierre, atteinte
de la maladie de Parkinson. Pourquoi la sauver, elle, et non les
petits bébés aux crânes fracassés ? Pourquoi pas l'enfant victime
d'un séisme, qui agonise sous sa maison écrasée ? Si les chrétiens
renonçaient à *parler* de Dieu, à le soumettre à leurs ratiocina-
tions indigentes, s'ils se bornaient à essayer de vivre dans l'amour,
je pourrais avoir pour eux tous, et pas seulement pour quelques-
uns, respect et estime. Mais qu'ils ne parlent plus de « raisons de
croire » ! Je suis certain d'une chose : « Dieu-raison », il n'y a
rien de tel. Si la foi ne sert qu'à faire plier la raison, elle ne libère
pas. Seul l'Amour libère – la foi qui est amour.

❧

$\mathcal{L}$E VIEIL HOMME peut, selon Épicure, être non seulement heureux, mais « bienheureux » (μακαριστός). Dans la jeunesse, il aspirait à des biens qu'il n'obtiendrait peut-être pas, la chance (τύχη) pouvant lui être contraire. Maintenant, ces biens, il les a eus, et « dans la vieillesse comme dans un port, il a ancré les biens qu'il avait auparavant espérés dans l'incertitude, les ayant mis à l'abri par le moyen sûr de la gratitude (χάρις) ». (*Sentence vaticane* 17). Les souvenirs des jours heureux sont en sûreté dans le magasin de la mémoire. De quoi sont faits ces « jours heureux » ? Du plaisir que l'on a eu à vivre et dans les actions de la vie. Car c'est le plaisir (ἡδονή) qui est « le principe et la fin (τέλος) de la vie bienheureuse », (*À Ménécée*, 128). Revivant en pensée le plaisir joui, l'on aura un nouveau plaisir, qui réjouira le vieil homme, lui permettant de « contre-battre » (Diogène Laërce, X, 22) les douleurs du corps, telles les douleurs de vessie qu'éprouvait Épicure. Encore faut-il que les plaisirs n'aient pas glissé sur l'âme sans profit durable, que l'on ait su les intérioriser pour constituer avec eux une puissance de bonheur qui survive à leur écoulement. Or, cela est-il possible ? Syliane Charles, très attentive à la vie affective (elle l'a montré dans son ouvrage *Affects et conscience chez Spinoza*, Georg Olms, 2004), m'a fait observer, alors que nous cheminions, à Treffort, sur la route du lavoir – Sébastien et Julie (avec l'ardeur de ses trois ans) nous avaient précédés de quelques pas –, que l'on se souvient d'avoir eu du plaisir, mais non du plaisir lui-même. Cela est fort juste. Je suis sur le quai du métro. J'attends. Une certaine odeur me fait me souvenir d'une scène que j'ai vécue en ce même lieu il y a long-temps. C'est la mémoire affective. Mais il n'y a pas de mémoire affective du plaisir. L'on se souvient des circonstances où l'on a eu du plaisir, mais on ne ressent pas ce que l'on a ressenti. C'est pourquoi « il faut recommencer », dit Syliane. Au lieu de lais-ser le plaisir s'écouler, le recueillir, le méditer, se l'approprier par la gratitude, Épicure a rêvé cela. De se souvenir et de savoir que l'on a eu du plaisir peut donner de la joie, mais le plaisir s'est évanoui. « Du pain d'orge et de l'eau donnent le plaisir extrême, écrit Épicure, lorsqu'on les porte à sa bouche dans le besoin », (*À Ménécée*, 131). Cependant, la joie par laquelle il « com-pense » ses douleurs de vessie ne lui vient pas du souvenir du plaisir qu'il a eu à manger ayant faim, mais du souvenir des entretiens qu'il avait avec ses disciples. Voici sa lettre à Idomé-née : « En vivant le jour bienheureux, qui est en même temps le dernier de ma vie, je t'écris ceci. Les douleurs de vessie et d'entrailles que j'endure sont telles qu'elles ne peuvent être plus grandes ; mais elles sont compensées par la joie (χαρά) de l'âme au souvenir de nos conversations passées », (Diogène Laërce, X, 22). Le 10 juin 1944, par une forte chaleur, je marchais seul sur un chemin de terre, en Haute-Corrèze. J'étais extraordinaire-ment assoiffé. Un paysan m'offrit à boire. Le verre de cidre qu'il me donna me laisse le souvenir du plus grand plaisir que j'aie eu de ma vie : ce fut le « plaisir extrême » (ἀκροτάτη ἡδονή) dont parle Épicure. Cependant, je suis incapable de revivre la moindre trace de ce plaisir ; je ne puis ni m'en souvenir, ni l'imaginer. Un ami eut le cancer des fumeurs. « Qu'as-tu gagné, à fumer ? », lui dis-je. – « J'ai eu du plaisir » fut sa réponse. Le plaisir ancien ne l'aidait pas, mais seulement le souvenir de s'être plu à fumer. Le corps n'aide pas, car le corps ne garde pas. L'on n'a d'aide que de la pensée.

❧

*A*LEXANDRE, tyran de Phères, en Thessalie, avait une femme, Thébé, qui le haïssait. Il en avait peur, ne se rendait auprès d'elle, dans sa chambre à coucher, qu'en faisant passer devant lui un barbare thrace, le glaive dégainé. Elle le fit assassiner. Ce fut, selon Cicéron, « sur un soupçon de concubinage » (*De Officiis*, ii, 25) et par jalousie, selon d'autres par vengeance, Alexandre ayant mis aux fers son jeune frère, puis, après l'avoir tiré de prison, l'ayant fait égorger (Xénophon, *Helléniques*, VI, 4, 37). Or, dit Plutarque, ce sont là interprétations basses, inspirées par la « malignité » (κακοήθεια), alors que le meurtre du tyran eut pour mobile « la grandeur d'âme (μεγαλόνοια) et l'horreur du mal », (*De Malignitate Herodoti*, 856a). Car Alexandre s'était rendu odieux aux Thessaliens par les perfidies et les cruautés qu'il ne cessait de commettre, outre qu'il se livrait à un brigandage criminel sur terre et sur mer. Or, elle fit entrer ses frères dans sa chambre alors qu'il dormait, et, tandis qu'elle tenait la lampe pour les éclairer, ils le tuèrent à coups d'épée (*Vie de Pelopidas*, 66). De cet « exemple généreux » que Thébé leur donna, des femmes s'inspirèrent, telle Arétaphile de Cyrène, qui résolut de se défaire de son mari par le poison (*Mulierum virtutes*, 256a).

Plutarque (*De Malig. Herod.*, *ibid.*) associe au cas de Thébé le cas de Caton. On dit qu'il se suicida par souci de gloire, ou par crainte que César ne lui infligeât une mort atroce : ce sont là interprétations vulgaires et basses. Montaigne abonde dans le sens de Plutarque, admirablement. Caton lut le *Phédon*, s'endormit du sommeil du juste, puis, non sans avoir, à son réveil, demandé des nouvelles de ses soldats, se donna un coup d'épée au-dessous de l'estomac, se déchirant les entrailles. Or, dit Montaigne, « il me semble lire en cette action je ne sçay quelle esjouissance de son ame, et une émotion de plaisir extraordinaire et d'une volupté virile, lorsqu'elle considerait la noblesse et hauteur de son entreprise : non pas esguisée par quelque esperance de gloire, comme les jugemens populaires et effeminez d'aucuns [de quelques] hommes ont jugé, car cette considération est trop basse pour toucher un cœur si généreux, si hautain et si raide, mais pour la beauté de la chose mesme en soy – laquelle il voyait bien plus à clair et en sa perfection, lui qui en maniait les ressorts, que nous ne pouvons faire », (*Essais*, II, XI, PuF, p. 424-425).

Montaigne voit juste. Tant du point de vue de la rigueur morale que des vertus éthiques (courage, générosité, gratitude, simplicité, tolérance, bonne foi, équité, délicatesse), extrême est l'« inégalité qui est entre nous » (titre de l'essai I, XLII), car « il y a plus de distance de tel a tel homme qu'il n'y a de tel homme a telle beste : c'est-à-dire que le plus excellent animal est plus approchant de l'homme de la plus basse marche que n'est cet homme d'un autre homme grand et excellent » (texte de 1580). Il est des hommes dont la lâcheté (voyez, dans la nouvelle de Jules Romains « Tu ne tueras point », comment la lâcheté de

Walter Kunhardt le conduit à s'abstenir de porter secours à son ami juif que les étudiants nazis harcèlent, et finalement l'amène à commander le peloton qui exécute un otage, le Français, qui avait été son ami), l'avarice, le sans-gêne, la brutalité, la méchanceté, quand ce n'est pas la perversité, déconcertent le jugement. Mais pour autant, il convient, pour l'honnêteté, la bonté, la bienveillance, la compassion, l'amitié et, généralement, les vertus morales ou éthiques, de se garder des interprétations réductrices qui prétendent voir en toutes l'effet de l'« amour-propre », cela alors que La Rochefoucauld lui-même parle de « véritable amitié », de « véritable amour ».

Élodie a peint, à l'huile, un portrait de moi, d'après une photo qu'elle avait prise dans mon verger. C'est un grand tableau qui lui a coûté des semaines de travail et d'application. Malgré ses dimensions (118 cm x 80 cm), elle me l'a, bien emballé, apporté de Paris en TGV, étant, du reste, venue exprès. N'est-ce pas une singulière preuve d'incontestable amitié ? Tous mes amis – qui d'ailleurs ont vu l'œuvre non sans quelque admiration – en ont jugé ainsi. Il n'est venu à l'esprit d'aucun d'eux de déprécier le geste d'Élodie en parlant d'« amour-propre » (moins encore en faisant la supposition qu'elle me devrait quelque chose). Ce ne serait là que superficielle et fausse psychologie. Élodie a eu du plaisir à peindre ce portrait. Et puis ? Eût-il été préférable qu'elle l'eût peint avec déplaisir ? Elle l'a peint sous l'inspiration de l'amitié, non pour le plaisir qu'elle y a trouvé, bien qu'elle y ait trouvé du plaisir. Je vois des gens autour de moi agir par esprit d'entraide, par bonté ou par devoir. Ils trouvent dans leurs actions une satisfaction (Montaigne dit : une « congratulation ») de conscience, mais qui accompagne ce qu'ils font sans en être le mobile. J'agis souvent par pur devoir, soit par devoir moral, soit par devoir éthique de bienséance : le douteux plaisir que j'en ai est si peu le mobile de mon action que ce que j'éprouve est bien plutôt contrainte et ennui. J'estimerais avoir droit d'être plus satisfait de moi si j'agissais plus souvent par bonté et amour que par sentiment du devoir.

Il y a d'« innumerables [innombrables] degrez », dit Montaigne (I, XLII, PuF, p. 259), dans l'échelle de la valeur morale des hommes. Au haut de l'échelle, plaçons l'amour, avec ses degrés nombreux, depuis l'amour de mère Teresa pour tout être humain jusqu'à l'amour limité à ses proches, ou à sa « bonne amie » ou « bon ami » – amour, cette fois, fortement teinté d'égoïsme. Dans les actions faites par devoir, il y a aussi des degrés nombreux, depuis les devoirs moraux inconditionnels jusqu'au devoir éthique de politesse, en passant par les devoirs conditionnels liés au métier, à la situation. Pourquoi d'ailleurs placer les actions faites par devoir un étage au-dessous des amours égoïstes, puisque lorsque j'agis par devoir inconditionnel, l'égoïsme n'intervient pas comme mobile ? Plutôt que de parler d'une seule échelle, parlons de deux échelles, la seconde ayant son degré le plus élevé à mi-hauteur de la première. Puis au-dessous et de plus en plus bas, l'on a les nombreux degrés de la laideur morale ou éthique, jusqu'à l'abjection, la vilenie, voire la monstruosité, où l'on hésite à parler encore d'être humain.

*D*ANS OISIVETÉS. JOURNAL ÉTRANGE II, chap. XIX, citant la dernière phrase de *Feuillets d'Hypnos*, « Dans nos ténèbres, il n'y a pas une place pour la Beauté. Toute la place est pour la Beauté », j'ajoutai : « phrase que, du reste, je ne comprends pas ». Je ne la comprenais pas, car je me disais ceci : « Même dans un musée, je ne dirai pas que "toute la place est pour la Beauté", car il n'y a pas de musée sans visiteurs, lesquels sont beaux ou laids. Regarde-t-on du côté du monde ? Il y a, certes, les œuvres de la création, qui en font la beauté, mais il y a les œuvres de l'action – guerres, etc. –, qui en font la laideur. Dira-t-on que le poète n'a pas en vue la place que la Beauté a *en fait*, mais celle qui lui revient *de droit* ? En ce cas, il ne peut pas dire : "*Toute* la place est pour la Beauté", s'il est bien ce que l'on dit qu'il est : un poète héraclitéen [= de l'unité des contraires] ». Voilà ce que je me disais. Mais j'avais oublié le fragment 102 Diels-Kranz (cf. *Fragments* d'Héraclite, PuF, p. 388-390).

Yves Battistini a dédié ses *Trois contemporains* (Gallimard, 1955) à René Char, « poète du devenir ». Il remerciait ainsi le dédicataire d'avoir préfacé son *Héraclite d'Éphèse* (éditions « Ca-hiers d'Art », 1948). À l'époque de la guerre prochaine, de la guerre perdue et de la Résistance (1938-1944), Char écrivait *Seuls de-meurent*. L'on n'y trouve que deux noms propres, Héraclite, Georges de la Tour, et celui d'Héraclite deux fois. Georges de la Tour est la présence physique secourable : Char écrivait sous une petite reproduction du *Prisonnier* de Georges de la Tour, qu'il avait piquée sur le mur au lait de chaux de la pièce où il tra-vaillait, et la bougie de la visiteuse l'éclairait. Héraclite est la pré-sence métaphysique : sa Parole (λόγος) dit la Vérité qui seule demeure toujours. Char (poème IX) associe les deux « mérites » : celui du peintre, celui du philosophe-poète, car ils l'ont aidé ensemble. Mais le seul Héraclite sait la loi qui commande toute création : « Il met l'accent sur l'exaltante alliance des contraires. Il voit en premier lieu en eux la condition parfaite et le moteur indispensable à produire l'harmonie » (poème XVII). Char a ici à l'esprit le fragment 51 DK, qu'il lit dans Battistini : « Ils ne com-prennent pas comment les contraires se fondent en une unité : harmonie de forces opposées comme de l'arc et de la lyre » (ce que j'explique, avec des illustrations, in *Fragments*, p. 425-429). Le poème naît de la fusion des contraires : « Au moment de la fusion des contraires [surgit] un impact sans origine définie », qui « annule le trajet de cause à effet », car le poème n'est pas la suite d'autre chose, mais un absolu commencement (cf. poème XVII). Comment ici ne pas songer à ce grand commençant que fut Rimbaud, « premier poète d'une civilisation non encore apparue » : Char écrit cela en mai 1956, et associe aussitôt le « Voyant » à ses deux figures tutélaires. Car, « avant lui Héraclite et un peintre, Geor-ges de la Tour, avaient construit et montré quelle Maison entre toutes devait habiter l'homme : à la fois demeure pour le souffle et la méditation » (*Œuvres*, « Pléiade », p. 731). Le « souffle » (*pneuma*) est la part de la Nature – « Nature non statique, mais associée au courant du poème où elle intervient avec fréquence comme matière, fond lumineux, force créatrice… » (*ibid.*), où il faut entendre par « poème » la Maison même que l'homme libre habite. Car « hors de la poésie […] le monde est nul. La vraie vie, le colosse irrécusable, ne se forme que dans les flancs de la poésie » (p. 730). Quel monde est « nul » ? Le monde des machines, des technologies, des grands travaux, des merveilles informatiques, des bombes et des guerres. La Nature (*Phusis*) est créatrice. La voix du poète fait entendre Sa voix – la voix d'une « reine persécutée ». La méditation du philosophe ménage, à l'écart des sentiers battus et des foires où les hommes s'agitent, le lieu tranquille de l'écoute. Parce que le philosophe est à l'écoute de la Nature, il est aussi celui qui sait entendre comme il convient la voix du poète.

Char a-t-il compris Héraclite ? On a quelque doute lorsqu'on le voit écrire : « Sa vue d'aigle solaire, sa sensibilité particulière l'avaient persuadé, une fois pour toutes, que la seule certitude que nous possédions de la réalité du lendemain, c'est le pessimisme… » (« Pleiade », p. 720-721). Mais un Grec – Nietzsche l'a dit avec justesse – n'est ni pessimiste, ni optimiste, il est essentiellement viril. Certes, la seule certitude que nous ayons de la réalité du lendemain, c'est la mort (cf. *La Mort et la pensée*, Nantes, Cécile Defaut, 2007). Mais comme le sens de la mort se décide dans la liberté de l'homme, on ne saurait dire que la mort soit un mal (ou un bien). Accordons, toutefois, que Char a bien saisi ce point essentiel de la doctrine d'Héraclite qu'est l'unité et l'indissociabilité des contraires. Or, de là venait précisément ma surprise que Char écrive la phrase citée au début. « Dans nos ténèbres [les ténèbres de l'Occupation], il n'y a pas une place pour la Beauté. » Pas « une » place, mais « toute » ! Or, qu'en est-il ?

« Ténèbre lumière » est un couple héraclitéen, comme « jour nuit, hiver été, guerre paix, satiété faim » (fr. 67 DK). Il ne saurait y avoir les ténèbres sans la lumière, l'obscur sans le clair. Et si, face à la laideur de l'Occupation, il y a la lumière, pourquoi pas la beauté (de la Résistance, du « Chant des partisans », etc.). Bien ! Mais pourquoi lui donner « toute la place » ? Car le beau est le contraire du laid, et l'un ne va pas sans l'autre.

Char écrit pourtant : « *Toute* la place est pour la Beauté. » Je ne comprenais pas : pourquoi privilégier l'un des contraires ? Ou y aurait-il une Beauté qui n'aurait pas de contraire ? Qu'il en soit ainsi, c'est ce qui m'est apparu lorsque j'ai imaginé Char lisant, dans Battistini, le fragment 102 DK d'Héraclite : « Pour la divinité, tout est beauté, vertu, justice. Ce sont les hommes qui ont conçu le juste et l'injuste » – fragment que, pour ma part, j'ai traduit ainsi : « Pour Dieu, belles sont toutes choses, et bonnes et justes ; mais les hommes tiennent certaines pour injustes, d'autres pour justes » (p. 388-390 de mon édition). Qu'est-ce qui est affirmé ? Que « pour Dieu », c'est-à-dire du point de vue du Tout (et le Monde, *cosmos*, est le Tout : cf. fr. 30 DK), *toutes* choses (*panta*) sont belles – « toutes », y compris le laid ; que *toutes* sont bonnes – y compris le mal ; que *toutes* sont justes – y compris l'injustice. Les opposés négatifs, étant indissociables de leurs opposés positifs, ont autant qu'eux droit de cité. Que les contraires aient, dans la réalité, un droit égal, en cela consiste la Justice cosmique, non exclusive de l'injuste, lui donnant sa *juste* place, celle de l'injuste. Cela s'entend, le mot « Justice » signifiant non ce que les hommes entendent ordinairement par ce mot, mais une nécessité liée à la façon dont les contraires doivent s'allier pour s'ordonner en cet ensemble qu'est le Monde. Quant à la Beauté dont il s'agit, c'est la Beauté du Monde : la beauté s'oppose, pour

l'homme, à la laideur, mais l'une et l'autre constituent cette
« exaltante alliance des contraires », où Héraclite « voit […] le
moteur indispensable à produire l'harmonie » – et qui dit « harmonie » dit Beauté. Les « ténèbres hitlériennes » ont eu leur
commencement ; elles auront leur fin. Mais demeure, intou-
chable, la « Beauté sans date » – à savoir l'immémoriale splen-
deur du Monde éternel.

$\mathcal{L}$A VIE DU SENTIMENT est, chez moi, bornée avec précision. Les domaines de l'affection, de l'amitié et de l'amitié/ amour n'interfèrent pas. Pour les membres de ma famille, j'ai de l'affection (στοργή). Ils en ont pour moi. L'on s'aime, mais on ne se le dit pas. Si je disais à mon frère : « Je t'aime », il se demanderait ce qui se passe. Pour mes amis masculins, j'ai de l'amitié (φιλία). Bien sûr, l'on s'aime bien, mais le mot « amour » n'est pas à sa place. L'amitié est une grande chose. Il faut s'y tenir, sans l'affadir par des mots empruntés à un autre territoire. Il n'est besoin de rien ajouter au mot « amitié » : le mot « fidèle » est redondant. C'est là l'amitié simple, qui dit une relation privilégiée avec un humain – masculin la plupart du temps. Je puis cependant éprouver l'amitié simple, sans trace d'éros, pour une femme, alors que je ne saurais éprouver l'amitié/amour pour un homme. C'est pourquoi, je ne supporterais pas d'être embrassé par un homme (hormis dans le cadre familial) – j'aurais de la répulsion –, alors que je n'ai pas de déplaisir – tout au contraire – à embrasser, si elle n'y voit pas d'inconvénient, une femme jeune ou qui, il y a peu, l'était encore. Dans le *Banquet* (179c), à propos d'Alceste, qui voulut prendre la place de son mari dans la mort, Platon parle d'une « amitié (φιλία) dont l'amour (ἔρως) est le principe ». Je ne songe à rien d'aussi fort ; et d'ailleurs, je ne songe à rien d'extrême, mais à quelque chose de doux. Cependant, dans l'amitié que j'ai pour certaines de mes amies, telles qu'Émilie, Élodie, Zahra ou autres, je note la présence d'un élément, ou, si l'on veut, d'un accent érotique, qui ne saurait exister dans mon amitié pour Jean-Philippe, Alessandro, Daniel ou autres. À chacune, je puis dire : « Je t'aime », ce que je ne dis que très rarement ou jamais dans le cadre purement familial ou amical (sans que l'amour soit pour autant moins fort). Et chacune comprend fort bien que ce « je t'aime » n'a pas le sens d'une ordinaire « déclaration d'amour » : à supposer qu'elles viennent me voir ensemble, je le répéterai sans qu'elles en soient étonnées. On peut aimer la musique de Marin Marais, et aussi celle de Haendel ou de Stravinski. Elles sont fort différentes, mais je ne les vois pas en tant qu'elles sont ceci ou cela (épouse, compagne, mère, employée, journaliste, écrivaine, etc.), mais en tant que chacune est elle-même singulière, ayant son monde et son mystère. Bien sûr, si je les aime, c'est aussi qu'elles ont des traits communs : la réflexion et l'intérêt pour les idées, la bonté de cœur, la générosité, un certain détachement à l'égard de l'argent, l'éloignement pour toute vulgarité, la soif de paix et la sympathie pour les pacifistes – dont je suis. Mais « et le charme ? », me direz-vous. Je ne l'ai pas mentionné : il va de soi. Le charme seul peut expliquer et justifier la composante érotique de l'amitié/amour – ou amour amical. Montaigne le notait :

quelque chose se passe toujours entre un homme et une femme qui n'a pas lieu entre hommes. Ce « quelque chose » est parfois écarté, et l'on a l'amitié stricte ; d'autres fois, il est admis, accueilli, et l'on a l'amitié/amour – que je place un degré au-dessous de l'amitié amoureuse (terme convenable pour ma relation avec Claire décrite dans *Oisivetés* XXXI).

Dans tout cela, je laisse de côté la passion, qui est tout autre chose que l'affection et la tendresse paternelle ou filiale, l'amitié – amoureuse ou non –, l'amour amical ou l'amour simple des époux. La passion n'a pas de territoire propre, pas de limite. Elle envahit les autres territoires, comme une inondation qui submerge les champs, noie et efface les clôtures. C'est un délire, pénible pour soi, insupportable à autrui si elle est d'un côté seulement.

Je l'ai connue dans ma jeunesse. Je n'ai fait qu'en souffrir et n'en ai rien retiré, à moins de considérer que les chapitres d'*Oisivetés* où je l'évoque soient ce que j'en ai retiré.

᚜

« *N*OUS CONNAISSONS dans notre vie, écrivait F. Scott Fitzgerald, deux ou trois moments grands et bouleversants… » « Deux ou trois » cela semble peu, mais il est vrai que de quelques moments précieux, d'eux seulement, est faite la vraie réalité de la vie. Ce sont des moments où il n'y a rien d'autre que le moment même, le passé et l'avenir étant suspendus. Le mot grec ici est ἐξαίφνης. On songe à un feu qui, *brusquement*, jaillit, flamboie, monte à l'assaut d'une ville, d'une futaie (*Iliade*, XVII, 738), à l'événement (accident, maladie) qui, soudain, *à l'improviste*, vous capte « au filet sans issue du malheur » (Eschyle, *Pr.*, 1077), à la chance qui, *tout à coup*, à un jeu de hasard, fait de vous un homme riche. L'ἐξαίφνης de Platon, dans le *Parménide*, 156d, n'est pas ce que j'ai en vue. Car c'est, chez lui, une notion construite. Comment se fait le changement ? Ce ne peut être à partir du repos restant en repos, ni à partir du mouvement déjà effectué. Ce ne peut être qu'à partir de quelque chose d'« étrange » (ἄτοπος), sis entre le repos et le mouvement, l'« instantané » (ἐξαίφνης), qui ne se trouve dans aucun laps de temps, qui est hors du temps. L'*exaiphnès* n'est pas pour moi une notion ainsi déduite, n'est pas un instant sans durée, mais un moment et un moment *vécu*. Toutefois, je retiens l'insistance de Platon sur le ἐξ δε ἐξαίφνης (αἴφνης est dérivé de αἶψα, vite, soudain) : l'instantané, dit-il, est un « point de départ ». Je dirai que le moment précieux est bien le point de départ d'une vie nouvelle.

Il y a, dans toute vie, des moments importants : celui où votre tante Alice vous emmène à l'école, celui où l'on apprend que l'on est – brillamment ou non – admis à un concours difficile, celui où, jeune enseignant, on fait la classe pour la première fois, celui où un éminent professeur vous appelle auprès de lui à l'Université, celui où vous dites « oui » devant monsieur le maire, celui où vous êtes élu à l'Université de Paris-I, celui où les PuF acceptent vos premiers livres, celui où Constantin Despotopoulos fait votre éloge à l'Académie d'Athènes. Mais les moments importants ne sont pas pour autant des moments précieux : l'école, les concours, la profession, le mariage, les honneurs, cela ne concerne que notre réalité sociale. L'on est « élève », « enseignant », « époux », « père », « citoyen », « propriétaire », etc. Ces déterminations fixent notre statut social ; ce sont les pierres d'angle d'un bastion qui nous met à l'abri des offenses, sous la protection des lois. Car l'on a des droits *en tant que* l'on est ceci ou cela dans la société. Ceux qui n'ont pas construit leur bastion, qui ne sont que des êtres humains sans qualités, ne peuvent compter que sur l'assistance publique. Or, à l'abri des bastions, les individus coulent une vie personnelle, et le flux intime de la vie comporte des moments précieux. Les catégories sociales sont alors laissées de côté et il n'y a plus que toi et moi.

Les moments précieux de ma vie : celui, Claire, où les méthodes de Stuart Mill ne surent pas retenir ton attention (voy. *Oisivetés* XXXI), et où une certaine dérive de tes pensées amena, je ne sais comment, une dérive des miennes. La mutation de nos esprits eut lieu en une durée de temps insaisissable. Soudain, tu ne fus plus élève et je ne fus plus professeur. Tu étais Claire, j'allais être Marcel, et nous commencions une histoire complètement inattendue une heure plus tôt, et qui était celle pourtant que, sans le savoir, l'on avait espérée. Très précieux aussi, cet autre moment où j'étais, Marie-Noële, près de toi dans la voiture où je t'avais ramenée à la Cité, et où je sentais tellement fort que l'instant devait être celui du bonheur (cf. *Oisivetés* LX). Jamais dans ma vie pareille chance de bonheur n'était advenue, et jamais chance pareille n'advint à l'avenir. Moment non de bonheur, dis-je, mais de chance pour le bonheur. Car le baiser n'est rien s'il n'y a pas l'élan du cœur, et cet élan était en moi si intense que ce que j'eusse pu éprouver avec la douceur de tes lèvres était inconcevable. Cette chance, ce jour-là, était ma chance. Et cependant, je n'avais « aucune chance » : cela, sans doute, je le savais, et c'est pourquoi je ne fis aucun geste (tu me confirmeras plus tard que tu m'eus repoussé). Mais je ne voulais pas savoir que je le savais : je ne me résignais pas à ce vide qui m'attendait, je voulais prolonger l'instant, je m'entêtais dans un absurde espoir et l'instant s'effilochait dans une sorte de supplication. Mais absolument rien ne pouvait remplacer l'amour que tu n'éprouvais pas. Par mon instance silencieuse, je ne faisais que t'ennuyer et te mettre mal à l'aise.

Y eut-il dans ma vie d'autres moments précieux ? Sans doute, mais le souvenir d'aucun autre ne me vient, pour l'heure, à l'esprit, comme si la pensée de cette soirée du 17 décembre 1960 engourdissait ma mémoire.

Nicole m'a offert un roman qu'elle a aimé, *L'Élégance du hérisson* de Muriel Barbery. Il m'a été apporté par le facteur. J'ai appelé Nicole aussitôt. Je lui ai dit la vérité : je n'aime pas que l'on m'offre un livre, car cela me crée une obligation de lecture. Comme ce livre m'avait été offert par Nicole, je ne pouvais simplement le mettre de côté. J'ai essayé de le lire. Mais je n'ai pas dépassé la première page, et même je n'ai guère dépassé la phrase suivante : « Pour comprendre Marx et comprendre pourquoi il a tort, il faut lire *L'Idéologie allemande.* » Muriel Barbery, qui n'était pas née en 1968, sait que Marx « a tort », et que, pour comprendre pourquoi il a tort, c'est-à-dire pourquoi l'analyse qu'il a donnée du fonctionnement du capitalisme dans *Le Capital* (car Marx, c'est *Le Capital*) est fausse, il faut lire *L'Idéologie allemande* !… Ce livre me tombe des mains, je ne sais qu'en faire.

Pareillement, la première phrase de *La Fêlure* m'a longtemps retenu de lire cette nouvelle de F. Scott Fitzgerald (je l'ai lue finalement et ne le regrette pas). Voici cette phrase : « Toute vie est bien entendu un processus de démolition » (je me fie à la traduction de Dominique Aury). « Bien entendu » ! Comme si c'était là une évidence, une vérité bien avérée et qui saute aux yeux ! Que l'auteur se borne plutôt à parler de soi, de sa vie comme processus de démolition s'il la perçoit ainsi, mais qu'il ne dise pas que « toute vie », donc aussi celle du lecteur, est un « processus de démolition » ! Le lecteur, alors, se rebiffe, et le lecteur, c'est moi !

Le pessimisme peut être justifié s'il concerne les chances de réussite d'une entreprise définie. Par exemple, je fus d'emblée pessimiste quant aux chances d'établir la démocratie en Irak par une intervention extérieure. Mais le pessimisme général portant sur la vie elle-même, le sens et la valeur de la vie, éveille chez moi la sorte de mépris que l'on a pour le mauvais perdant. Que certaines vies puissent être vues comme des processus de démolition, on ne saurait le contester. Il est des hommes, des femmes, qui se « démolissent » par l'alcool, la drogue, le tabac, les abus de toutes sortes. Cela ne présente pas plus d'intérêt que n'en présentent, en mathématiques, les erreurs par rapport aux solutions justes. Emmanuelle Arsan a écrit un livre, *Emmanuelle*, qui doit bien se trouver dans ma bibliothèque, car j'ai eu, à un certain moment, l'intention de le lire. Je crois savoir que le sujet principal en est la vie sexuelle de l'auteur. Le livre donna à un scénariste l'idée d'un film, « Emmanuelle », qui fut un succès cinématographique en 1974. Je ne pense pas l'avoir vu. Sylvia Kristel était Emmanuelle. Elle s'est racontée dans *Nue* (Le Cherche Midi, 2006), qui peut bien être lu comme le récit d'un processus de démolition. Et puis ? La vie se réduit-elle à ce que certains humains en font ? Les médias privilégient les récits des actions mauvaises ou nuisibles, des délits, des crimes, des scandales, sans parler des aberrations diverses dans le domaine sexuel ou autre. Ils mettent en vedette les œuvres qui prennent leur inspiration dans le côté sombre et fangeux de la société. Une malheureuse femme a mis ses enfants au congélateur. On en tire un roman dont les médias se délecteront. Mais tout cela a peu de rapport avec la vie réelle. Le réel est le positif plus que le négatif, le vrai plus que le faux, le bien plus que le mal, le beau plus que le laid, le durable plus que l'éphémère. On peut objecter le mal à Dieu, si l'on veut, mais le sage n'y attarde pas sa pensée. Et il ne juge pas de « l' » homme par ce qu'il voit chez beaucoup d'hommes : la faiblesse, la stupidité, l'ignorance d'eux-mêmes (*ignoratio sui*, Sénèque, *De Vita beata*, V), la lâcheté à céder à leurs désirs ou à leurs vices. Que « la » vie soit un processus de démolition, cela est faux, puisque pour nombre de vies, dont la mienne, cela n'est pas vrai. J'ai parlé quelque part de la « merveilleuse vie ». J'entends qu'il est des moments où l'émotion de bonheur est telle que cette expression vient à l'esprit, spontanément. Je suis plein de gratitude envers la vie, qui a permis, entre autres moments précieux, à Claire de me faire plaisir, à Marie-Noële de me faire souffrir, mais surtout qui m'a permis de connaître, par la grâce d'Émilie, de Bibiane, des moments divins.

*L*IBRES ! Je puis dire, comme Pascal, « Joie, joie, joie, pleurs de joie », mais dans un parfait désintéressement, alors que Pascal s'exprime ainsi dans un moment de narcissisme extrême.

En 1999, des cas de sida s'étaient déclarés en Libye, à l'hôpital de Benghazi, dus, selon les experts – dont le professeur Luc Montagnier –, aux mauvaises conditions d'hygiène qui régnaient dans cet hôpital. Toutefois, cinq infirmières bulgares et un médecin palestinien furent accusés d'avoir délibérément inoculé le virus du sida à des enfants. Condamnés à mort en mai 2004, ils firent appel de cette condamnation – qui fut cependant confirmée, en décembre 2006, par le tribunal d'appel et, le 11 juillet 2007, par la Cour suprême libyenne, avant d'être peu après commuée en peine de détention à perpétuité. Or, le 6 mai 2007, dans le discours qu'il prononça après son élection à la Présidence de la République, Nicolas Sarkozy avait fixé la libération des condamnés de Tripoli comme l'une de ses « priorités ». Les négociations pour cette libération, engagées depuis

2004 par la Communauté européenne, étaient très avancées. Que cette libération ait eu lieu n'est pas dû au seul Nicolas Sarkozy, mais qu'elle ait eu lieu le 24 juillet 2007, alors que les pourparlers « risquaient encore de s'enliser » (*Le Monde*, 25 juillet 2007, p. 4), cela lui est dû et m'inspire de la gratitude.

Après ce bref rappel historique, j'en viens à mon propos. À voir les cinq infirmières et le médecin débarquant à l'aéroport de Sofia, de l'airbus 317 présidentiel français, tombant dans les bras de leurs proches et apprenant qu'ils étaient graciés par le président bulgare, j'ai eu une immense joie, qui était celle aussi de tous ceux qui, depuis huit ans, espéraient la libération des innocents : que signifie cette joie ? Il me semble que la signification en est claire : l'homme est spontanément bon – « spontanément », j'entends : avant toute réflexion. Car, avec la réflexion, le sujet se retourne vers lui-même, retrouve ses problèmes et ses soucis. J'ai lu dans le journal les noms des otages de Tripoli, mais je les ai oubliés. Rien de personnel ne me lie à eux, et cependant je suis non seulement soulagé mais profondément heureux de ce qui leur arrive. « Tu dois aimer ton prochain », dit le Christ. Et si l'on aimait déjà son prochain ?

Que l'homme aime son prochain, c'est ce que les Grecs ont dit dès l'époque d'Épicure et de Zénon. La *philia* (amitié) épicurienne « mène sa ronde autour du monde habité » (*Sentence vaticane* 52) ; la *philanthrôpia* stoïcienne s'étend à tous les hommes. Dans un texte de l'*Anthologion* de Stobée, d'inspiration stoïcienne, on lit : « L'homme est un être qui aime son prochain et qui vit en société. [Observons ce qui se passe :] De fait, les sauveteurs sont ainsi disposés à l'égard du prochain qu'ils accomplissent le plus souvent leurs sauvetages non pas en vue d'une récompense, mais parce que la chose vaut d'être faite pour elle-même. Qui donc, voyant un homme écrasé par une bête, ne s'efforcerait, s'il le pouvait, d'arracher à la bête sa victime ? Qui refuserait d'indiquer la route à un homme égaré ? Ou de venir en aide à quelqu'un qui meurt de faim ? Ou, s'il a découvert une source dans un désert aride, ne la ferait connaître par des signaux à ceux qui suivent la même route ? [...] De toute évidence, il y a en nous un sentiment de bienveillance et d'amitié pour tous les hommes, qui manifeste que ce lien d'humanité est chose précieuse par elle-même. [...] Puis donc que l'amour des hommes nous est commun à tous, il est bien plus clair encore que ce lien a plus de prix quand il s'agit d'êtres chers avec qui nous vivons habituellement. » (Trad. Festugière, in *Le Dieu cosmique*, Les Belles Lettres, 1983, p. 307).

Le « prochain » le plus immédiat est l'enfant. Suivons Lucrèce (*De Natura rerum*, V, 4011 *sq.*). Le nouveau-né ne peut survivre sans être aidé. Il est le faible par excellence. S'il n'y avait eu d'autre loi entre les hommes que celle du plus fort, les adultes n'auraient pas nourri, soigné, protégé les enfants et l'espèce se fût éteinte. La tendresse pour les faibles et la décision collective de les respecter et de les aider, étaient les conditions de la survie de l'espèce. La loi fondatrice du devenir humain n'est pas la loi du plus fort, mais la loi qui oblige les forts à servir les faibles. J'admire l'attention, la sollicitude, l'immense amour qui ne se dit pas, avec lesquels mes jeunes amis s'occupent de leurs enfants : Sébastien et Syliane de Julie, Élodie et Valéri de Bohême et de Sandor, Zahra et Jérémie de Victor Katia de Rosalie. Pour eux, ils « sacrifient » bien des heures de plaisir ou de travail personnel. Une loi vieille comme le monde, antérieure à ce que l'on nomme « éthique » ou « morale », veut qu'ils prennent part à l'œuvre de perpétuation de la vie. Et combien émouvante m'a paru la confiance de Julie, et celle des autres enfants ! Quelle attente extraordinaire j'ai lue dans leur regard ! Quand les adultes comprendront-ils que faire la guerre sans tenir compte de l'avis des enfants, qu'ils donnent par leur regard, est criminel ?

꙳

$\mathcal{E}$N ALLANT AU VILLAGE ou en en revenant, sur l'étroit chemin qui longe le ruisseau, je rencontre souvent Jean – un jeune retraité de la gendarmerie, maintenant éleveur de volailles –, et son chien « Oasis », qui me fait fête. Nous conversons à bâtons rompus, philosophant un peu. Ce matin, mon sac de provisions était lourd. Il me le prit et m'accompagna jusqu'au point où son chemin quittait le mien. « Vous devriez avoir un caddie, me dit-il ; vous vous épargneriez beaucoup de fatigue. – Vous avez tout à fait raison, dis-je ; je crois d'ailleurs que j'en ai un, mais je ne m'en sers pas, car je préfère souffrir. » Disant cela, je songe aux souffrances dont je suis responsable : je ne les veux certes pas pour elles-mêmes, mais comme conséquences de mes choix, et surtout de mes efforts. Quant aux souffrances subies, telles celles qui résultent de l'état de mon corps, je souhaite avoir affaire à elles le moins possible.

Je préfère porter le lourd sac de provisions plutôt que d'utiliser ce commode châssis sur roulettes qu'est le caddie. Pourquoi cela ? Cela tient à une loi qui est *ma* loi : choisir la voie la plus difficile. Quelle est la voie la plus difficile ? Être le moins dépendant des choses et des autres, être toujours le plus possible *soi-même*. Je reconnais l'utilité des outils, tels que le couteau, le coupe-papier, les ciseaux, le sécateur, la pince, les tenailles, la hache, la cognée, la rille, le racloir, la scie à main, l'égoïne, la scie à métaux, la clé et ses diverses sortes, la lime, la râpe, le rabot, la varlope, le marteau, la masse, le maillet, la truelle, le râteau, la fourche, la faucille, le vilebrequin, la vrille, l'aiguille, le tournevis, la pelle, la pioche, la bêche, la houe, la binette, le sarcloir : tous outils dont, à l'occasion, je me sers encore (du reste, je me suis servi de la rille, de la faux, de la tranche, de la scie, du sécateur, aujourd'hui même). J'admets l'utilité des machines, et je fais usage de celles qui me semblent le plus compatibles avec mon indépendance : bicyclette, automobile, faucheuse, débroussailleuse, machine à écrire, photocopieur, téléphone, télécopieur. Mon intérêt s'arrête aux machines informatiques : je ne vois pas qu'elles me soient nécessaires, ni ce qu'elles ajouteraient à mon bonheur. Je les ressens comme un facteur d'aliénation.

Mais ce ne sont pas les machines mais les autres, qui sont les vrais facteurs d'aliénation – même si d'eux aussi peut venir la libération. Dieu, la Société, l'Histoire, tels sont les facteurs de dépossession de soi. Dans le grand Ensemble où sont toutes choses, il m'eût été difficile de cohabiter avec Dieu – personnage censé vous contrôler sans cesse, censé vous aimer, mais qui ne vous est d'aucun secours et vous laisse souffrir, lorsque vous êtes atteint d'une pancréatique aiguë, comme mon amie M... « Dieu, il n'y a rien de tel », dit Nietzsche – après Auguste Comte. Reste la foi, et il est vrai que je ne méprise pas la ferveur de Claire ou de Marie-Noële. Mais après avoir vécu, dans mon enfance, quelque chose qui y ressemblait mais qui était plutôt superstition, je l'ai pour ma part rejetée, comme font certains animaux de leur tunique ou de leur robe, lorsqu'ils muent. Il ne m'en est resté aucune trace. Enfin seul ! – et ne devant de compte qu'à ma conscience, laquelle est d'une suffisante sévérité.

Que la société puisse être un facteur d'aliénation, cela ne condamne certes pas la société en elle-même, puisque l'on n'est homme et soi-même qu'en société, y tenant sa place, y jouant son rôle. L'on y a son métier, et il convient de choisir un métier où l'on soit le moins dépendant et d'autrui – patron, supérieurs hiérarchiques, autorités (un préfet, dépendant du pouvoir politique, est sans doute moins libre qu'un employé de mairie en zone rurale) –, et des aléas de la vie économique. L'aliénation commence lorsque le métier, le bien-vivre, la sécurité ne suffisent pas, lorsque l'on veut briller. C'est le brillant des signes qui vous *distinguent* et flattent votre vanité. « Hochet » : « chose futile et qui contente », dit le dictionnaire. Tels sont les insignes de distinctions honorifiques, les décorations. Je ne pense pas en avoir eu (il faudrait que je vérifie…). Du reste, les seules qui ne me semblent pas des hochets sont celles pour lesquelles je n'aurais aucun mérite à faire valoir : la Croix de la Libération, la Médaille de la Résistance, la Croix de la valeur militaire, la Croix de guerre. Un Résistant de ma famille, mort à Mauthausen, les a eues toutes, à titre posthume. Lorsque les décorations sont signes de sacrifice et d'héroïsme, elles ne sont pas du toc : lourdes de sens, substantielles, elles obligent à la gratitude profonde et au respect.

Un puissant facteur de dépossession de soi est l'Histoire, j'entends la suite de ces grands événements que sont les évolutions ou révolutions sociales et politiques, les transformations économiques, les guerres. Que peut l'individu, que les subir ?

Mais on peut les subir activement ou passivement. Dans le premier cas, on choisit l'adaptation ou la lutte. Par exemple, les jeunes et beaucoup de non-jeunes se sont adaptés, aujourd'hui, à une société où la machinerie informatique a le premier rôle ; d'autres, à une autre époque, ont choisi la lutte contre les forces étrangères d'Occupation. Dans le second cas, où l'on fait le choix de la passivité, on se met tant bien que mal à l'abri de l'Histoire, on vit autant que possible comme si les grands événements, qui se produisent, ne se produisaient pas. Cela est possible, au temps de la transformation informatique, si l'on parvient à mener à bien son travail avec les moyens anciens et, au temps de la guerre et de l'Occupation, si l'on sait faire le gros dos, ne pas attirer l'attention, « rester caché », selon la leçon d'Épicure. J'avoue m'être efforcé de faire en sorte que l'Histoire ait sur moi le moins de prise possible, afin que je puisse suivre ma route personnelle sans trop de gêne. Aujourd'hui encore, je repousse tout engagement qui m'obligerait à faire acte de présence dans une réunion, une assemblée ou un cortège. La Vérité n'est pas partageuse, elle ne s'offre qu'au solitaire. Je n'ai jamais hésité à préférer ma voie propre à celles où je me serais trouvé avec d'autres. J'ai été guidé et motivé par une exigence que ne peuvent comprendre ceux qui n'ont pas été privés de l'essentiel, comme je le fus, moi, presque jusqu'à mes vingt ans. L'essentiel : le grec – support de la philosophie et de la Vérité. Certes, ce que je dis là peut sembler étrange. On comprendrait que, astreint au travail campagnard, je regrette de n'avoir pas connu le temps des rencontres de jeunes, des amourettes, des flirts. Mais je ne regrette rien de cela. Mon regret, si j'en ai un, est de n'avoir pas eu un enseignement en accord avec ma vocation. En tout cas, une frustration d'une force effrayante m'a dressé contre la société bourgeoise (non contre les bourgeois – ou bourgeoises !) et l'Histoire – bourgeoise depuis la Révolution –, et m'a fait un Devoir de mener ma propre barque, en écrasant les devoirs convenus écraseurs de ma liberté, les laissant à d'autres (je ne dis pas, comme Nietzsche : aux « bêtes de troupeau »).

Lorsque l'on dit : « C'est un vrai diamant », « c'est un vrai billet de banque », « c'est une vraie joie », « Julie vous aime vraiment », il s'agit de la vérité de la chose ; lorsque l'on dit : « Le ciel est gris », « l'homme est mortel », « Dieu existe », il s'agit de la vérité du jugement. La foi en Dieu peut être fausse si Dieu n'est pas, mais elle peut être cependant une vraie foi, sincère, authentique. Je tiens que la foi de mes amies chrétiennes est fausse quant à son objet (bien que de cela n'ayant pas la preuve). Néanmoins, j'incline à penser que Claire, et peut-être Marie-Noële croient vraiment. À quoi reconnaître une vraie foi, quel en est le critère ?

Ce qu'est ce critère, Montaigne nous le laisse entendre clairement lorsqu'il nous conte que saint Hilaire, évêque de Poitiers, fit le vœu que Dieu rappelât à lui sa fille qu'il aimait beaucoup, afin de lui épargner les embûches du monde. Elle se nommait Abra (ἁβρά, gentille, délicate, et non ἄβρα, jeune servante), était fille unique, d'excellente éducation, belle, riche, et sortait à peine de l'enfance. Or, Hilaire, ayant adressé des remontrances à l'empereur Constance II (351-361) qui protégeait les Ariens, tomba sous le coup d'un rescrit qui l'exila en Phrygie. De là, quelque temps après, il apprit que son épouse, restée seule et sans appui, un peu pour se donner un protecteur, songeait à marier Abra. Un jeune homme, beau, riche, de noble famille, avait été agréé, des cadeaux avaient été échangés. Il y eut, semble-t-il, une lettre d'Abra où elle disait sa joie de la générosité de son fiancé, des belles robes et des pierres précieuses qu'il lui avait données. Ainsi s'explique la réponse d'Hilaire, écrivant à sa fille « qu'elle ostat son affection de tous ces plaisirs et advantages qu'on luy presentait ; qu'il lui avait trouvé en son voyage un party bien plus grand et plus digne, d'un mary de bien autre pouvoir et magnificence [Jésus-Christ], qui luy ferait presens de robes et de joyaux de pris inestimable » (*Essais*, I, PUF, XXXIII, p. 219). La lettre est, bien sûr, en latin. L'original en a été longtemps conservé au trésor de l'église de Poitiers. Je ne sais où il se trouve aujourd'hui. Le dessein d'Hilaire était de faire perdre à Abra le goût des plaisirs mondains « pour la joindre toute à Dieu ». Sur quoi, Montaigne ajoute : « À cela le plus court et plus certain moyen luy semblant estre la mort de sa fille, il ne cessa par veux, prieres et oraisons, de faire requeste à Dieu de l'oster de ce monde et de l'appeller à soy, comme il advint : car bien-tost apres son retour elle luy mourut, dequoy il montra une singuliere joye » (*ibid.*). Montaigne se fie aux *Annales d'Aquitaine* de Jean Bouchet (Poitiers, 1557). Amédée Thierry, dans son *Histoire de la Gaule sous la domination romaine* (Paris, 1871, t. II, p. 249), dit seulement : « Quand Hilaire rentra dans sa maison, à Poitiers, il put, d'un coup d'œil, s'assurer que sa lettre avait été comprise : Abra portait le vêtement blanc bordé de pourpre qui distinguait les vierges chrétiennes de noble race. Mais l'époux divin, pour qui les prétendants terrestres avaient été écartés, appela près de lui sa fiancée : Abra mourut au bout de quelques mois, et Hilaire l'ensevelit de ses mains. » Que saint Hilaire ait ou non montré une « singulière joie » à la mort de sa fille, cela nous donne, en tout cas, l'idée de ce qu'est une vraie foi : elle implique le contentement de la mort, comme signifiant le rappel à Dieu et la perspective du bonheur éternel.

Le point fort du christianisme est la résurrection promise aux chrétiens : « Celui qui a ressuscité le Christ Jésus d'entre les morts donnera aussi la vie à vos corps mortels par son Esprit qui habite en vous » (saint Paul, *Ép. aux Romains*, 8. 11). Une telle promesse fut l'une des causes essentielles de l'accroissement du christianisme, selon Gibbon : « Lorsque la promesse d'un bonheur éternel fut offerte aux hommes, sous la condition d'adopter la croyance et d'observer les préceptes de l'Évangile, il n'est pas étonnant qu'une proposition si avantageuse ait été acceptée par un grand nombre de personnes de toutes les religions, de tous les états, et de toutes les provinces de l'empire romain. Les premiers chrétiens avaient pour leur existence présente du mépris, et ils attendaient l'immortalité avec une confiance dont la foi douteuse et imparfaite des siècles modernes ne saurait donner qu'une bien faible idée » (*Decline and Fall*, trad. M.-F. Guizot, Paris, Laffont, 1983, p. 313). Qu'en est-il aujourd'hui ? Qui, parmi les chrétiens, a une vraie foi ? De ceux que je connais, je ne me porterais garant que de la foi de Claire. À la mort de son époux, elle a voulu une musique joyeuse, des chants d'allégresse, ce qui n'a pas manqué de choquer quelque peu son entourage. La foi de Marie-Noële n'a pas le même caractère d'entièreté. Elle est nuancée de réflexion, laquelle est forcément un facteur de dissolution et de doute.

Q<small>UAND TU ES EN FACE DE MOI</small>, toi, Bibiane, ou toi, Geneviève, je vois la courbe de ton front, de ton nez, la couleur de
tes yeux et ta bouche, j'entends ce que tu dis, mais mon attention ne s'arrête ni au charme et à la beauté de ton visage, ni à
tes propos, à ce que sont tes opinions et au ton avec lequel tu
affirmes, ou nies, ou doutes, ou interroges : j'essaie de voir au-
delà de ce que voient mes yeux, d'écouter au-delà de ce que
mes oreilles entendent. Je fais abstraction de toute la partie de
ton être qui n'est pas toi, qui te vient d'avoir eu telle éducation
morale dans telle famille et tel milieu défini, d'avoir été instruite dans telle sorte d'école ou tel lycée, d'avoir maintenant
telle profession ou de n'en avoir pas, ce dont tu souffres (mais
si douloureuse que soit ta maladie, et si blessante soit-elle pour
ton corps et ton âme, elle n'arrive pas jusqu'à *toi* – du moins,
cela, je ne supporte pas de le penser). Ainsi, je ne m'arrête à
aucun des côtés adjacents de ton être, qui tiennent à ton appar-
tenance à une société, une culture, une histoire ; je vais au-delà
du langage, plus profondément : j'écoute le silence que tu es.

Et si je dis « je t'aime », ce que j'aime, ce ne sont pas tes opinions, même si ce sont aussi les miennes, ce n'est pas ta jeunesse de corps et d'esprit, ni ton caractère, ni tes qualités intellectuelles et morales, ce n'est pas seulement ton visage et ton regard : c'est la flamme silencieuse que tu es. Te souviens-tu, Émilie, du 18 décembre 2001 à midi (tu sais que j'ai une terrible mémoire) ? Vân, ta maman, était restée à « L'embellie ». Tu vins à la maison. je te revois dans la salle à manger, très fâchée, m'accusant sans dire de quoi comme si je devais le savoir. Catherine était là, assise sur le canapé, stupéfaite. Or, rappelle-toi ma réaction : je riais. Pourquoi ? C'est que tes propos, bien qu'étant de toi puisque tu les prononçais, me paraissaient n'être pas toi. Et j'avais envie de dire : « Reviens à toi, Émilie, sois Émilie ! » J'étais entièrement de ton côté contre cette sorte de délire qui t'avait saisie. Je n'ai pas un moment failli à l'admiration que j'ai pour toi. Lorsque vous êtes venues me voir de vos montagnes, Geneviève et toi, Bibiane, à Treffort, avec vos époux, ce qui nous a valu à tous, je crois, une heureuse journée, vous n'avez eu, bien sûr, que des propos naturels et charmants, qui, parce que j'avais trop souvent la parole, étaient trop bornés pour vous permettre de leur donner un tour très personnel. Mais votre personnalité n'en était pas moins présente, et moi-même n'eusse pas pu parler autant que je l'ai fait si je n'avais senti quelque chose en vous comme une attente. Lorsque je parle en ayant l'air d'être concentré sur ce que je sais ou sur mes souvenirs, il n'y a rien de cette « admiration de soi » par laquelle les dictionnaires définissent le narcissisme. En réalité, c'est toujours seulement à vous que je songe, à vous que je m'adresse, non pour vous convaincre de quoi que ce soit, mais pour tâcher de tisser une sorte de nœud de nos âmes. Émilie est une présence agissante : elle répand du bien du fait d'être elle-même. C'est ainsi aussi que je vous ai perçues, Bibiane et toi, Geneviève, et quoi qu'il en soit des aspects superficiels, acquis ou passagers, de votre être, où il y a place, à côté des contentements, pour la souffrance tenace, imméritée, et la révolte peut-être, ce jusqu'où va mon attention, c'est à la bonté qui est en vous, initiale, et au silencieux appel d'amour. Geneviève, Bibiane, Émilie, très différentes, certes, êtes-vous, mais comme une tonalité musicale d'une autre. Chacune de vous a sa manière singulière d'actualiser la bonté. D'où vient que je sois surtout sensible à l'ineffable essence des natures féminines ? Sans doute le fait de n'avoir pas connu ma mère a-t-il orienté vers elles mon amour.

※

*L*ES MOMENTS importants sont ceux où se décide tel élément du bastion sécuritaire qui, dans la société, constitue l'abri sur lequel se brisent les offenses du monde extérieur. L'on est médecin, diplomate, professeur, etc. ; l'on a un métier respecté, avec des honoraires ou un traitement qui assurent de quoi vivre bien. Les moments précieux sont ceux où, par la magie de la présence féminine, l'on est tout près du bonheur. Ainsi celui où, marchant ensemble sur le chemin du lavoir et ensuite assis sur un banc, Émilie me lisait *Le Prophète* de Khalil Gibran. Les « bons moments » ne sont ni importants, ni précieux. Ce ne sont même pas les meilleurs moments, lesquels sont ceux où l'on est au faîte de son activité : pour moi, ce sont ceux où je parle philosophie à des philosophes, qui m'écoutent. Bibiane et Raymond, qui enseignent la philosophie à Saint-Maurice, sont venus me voir, et, sans braquer immédiatement contre moi la batterie de leurs opinions, m'ont tout simplement écouté ; j'avais eu une joie semblable lors de la venue de Sébastien et Syliane Charles, au début juillet. Je compte aussi parmi les meilleurs moments ceux où j'écris, qu'il s'agisse d'une simple lettre, mais où je m'exprime, d'un texte philosophique ou de mon Journal.

Quant aux bons moments, deux exemples feront comprendre ce que j'entends par là. C'est un bon moment, celui que je passe, tous les quatre mois environ, avec Raoul S., son épouse et leur grand fils – mais Raoul est presque seul à parler. C'est un ancien ouvrier communiste, maintenant retraité, devenu apiculteur et qui me fournit en miel. J'ai devant moi un homme vrai. J'écoute avec respect et un fort sentiment de connivence son évocation des luttes ouvrières, des grèves, de l'époque héroïque de la CGT. Il a peine à reconnaître dans le parti communiste actuel le parti des ouvriers et des paysans : trop de signes d'embourgeoisement. Je ne lui dis pas ce que je reproche au PC : de ne pas savoir rappeler et défendre les acquis de la révolution d'Octobre, et tout ce qui a induit Marchais à parler de « bilan globalement positif ». Les socialistes, la droite ont ironisé. Soit ! Mais il appartenait aux communistes d'analyser objectivement ce bilan et de faire comprendre *pourquoi* Marchais l'avait jugé « positif » – même s'il avait tort. Cela, je ne le dis pas à Raoul : une réflexion globale sur l'URSS est un trop vaste sujet. Je préfère le laisser parler de ce qu'il sait pour l'avoir vécu, et pendant que son épouse encartonne les pots de miel que j'emporterai, jetant parfois un mot dans la conversation, la parole de Raoul remplit l'espace de la cuisine, sobre et lente, dénuée de passion.

Lorsque je m'annonce chez Raoul, c'est l'occasion qu'il attend pour ouvrir une bonne bouteille – et l'on trinquera à notre santé et à celle des présents. Avec Roland M., les choses se passent au café, moi buvant mon décaféiné, et lui, à petits coups, son verre de blanc. Il me conte sa jeunesse : comment il voulut, dès 1940, gagner l'Angleterre, comment il fut arrêté en Espagne, y resta emprisonné plusieurs mois, comment, libéré, il entra dans la Résistance française, puis s'engagea dans l'armée de la Libération. Sa vie civile fut encore consacrée à servir les autres, puisqu'il était de ceux qui veillaient à ce que la fée électricité n'oubliât nul foyer dans les pays de l'Ain, même les jours de neige et de tempête. C'est un homme vrai, dont la parole est au ras des choses concrètes et substantielles de la vie. Chez lui, pas plus que chez Raoul, rien qui trahisse un intérêt pour les fausses valeurs de gloriole, de vanité ; simplement la fierté calme de celui qui a vécu sa vie d'homme de façon responsable et soucieuse d'autrui. Roland – c'est une différence avec Raoul – lit le *Journal étrange*, non pas çà et là ou en courant, mais chapitre après chapitre, dans l'ordre, en prenant le temps de goûter, d'apprécier. Roland est tellement respectueux d'autrui que sans doute ne voudra-t-il pas exprimer ses réserves. Mais en a-t-il ? Car il lui semble que chacun a sa propre nécessité intérieure, et que les hommes doivent se respecter, et même s'aimer, dans leurs différences, pourvu seulement qu'elles soient compatibles avec l'humain (de l'inhumain, il préfère ne pas parler – bien qu'il l'ait combattu).

❦

Au TEMPS de mon activité de professeur, je n'avais pas le tutoiement facile. À l'Université, beaucoup de collègues se tutoyaient. J'étais à part. Or, à la différence de ce que j'étais alors, me gardant du tutoiement comme par un réflexe de défense, j'incline aujourd'hui aisément au « tu » et au « toi », mais surtout dans mes relations avec les natures féminines, par un effet de l'attraction des contraires : le « vous » maintient la distance, le « tu » rapproche. Dans ma relation avec Catherine, le « tu » fut toujours réciproque – quoiqu'elle eût la moitié de mon âge –, dès lors qu'elle fut venue à Treffort et qu'elle fut comme adoptée. Mais au temps où elle était mon étudiante, il y avait eu le « vous ». Avec Émilie, le « tu » fut immédiat, dès qu'elle eut mis le pied à Treffort. Ces deux tutoiements ne signifient pas que mes relations à ces jeunes femmes soient semblables. Je les admire et les aime, mais Catherine plutôt pour ce qu'elle a fait, Émilie plutôt pour ce qu'elle est. Catherine a fait ses études supérieures tout en travaillant ; dans des conditions difficiles, elle a mené à bien sa thèse sur Parménide.

L'Université d'Ottawa l'a distinguée ; elle y enseigne la philosophie ancienne. Pas de semblable « carrière » à l'actif d'Émilie. Elle a simplement un travail qui lui plaît au centre équestre d'Aléria. Mais si je suis heureux de voir Catherine, je sais que j'apprendrai davantage à l'écoute d'Émilie, non pas dans l'ordre des savoirs, où Catherine et moi savons beaucoup, mais dans l'ordre des valeurs de vie. M'expliquer est difficile. Il s'agit de ce qui fait, de la vie commune, une vie autre. Se détourner d'une certaine sorte de vie pour se tourner vers une autre sorte de vie : ce changement d'orientation, cette περιαγωγή, comme dit Platon, c'est ce que j'apprends à l'écoute d'Émilie. Car elle est celle qui, bien que prise, par un côté d'elle-même, dans les nécessités de la vie ordinaire, sans cesse s'en détache, ou plutôt en est toujours comme détachée, tournée vers l'ailleurs : et je l'écoute qui écoute l'appel de l'infini. Aujourd'hui, j'ai appris qu'un chef d'État, encore honorable, allait rendre visite à un autre chef d'État – qui, lui, mériterait de comparaître devant le tribunal pénal international –, lui apportant ainsi une sorte de témoignage de moralité. Quel monde étouffant ! Mais en ce même 10 août, Émilie m'a appelé de Corse, et sa voix m'a apporté l'air des bords de mer et des souffles du large. Le monde est faux. Laissons-le. Résilions nos abonnements aux journaux, dédaignons la télévision (pour les nouvelles, France-Info suffit). Bibiane n'a pas la télévision, ni Claude, André D. non plus : ils sont plus avancés que moi. Je suis victime de mon affection pour Columbo. Les valeurs de vie qu'Émilie apporte : le détachement, la distance à l'égard de tout ce qui est petit et médiocre, le refus d'être déçu par la vie, la soif de l'au-delà du fini, la passion de la Vérité, la confiance. Je suis tenté d'ajouter : si mal que les hommes agissent, j'ai la certitude qu'ils ne pourront abolir la Beauté fondamentale de la vie.

❦

1

D'où vient que les causes d'un acte ne peuvent jamais le justifier ?

2

La conséquence se déduit du principe, mais l'effet ne peut se déduire de la cause.

3

Le paralysé qui voit une personne se noyer ne peut avoir l'intention de la sauver, car l'intention est intention d'agir ; et c'est en agissant que l'on prouve que l'on avait véritablement l'intention d'agir.

4

Il nous appartient, à nous hommes, de libérer tous les enfants du monde de la peur, de la faim, du travail aliéné.

5

Pourquoi le goulag ne m'a-t-il pas convaincu de me déprendre totalement du régime soviétique ? L'essentiel, pour moi, était de savoir que les enfants étaient bien portants (ou bien soignés) et pouvaient faire leurs études.

6

Protagoras : « L'homme est la mesure de toutes choses. » Moi : « L'enfant est la mesure de toutes choses. »

7

Un humain qui ne mange pas à sa faim n'est pas libre.

8

Loin de nous faire saisir l'identité fondamentale de tous les êtres, comme le veut Schopenhauer, la pitié nous les révèle dans leur séparation, leur isolement, leur abandon, leur solitude. Un enfant devenu une petite boule de souffrance souffre *pour soi*, à une distance infinie de tout.

9

La souffrance de l'enfant, talon d'Achille de la théodicée.

10

Le mot « Dieu » n'est pas un mot du langage philosophique – mais religieux.

11

Anselme présuppose l'idée chrétienne de Dieu, Descartes l'idée chrétienne de l'homme, mais cela revient au même.

12

Pari de Pascal
Si je mise sur Dieu et si je gagne, je saurai que j'ai gagné ; si je perds, je ne saurai pas que j'ai perdu.
Si je ne mise pas sur Dieu et si je gagne, je ne saurai pas que j'ai gagné ; si je perds, je saurai que j'ai perdu.

13

Expliquer l'ordre par Dieu ne fait que déplacer le problème :
comment expliquer l'ordre qui est dans l'esprit de Dieu ?

14

Dieu ne peut rêver : ses rêves tournent aussitôt en réalités.

15

L'univers de Lucrèce ne laisse aucune place au rêve, à l'évasion.
Tout est réel, même les images du rêve.

16

J'ai rêvé que mon ami G. avait un appartement de trente pièces. Il ne m'est pas venu à l'esprit d'en douter. Dans le rêve, on
ne doute pas. Douter, c'est sortir du rêve.
Descartes doute : et si le monde n'était qu'un rêve ? Mais en ce
cas, il ne douterait pas.

17

Ce que disent les philosophes n'est ni toujours vrai, ni toujours faux. Il faut donc que les systèmes ne soient pas cohé-
rents (qu'il y ait une rupture de rationalité). Critiquer un
système, c'est rechercher l'incohérence.

18

Quand on cherche, il faut douter. Mais dans l'exposé de notre
pensée, il faut être affirmatif. Nous douterons peut-être à nouveau, mais notre pensée, chez les autres, ira son chemin.

19

Un bon cours de philosophie ne devrait faire appel à rien d'autre
qu'à la vérification que chacun peut faire soi-même de la vérité
de ce que l'on dit. L'élève doit pouvoir *vérifier* à chaque instant.

Lorsque j'enseignais à la Faculté des Lettres de Lille, dans mon « groupe » de philosophie générale, j'avais rendu la contradiction obligatoire : « Nul n'entre ici s'il ne s'engage à contredire (à chercher la contradiction motivée). »

Effet désastreux du Cogito cartésien : demeuré jusqu'à nos jours (cf. Husserl, Sartre) le type de la vérité incontestable, il a contribué à faire méconnaître que l'incertitude était le fond même de la Pensée.

C'est dans la langue de tous les jours que se disent les choses profondes, car la langue technique, en réduisant, simplifiant le sens, éliminant les ambiguïtés, substituant l'univoque au plurivoque, réduit et élimine aussi les effets de résonance, l'implicite qui fait la profondeur.

Pourquoi Descartes doute-t-il des sens ? J'y vois l'influence de Copernic, pour qui, malgré le témoignage des sens, la Terre n'est pas immobile.

Les organes des sens sont les *révélateurs* de certaines propriétés objectives des choses matérielles – propriétés qui, sans eux, n'apparaîtraient pas.

« L'électron est inépuisable », dit Lénine. Sans doute, mais il en est ainsi de tout ce que l'on peut tenir, à bon droit, pour réel. « Inépuisable » : qui est toujours débordant par rapport à la pensée.

26

L'idée de néant
— Paradoxe d'une idée qui ne signifie rien, me dit Jacques.
— Mais non : elle signifie *le rien*.
— Mais le « rien », c'est quoi ?
— Si on pouvait le dire !

27

Il y a probablement un nombre infini de mathématiques possibles. Nous choisissons celles qui nous sont commodes dans le monde où nous vivons.

28

Une femme, qui a tué ses trois enfants, explique (*Le Monde*, 14 juin 1967) : « Ce siècle est maudit. Je ne voulais pas que les enfants soient malheureux. » Le journal ajoute qu'elle a dû agir « au cours d'une crise de dépression nerveuse ». Mais, observe Nietzsche, « la "folie", l'idiosyncrasie ne prouvent pas qu'une représentation est fausse, mais qu'elle est anormale » (*La Volonté de puissance*, trad. Bianquis, I, p. 267). La vérité, la vue pénétrante des choses détruisent le vouloir-vivre, détruisent la vie.

29

« Je souffre comme une bête », disait-elle. Donc, elle ne souffrait pas comme une bête.

30

Pour qu'il y ait tragédie (au sens littéraire), il faut que le destin ne se révèle pas *immédiatement* comme destin. Nous sommes en présence de personnages qui *ignorent* qu'ils sont aux prises avec le destin – et nous l'ignorons comme eux. Raconter simplement la destruction d'une ville par une éruption volcanique (où l'inexorable est connu immédiatement comme tel) n'est pas composer une tragédie.

Qu'est-ce que tout ceci : le monde, les étoiles ? Tout ? Ce n'est encore rien. Méthode de Pascal : faire *tout = rien*, par changement d'ordre (cf. *Pensées*, fr. 793 Br.). Application : faire en sorte que tout ce que la mort peut m'enlever ne soit rien.

32

On confond parfois sagesse et morale. La morale n'a rien à voir avec le problème du sens de la vie.

33

Vous devez être droit, et juste, et pur, et généreux, et calme, et cependant nul ne vous en saura gré, jamais. C'est cela, la morale.

34

Toute faute est faute envers soi-même.

35

La morale repose sur la mémoire de la douleur, la sagesse sur la mémoire de la joie.

36

On peut très bien savoir et avoir oublié : la mémoire intellectuelle sait encore, le cœur a oublié.

37

Il y a une joie invisible liée à la vie même, dans la mesure où toute personnalité est en quelque façon créatrice.

38

Le suicide n'est pas refus de la vie, mais refus de la vie en ce monde, refus du monde, de ce monde-ci.

39

Hegel parle de la « tristesse qui émane des choses finies » (*Trauer der Endlichkeit*, in *Wissenschaft der Logik*, *Lasson*, I, p. 117), Schelling de la « profonde et imperturbable mélancolie de toute vie » (*La Liberté humaine*, trad. G. Politzer, Rieder, 1926, p. 191). Je ressens cela, mais plutôt la mélancolie que la tristesse.

40

« Tout absolu relève de la pathologie », dit Nietzsche (*Par-delà bien et mal*, § 154). Naïveté toute médicale.

41

« Quand l'homme se réduit à lui-même, il se perd », dit Jean Hyppolite (*Logique et existence*, p. 243). Idée de théologien.

42

L'homme ne peut s'anticiper lui-même. Il est à cet égard inconcevable à lui-même ; mais il est aussi la lumière à lui-même, comme le soleil, encore invisible derrière les collines, darde déjà ses rayons dans tout le ciel.

43

Il y a des cas où l'on n'a pas le droit d'être « objectif », c'est-à-dire d'observer sans s'indigner, prendre part, se passionner.

44

Un multiple nœud retient ensemble tous les humains, mais un nœud qui va se resserrant.

45

La mentalité des adultes est, pour leur grande majorité, immodifiable. Ils *ont* leurs idées, leurs convictions, leurs valeurs, leurs partis pris, leurs ignorances, leurs réactions stéréotypées, leurs vices.

46

L'existence de l'homme quelconque s'écoule dans des préoccupations et des tâches qui ne le concernent pas dans ce qu'il a d'absolument propre. De là l'exigence d'une vie *autre*, par l'amour.

47

L'homme d'aujourd'hui n'a pas le temps de laisser les sentiments lentement croître. La décision devance l'âme, de sorte que l'homme n'est plus que volonté claire, sans âme.

48

Quand on aime, il ne faut pas promettre. La promesse pèse sur l'amour : il arrive qu'on ne sache plus si l'on agit parce qu'on aime ou parce qu'on a promis.

Au reste, si l'amour demeure, les promesses sont inutiles, et s'il est mort, il ne faut pas faire comme s'il ne l'était pas.

49

« Le pur amour véritable fait prendre plaisir à la félicité de ce qu'on aime », dit Leibniz (*Monadologie*, 90). Oui, l'amour de bienveillance fait prendre plaisir au bonheur des amants, alors pourtant que l'on ne pourrait dire « Je t'aime » à aucun des deux, et justement parce qu'on ne le pourrait pas.

50

Ambiguïté de la femme : originellement coupable, dit la Bible, mais c'est par elle que l'innocence vient au monde.

51

Si la force de nos désirs était proportionnelle à leur profondeur – à leur importance pour nous –, la volonté serait inutile. (Exemple : le désir de fumer est fort, le désir d'une bonne santé est profond, mais faible ; la volonté, ici, est nécessaire).

52

Un sage peut recueillir un chat.

*J*E SONGEAIS À TOI, Émilie, lorsque je me trouvai de lire le poème de ton homonyme Emily Brontë, *No coward soul is mine.* J'y reconnus ton âme. Je t'envoyai la traduction que j'en fis, te demandant éventuellement de l'améliorer, puisque tu sais l'anglais mieux que moi. Il me semblait, te disais-je, que ce poème exprimait, de façon profondément juste, ta vision des choses, la façon dont tu ressens le monde et la Vie, que dis-je ! exprimait ta métaphysique, celle que tu portes en toi, qui est toi. Au reçu de ma lettre, tu m'as téléphoné aussitôt. J'avais vu juste. Ce poème était, dans l'œuvre d'Emily Brontë, ton préféré, celui où tu te retrouvais parfaitement, et tu étais émue que j'aie pu t'y reconnaître, car cela témoignait de la compréhension essentielle que j'avais de toi. « Chapeau ! », t'es-tu exclamée. Et puis : « Je suis heureuse », phrase qui pour moi est sans prix – et j'étais heureux de cette phrase.

Voici ma traduction du poème :

Lâche, mon âme ne l'est pas
Ni elle ne tremble en ce monde secoué d'orages
Je vois les gloires du Ciel briller
Et la Foi brille à leur égal m'armant contre la Crainte.

Ô Dieu de dedans ma poitrine
Toute-puissante toujours présente Déité
Vie, qui en moi a repos
Comme Moi, impérissable Vie, ai en Toi la force.

Vaines sont les mille croyances
Qui meuvent le cœur des hommes, indiciblement vaines,
Sans valeur comme herbes fanées
Ou l'écume oiseuse de l'océan sans bornes.

Pour faire douter une âme
Tenant si fermement à ton infinité
Si sûrement ancrée
Au roc inébranlable de l'Immortalité.

Avec l'amour qui tout embrasse
Ton esprit anime l'éternité des ans
D'amont il imprègne et couve,
Change, soutient, dissout, crée et exalte.

Si Terre et lune avaient disparu
Si soleils et univers avaient cessé d'être
Et qu'il ne restât que Toi seule
Toute Existence existerait en toi.

Il n'y a pas de place pour la Mort
Ni d'atome qu'elle puisse annihiler
Puisque tu es Être et Souffle
Et que ce que tu es ne peut être détruit.

« Lâche, mon âme ne l'est pas. » Certes, le courage est une donnée fondamentale de ton être. Je crois bien qu'à la question de Socrate : « Que dis-tu du courage ? À quel prix

consentirais-tu d'en être privé ? », tu répondrais comme Alcibiade : « Je ne consentirais même pas à vivre, si je devais être
lâche » (*Premier Alcibiade*, 115d). Et je me souviens de la noble fierté
avec laquelle tu m'écrivais, dans la mémorable lettre de
juillet 2001 :

> Et croyez-moi, bien qu'au sexe faible
> j'appartienne
> de courage je suis bien plus dotée que
> tout autre rencontré,
> sans confondre cette passion à laquelle
> mon cœur invincible est voué,
> avec celle d'une bravoure arrogante qui
> conquiert et fait sienne.

« Croyez-moi… » Je te crois. Et je sais que tu es forte.
Cette force, tu la dois à ce que tu es accordée, à la façon d'un
instrument de musique, avec l'essence même de la Vie – laquelle ne consiste pas simplement à survivre, mais dans un
exhaussement continu de soi. Il y a, certes, la vie biologique
des oiseaux et des arbres, mais il y a aussi chez l'homme, chez
toi, la Vie qui est Esprit, c'est-à-dire refus de l'enfermement en
soi-même, accueil, dans le cœur et la pensée, de tout ce qui
vient au jour sous le soleil ou sous la pluie, embellit le monde
et est une expression, à sa façon toujours particulière, de la vie
universelle. Car ton âme est le contraire d'une âme restreinte.
Elle vibre au Souffle puissant qui anime toute la Nature. Et
que ce soit un cheval ou un olivier, elle perçoit en chaque chose
bien plus que la chose même, mais le signe d'une sorte de Joie,
immanente à tout ce qui vit, d'aller de l'avant, vers le haut, et
de créer. Ta Foi en la Vie n'est pas une foi en telles ou telles
idoles, qui, par la mauvaise force des croyances bornées et ex-
clusives, meuvent les hommes, les entraînent à des actions aux

buts douteux ou laids, qui, si l'on songe notamment aux guerres, sont pour beaucoup dans le tumulte d'un monde « secoué d'orages ». Ta Foi brille à l'égal de l'éclat perpétuel des astres du ciel ; elle n'est pas de celles qui déclinent. Les croyances humaines – qui passeront comme l'écume de l'océan ou comme herbes fanées – sont impuissantes à faire douter ton âme, puisqu'elle a son ancrage dans ce qui ne passe pas. Ce dont elle est éprise, tu me l'as avoué :

> Et comment aussi ne pas ressentir
> en son propre cœur la douleur,
> de se voir épris ainsi de la vie, immense et infinie,
> comme la graine qui se brise d'eau et de vie,
> faisant rejaillir les vertes forêts et
> des roses la douceur ?

Cette douleur est la douleur féconde de l'accouchement. La graine qui se brise souffre, mais cette souffrance contient aussi la joie. Et toi, tu sympathises avec la génération des choses, et tu ressens la souffrance heureuse du créateur. Si tu crées toi-même – un poème, par exemple –, c'est en écho à la création que tu sens s'effectuer autour de toi jusqu'aux lointains univers. Mais ce que tu crées, c'est d'abord ce poème que tu es toi-même, et cela dans l'effort d'engendrement de soi, mais aussi dans la paix. Car, que signifie dire que la Vie « a en toi repos », sinon une sorte de paix profonde au fond de toi ? Car tu te sais exempte des reproches de conscience par lesquels nombre d'humains portent la division en eux-mêmes ; tu vis en harmonie avec toi-même – et la Vie en toi –, même si ce n'est pas toujours le cas avec ce qui t'entoure. Au fond de toi, je vois le calme des profondeurs, l'« absence de trouble » (*ataraxie*), si troublé que soit le monde – et toi-même aussi parfois, superficiellement.

Ton attitude, face à l'agitation des hommes prisonniers des « mille croyances », me rappelle moins celle de Lucrèce que celle de Platon.

Pour Lucrèce, je songe au fameux *Suave mari magno…*

« Il est doux, quand sur la vaste mer les vents soulèvent les flots, d'assister de la terre aux rudes épreuves d'autrui : non que la souffrance d'autrui nous soit un grand plaisir, mais voir à quels maux on échappe soi-même est chose douce. »

Et, pour Platon, je songe à l'attitude du vrai philosophe, qui a résolu de vivre à l'écart du cours insensé des événements politiques et de l'histoire :

« Alors, il se tient en repos et ne s'occupe que de ses propres affaires, et, comme un voyageur surpris par une tempête s'abrite derrière un mur contre le tourbillon de poussière et de pluie soulevé par le vent, de même en voyant les autres déborder d'injustice, il s'estime heureux s'il peut passer son existence pure d'injustice et d'impiété, et faire sa sortie de la vie dans la sérénité et la paix de l'âme » (*République*, VI, 496 d-e, trad. Chambry).

Le philosophe de Platon voit qu'il ne peut sauver à la fois lui-même et les autres, le tout-venant des humains. Il est content de garder son âme pure, mais il ne prend aucun plaisir à voir de quels maux il est à l'abri. Il regrette l'impuissance du philosophe à aider les hommes politiques et le peuple à se conduire d'une façon plus sensée et à vivre une vie meilleure.

Or, tu n'es nullement indifférente au sort des « pauvres humains ». La preuve est aisée à fournir. Le 6 mars 2007, je t'écrivais que, Montaigne n'étant plus de ce monde, je ne voyais que toi à qui demander conseil au sujet de l'élection présidentielle. J'étais porté à m'abstenir, n'étant pas intéressé par l'Europe qu'on nous proposait, dès lors qu'elle excluait la Russie.

Or, tu me répondis : « La chose publique est chose grave. Aujourd'hui est pathétique, demain peut être terrifiant. » Mais tu ne voyais, sur la scène politique, que « populisme vulgaire, antithèse de la noble démocratie » : « Je refuse d'être prise en otage par le plus grand nombre », ajoutais-tu. Je reconnus là celle qui consonait avec Héraclite : « Un : pour moi dix mille, s'il est le meilleur » (j'écris « consoner », Littré, « consonner »). Et bien que Sophie, ton admirable sœur, prêche pour Ségolène, tu conclus en prenant le parti du philosophe : « Diogène vivant dans son tonneau serait plutôt d'actualité (je vois cela comme un vote d'abstention). » Cependant, au premier tour, je votai pour la candidate communiste, car elle était quasi seule à demander la « régularisation » de tous les sans-papiers.

Lucrèce, Platon, Héraclite prennent appui sur l'éternelle vérité, et toi aussi, tu me sembles, tout en faisant ton travail et menant ta vie de tous les jours, vivre en éternité, puisque, au-dedans de toi, tu as part à la Vie de la « toujours présente Déité ». « Nous sentons et nous expérimentons que nous sommes éternels », dit Spinoza, c'est-à-dire que nous participons de la Nature éternelle. *Deus sive Natura* : nous vivons en Dieu. Pourquoi y a-t-il tout ce qu'il y a, sinon par un prodigieux geste d'Amour ? La Nature (*Phusis*), éternelle donneuse de vie, est ce geste, un, unique et toujours multiplié. Et tu te sens comme nullement de trop, mais voulue, ayant ta place dans l'ordre des choses et ta nécessité. Chacun devrait peut-être se penser comme une exception, sans laquelle le monde serait plus pauvre de quelque chose. Et je pense que tu sais, plus ou moins, que non seulement tes amis et tes proches ont besoin de toi, mais aussi le monde lui-même : le cheval, l'olivier et ton Jardin. Le puzzle du monde serait insoluble sans la pièce que tu es. Mais je me figure que tu es portée à penser qu'il faut qu'il y ait le cheval, l'olivier et le moindre des fruits de la création, et que cela est vrai pour les hommes aussi, ou du moins le serait si, par la violence dont ils font usage, ils ne se rendaient si souvent indignes de porter en eux la Vie. Tu as une grande puissance d'accueil, et peut-être seras-tu d'accord avec ce que j'écrivais dans mon commentaire du *Tao Te king* (p. 50-51) :

> « Tous les êtres qui viennent au jour, le Sage les reçoit comme s'ils venaient à lui. Son accueil est sans limite pour tout ce qui vit sous le soleil : concitoyens et étrangers, croyants et incroyants, "bons" et "méchants", honnêtes femmes et dames de petite vertu, hypocrites et hommes de bonne foi, etc. Le Sage n'est pas ce qu'on nomme un "donneur de leçons" ; ce n'est pas non plus un professeur ou un prêtre. C'est plutôt un écoutant, mais qui n'impose rien, confiant que chacun a en soi ce trésor qui le fait participer au Tao, et qui est principe d'une toujours nouvelle naissance. Car la Nature est bonne et source de bonté. »

Mais pourtant, si Terre et lune, soleils et univers, un jour, auront disparu, n'est-ce pas que tous les êtres finis sont voués, un jour ou l'autre, à cesser d'être ? Alors tout n'est-il pas comme s'ils n'avaient jamais existé ? De là, la « tristesse qui s'attache aux choses finies » dont parle Hegel. « Tristesse », car l'individu a peine à accepter sa propre disparition. C'est une mauvaise tristesse. Il faut consentir à n'être qu'une pièce dans le jeu du monde. J'y consens sans peine (d'autant plus facilement que je n'ai pas été tellement heureux parmi les humains – et humaines !). Y consentir pour toi, cela m'est plus difficile. Pourquoi pas l'« immortalité de l'âme » des chrétiens ? Mais si je m'en tiens au poème, il n'y a rien qui y ressemble. L'Immortalité de la Vie n'est pas une immortalité personnelle. Mais que signifie la Mort ? La « disparition » n'est pas une annihilation. Tu disparais par une sorte de fusion ou d'immersion dans le courant de la Vie universelle – le Fleuve d'Héraclite. Ou, selon

une autre image, tu rejoins la Source dont tu es un jaillissement : il n'appartient pas au jaillissement de durer, mais l'eau
retourne à la Source.

&

$\mathcal{V}$OICI QUELQUES RÊVES :

A. Je rêve qu'Axelos a écrit un livre sur Montaigne. Je vois ce livre. Sur la page où se trouve d'ordinaire la dédicace, Axelos a écrit quelques lignes. Ce n'est pas une dédicace. Je lis le mot « père » – sans doute le sien, pensé-je. Je m'étonne qu'il écrive si fin. J'ouvre le livre. D'un chapitre à l'autre, la typographie est différente. Je pense qu'Axelos a donné des conférences sur Montaigne, qui ont été publiées dans des revues dont la typographie était différente. Le livre est fait de la reproduction de différents articles.

[Je connais bien le livre de Festugière, *Études de philosophie grecque*, qui est ainsi composé. Françoise Dastur m'a parlé récemment d'Axelos. À ma connaissance, il n'a pas écrit sur Montaigne.]

B. J'entends du bruit à la cave. J'y vais. Ce sont des voleurs : deux hommes qui ressemblent vaguement au serrurier que j'ai fait travailler récemment et à son fils. Ils veulent s'emparer du cuivre d'un grand bassin [je n'ai rien de tel dans ma cave]. Je crie à ma sœur : « Michèle, appelle les gendarmes ! » Je m'empare d'une barre de fer [j'en ai une dans ma cave] et m'apprête à chasser les voleurs. Ils fuient vers le soupirail. Là, ils se transforment en des sortes de larves qui se glissent au-dehors.

[Le serrurier m'avait pris 177 euro pour réparer une vieille serrure. D'autre part, il est beaucoup question, dans les média, des voleurs de métaux.]

C. Je suis étudiant. Je m'approche de la chaire du professeur. Il est en discussion avec un collègue. Il dit que je suis un bon philosophe. Je dis : M. [Souriau ? Gueroult ?], sait que je suis un bon philosophe. Je le sais aussi. » M. [Souriau, Gueroult ?] me dispense des exercices de logique. À l'un des cours suivants, j'arrive en retard, des jeunes filles m'ayant retenu. J'entre dans la salle de cours alors qu'elle est déjà pleine d'étudiants au travail. Le professeur s'adresse à moi, me dit que je dois arriver à l'heure. Je dis : « Je m'excuse. » Je m'installe au fond de la salle, très serein ; je réfléchis sur la nature de l'homme.

[Étudiant, j'ai assisté à un dialogue entre Gueroult, qui venait faire son cours, et Souriau qui lui cédait la place. D'autre part, je connais le traité d'Hippocrate sur *La Nature de l'homme*. Mais je ne pense pas que les jeunes filles m'aient jamais mis en retard – cependant, je n'ose pas être trop affirmatif…]

D. Je roule sur une passerelle extrêmement étroite. Elle a juste la largeur du véhicule. Celui-ci est conduit par une amie. Au-dessous de nous, l'immensité liquide de la Dordogne –

beaucoup plus large qu'en réalité. Nous avons failli tomber. Pour moi, c'était la noyade certaine. Pour mon amie aussi : elle sait nager, mais pas suffisamment. Cependant, nous arrivons à bon port. Je me trouve alors avec l'amie et une amie commune. Je me souviens de leur avoir promis de leur dire ce qu'est la personne. Un échange de mots, puis je leur dis : « La personne est la part d'éternité qui est en nous. » Elles restent entre elles. Je vais au bord de l'eau devant la très large rivière. Dans le rêve, je connais ces amies. Maintenant, il m'est difficile de leur donner un nom. Lucile ? Catherine ? Ces noms me semblent probables. Lucile est, je crois, celle qui conduisait le véhicule sur la passerelle. Elle n'était pas très sûre d'elle.

[Lucile est écrivaine. Le rêve exprime peut-être l'angoisse de l'auteur, dont les écrits risquent d'être noyés dans la masse des écrits. Alors, qu'est-ce qui survivra de lui ?]

E. Je marche dans une grande foire avec quelques proches ou amis. Des magasins de meubles. J'arrive à la librairie Vrin (bien que nous ne soyons pas place de la Sorbonne). Elle n'existe plus. C'est un magasin d'ameublement. Sur la chaussée, des armoires, des tables et autres meubles. J'avise un petit meuble-bibliothèque, de faible hauteur. Il me fait envie. Soixante-dix euro : ce n'est pas cher. Je reviens le chercher avec ma Clio. Je ne suis pas très rassuré tant il y a de voitures. Et où me garer ? Je finis par trouver une place libre. Mais un camion vient y décharger du sable. Je suis inquiet. Cependant, il ne m'approche pas. Je vais chercher le meuble. Je le ramène chez moi. En mon absence, une jeune fille a téléphoné. Je regrette de l'avoir manquée. « Elle rappellera », dis-je. C'est ce qu'elle fait. « Pourquoi me dis-tu "vous" ? », lui dis-je (peut-être était-ce Catherine), et je me réveille.

[J'ai plusieurs petits meubles-bibliothèques. J'ai songé qu'il m'en faudrait un autre. Le rêve est la réalisation de mon désir, et peut-être d'autres désirs : trouver à se garer, être appelé au téléphone par une jeune fille. Aucun de ces désirs n'est « déguisé »[1].]

1. Cf. « Le rêve est la réalisation déguisée d'un désir refoulé » (S. Freud).

LE ROMAN *The Constant nymph*, que Margaret Kennedy a
publié à Londres en 1924, et qui l'a rendue aussitôt célèbre, a
paru en France dans la traduction de Louis Guilloux, d'abord
sous le titre *La Nymphe au cœur fidèle*, puis sous le titre *Tessa*.

L'immense plaisir que j'ai eu, presque jusqu'au bout, à lire
ce livre, s'est converti en déception à la fin. L'on aime Tessa
(Teresa), l'on est de son côté, l'on espère son bonheur, et l'auteur
la fait mourir dans les dernières pages, cela sans raison. Il lui
avait attribué une lésion au cœur ; après un violent effort pour
ouvrir une fenêtre qu'une cale bloquait, elle est foudroyée par
une crise cardiaque. Que vient faire une crise cardiaque alors
que l'on voit le développement des caractères ? Le procédé est
vraiment trop facile, pour s'épargner la peine de représenter
Lewis et Tessa enfin réunis et heureux. Pourquoi leur enlever le
bonheur ? Les représenter dans cette nouvelle situation, celle à
laquelle ils aspiraient dès le début, le sachant ou non, était-ce
vraiment trop difficile ? Mais le sens du roman est de représenter les personnages aboutissant enfin à leur vérité, qu'ils avaient

jusque-là seulement pressentie. Qui sont-ils ? On le voit – on le verrait – enfin, toutes erreurs corrigées, tous obstacles levés.

L'histoire se passe d'abord au Tyrol autrichien, où Albert Sanger, musicien anglais de génie, vit avec son élève, le compositeur Lewis Dodd, et sept enfants, qu'il a eus de trois femmes, cela dans son grand chalet, la Karindehütte. Kate et Cyril sont les enfants de Véra, Antonia, Teresa, Paulina et Sébastien, les enfants d'Evelyn, Suzon la fille de Linda. Véra, Evelyn sont mortes, Linda est au chalet. Kate et Cyril sont sérieux, dévoués à tous ; Kate, la grande sœur affectueuse, prépare les repas. Elle a une voix très belle et trouvera un engagement. Suzon, sept ans, couvée par sa mère, est un « petit singe poseur », dit Sanger. Ce sont les enfants d'Evelyn qui, au « cirque Sanger », donnent le ton : spontanéité, improvisation, impulsivité, insouciance, laisser-aller (sauf en musique !), légèreté, absence de contrainte, gaieté, charme, avec quelque chose d'aristocratique qu'ils tenaient de leur mère, laquelle, jeune fille d'une très bonne famille anglaise venue étudier la musique chez Sanger, avait beauté, distinction, intelligence et talent. Au début du roman, Antonia a seize ans, Teresa quatorze, Paulina douze, Sébastien dix. Pour l'anniversaire de Sanger, Antonia revient de Munich, où elle a passé une semaine avec Jacob Birnbaum, un ami de Sanger qui possède des théâtres. Il l'aime, mais il l'a fait boire et l'a séduite, ce qu'elle avoue en termes voilés à ses sœurs. Elle le juge stupide de n'avoir pas su attendre qu'elle soit prête. Pour le moment, elle le hait. Cependant, comme elle ne doute pas de son amour, après la mort de Sanger, elle lui pardonnera, l'épousera, en aura un fils, et donnera le spectacle d'une épouse comblée.

Sanger meurt peu après le retour d'Antonia. Le frère d'Evelyn, Charles, et sa fille, Florence, viennent pour emmener en Angleterre les enfants d'Evelyn – et envoyer à l'école

Sébastien et les fillettes, qui n'ont eu encore le bénéfice d'aucune éducation suivie. C'est ce qui a lieu, tandis que Lewis, subjugué par la belle, riche et impérieuse Florence, l'épouse, provoquant la consternation des enfants et le désespoir de Tessa : « Cela me serait égal qu'il l'épouse, dit-elle, mais il ne sera pas heureux. » À l'école, les fillettes sont malheureuses. Elles appellent Lewis à leur secours : « Cher Lewis, voulez-vous, s'il vous plaît, venir ici et nous emmener ? C'est une école dégoûtante [...] Les filles sont détestables, les maîtresses ne pensent qu'aux jeux. » Elles sont, avant tout, musiciennes. Or, « personne ne peut rien jouer convenablement dans cette école ». Lewis, qui a une « nature oublieuse », dit Tessa, ne répondra pas. Mais il prend le parti des fillettes. Sa dévotion pour Tessa se heurte à l'inimitié de Florence. Première querelle. Or, Sébastien, de son côté, s'est enfui de son école : ne lui a-t-on pas donné, pour ses exercices, un mauvais piano avec trois notes cassées ! Il aide ses sœurs à fuir, et les enfants se retrouvent dans la maison que Florence a achetée, près de Londres, pour Lewis et elle. Ils reconstituent avec Roberto, le domestique italien, le « cirque Sanger », Florence étant de trop. Bonheur de Lewis qui retrouve Tessa : « Oh ! Tessa ! c'est merveilleux. Comme le temps m'a paru long ! » Lewis refuse de s'adapter à l'Angleterre de Florence, outrage ses invités, marque son mépris pour leur musique. Il quittera l'Angleterre après le concert qu'il doit donner. Il voudrait que Tessa le suive. Elle refuse ; ce serait faire une offense à la « noble et bonne » Florence, dans la maison de qui elle vit : « On dirait que nous avons été amant et maîtresse dans cette maison. » Alors Lewis, dans un plaidoyer dérisoire et qui a l'effet contraire de celui recherché, supplie Florence de comprendre Tessa, de l'aimer, de la protéger : « L'école a fait du mal à Tessa. Elle était bien près de la perfection avant qu'on l'y envoie. » Que n'a-t-il pas dit ! Tessa proche de la perfection ! Florence ironise. Son père, Charles, voit plus juste, qui discerne en Tessa « les lignes délicates d'une belle nature, une noblesse de vues qui compense son manque d'éducation ». Mais Florence, outrée, et qui s'est toujours montrée caustique, voire méchante envers sa cousine, crache son venin. Elle accuse Tessa de s'être « déshonorée » dans sa maison. Tessa ne comprend pas. Certes, elle aime Lewis depuis toujours : « Cet amour ne m'a donné que de la tristesse ; seulement cela a tellement été toute ma vie, que je ne pouvais rien désirer d'autre, de même que je ne puis désirer être changée en une autre personne. » Mais où est le mal ? Elle comprend enfin l'accusation, et que Florence n'était pas l'ange qu'elle croyait. Elle a devant elle « une méduse, elle ferme les yeux pour ne pas voir ce visage dur et haineux dont elle a peur ». Alors, sa décision est prise. Elle sait qu'après son concert, Lewis doit prendre un bateau pour Bruxelles. Elle lui fait savoir par Roberto qu'elle le rejoindra au premier train de bateau. C'est ce qu'elle fait. Les voici ensemble dans le train pour Douvres, sur le bateau, puis à Bruxelles, chez Madame Marxe, une amie de Sanger. Leur douloureux bonheur dure peu. Tessa, qui a très souvent souffert sans se plaindre, meurt après un trop violent effort.

Les enfants d'Evelyn Sanger, avec leur tempérament d'artistes, étaient difficilement transformables en bons et sages petits anglais soucieux du décorum. Tout comme leur père et Lewis, ils ne respectaient rien sauf la musique. La musique était sacrée. C'était la première chose au monde. Ils méprisaient ceux qui n'aimaient pas la musique comme eux. Florence n'avait pas grâce à leurs yeux. Sébastien devait jouer une sonate pour piano dans un concert donné par sa petite école. Quel morceau jouer ? Qu'importe, dit Florence, « il n'y aura que les élèves et leurs parents. Ils ne verront pas… » « Ils ne verront pas… ! » Florence doit endurer la surprise blessante de Lewis et des enfants. – Elle a l'inconscience de demander à quoi sert la musique : « La musique, tout art… quel est son but ? Quelle est sa justification ? Après tout… » La musique ne serait qu'une part de l'« art de vivre en beauté », par où il faut sans doute entendre l'art de vivre de la gentry ou de ceux qui y aspirent. Mais la musique « n'a pas de but », explique Lewis méprisant ; elle « n'a pas de justification » : faut-il justifier la beauté ? et quel but y aurait-il au-delà ?

Jean Giraudoux a adapté le roman au théâtre en 1934, sous le nom de *Tessa*. Son erreur est d'avoir fait de Tessa une jeune fille, lui donnant trois ans de plus que dans le roman. Tessa n'est plus une petite fille : contrairement à Lina, elle ne s'assied plus sur les genoux de Lewis. Mais elle n'est pas encore une jeune fille : elle est seulement en train de le devenir. Cette ambiguïté de son être est la clef du drame. L'amour simple et intransigeant que l'enfant qu'elle cessait d'être portait à Lewis, mûrissait sous la forme d'un amour de femme. Mais alors que Tessa savait qu'elle était destinée à Lewis, n'épouserait jamais personne d'autre, Lewis voyait en elle sa « chère petite Tessa » dont il aimait caresser les cheveux, sans songer à elle comme la femme qui devait être sienne. Charles, qui aimait Tessa et son « très noble visage », s'étonnait de l'aveuglement de Lewis. Lorsque Lewis et Tessa étaient ensemble, Lewis devenait un hôte agréable. Ils n'étaient pas mari et femme. « Ils auraient dû l'être. À mesure que Charles les observait, cette idée grandit dans son esprit, et il lui parut étrange qu'une chose aussi évidente ne fût sentie par personne. » Mais Lewis a épousé Florence sur un coup de tête. Ensuite, il a beau dire à Tessa : « Je vous aime. Je ne peux me passer de vous », c'est trop tard. L'enfant Tessa devenait

femme : « Si vous aviez attendu un peu, vous auriez pu m'avoir. »
Quant à trahir la confiance de Florence et à suivre Lewis à l'étranger, c'est pour Tessa ce qui est exclu… jusqu'au moment où elle
s'aperçoit que Florence, qui l'a injuriée grossièrement, n'est pas
celle qu'elle croyait. Alors, elle rejoint Lewis sur le bateau, et
elle est, pour quelques heures, « profondément heureuse ». La
romancière décide qu'elle a une maladie de cœur et de la faire
mourir. Ainsi elle n'a pas à peindre le bonheur des amants –
mais peut-être ne pouvait-elle, en 1924, présenter le bonheur
comme pouvant se trouver dans l'adultère. Elle a craint, comme
Florence, l'opinion publique. Quant à Giraudoux, s'il a donné
à Teresa dix-sept ans au lieu de quatorze, c'est qu'il voulait que
le rôle soit joué par Madeleine Ozeray, la femme de ses rêves.

❧

*L*A MONARCHIE ABSOLUE, ce monstre politique – puisqu'elle mettait à la disposition du prince, sans discussion, sans contrôle, toute la fortune publique (libre à lui d'en user pour satisfaire ses fantaisies) –, ce dégoûtant régime, dis-je, vouait les peuples à la souffrance. Ils ne doivent point « être trop à leur aise », avait dit Richelieu. Et quant aux paysans, « il les faut, ajoutait-il, comparer aux mulets qui, étant accoutumés à la charge, se gâtent par un long repos » (*Testament politique*). Cette « charge » sur le paysan – ces charges –, La Fontaine les détaille dans « La Mort et le Bûcheron » :

> « Sa femme, ses enfants, les soldats, les impôts,
> Le créancier et la corvée
> Lui font d'un malheureux la peinture achevée. »

Le poète a de la compassion, non de la colère. Mme de Sévigné observe, mais ne s'étonne ni ne s'apitoie. Guy Patin (lettre du 2 septembre 1661), Bossuet (sermon « Sur l'impénitence finale ») marquent quelque indignation, sans aller jusqu'à la protestation publique. Celle-ci est le fait de La Bruyère.

Je rappelle le fameux passage du chapitre XI des *Caractères* :

« L'on voit certains animaux farouches, des mâles et des femel-
les, répandus par la campagne, noirs, livides, et tout brûlés du
soleil, attachés à la terre qu'ils fouillent et qu'ils remuent avec
une opiniâtreté invincible ; ils ont comme une voix articulée, et
quand ils se lèvent sur leurs pieds, ils montrent une face humaine, et en effet ils sont des hommes. Ils se retirent la nuit
dans des tanières, où ils vivent de pain noir [pain de sarrasin ou
blé noir], d'eau et de racines [légumes : raves, betteraves, na-
vets, choux, etc.] ; ils épargnent aux autres hommes la peine de
semer, de labourer et de recueillir pour vivre, et méritent ainsi
de ne pas manquer de ce pain qu'ils ont semé. »

La Bruyère modère son audace : « Il faut des saisies de
terre et des enlèvements de meubles, des prisons et *des supplices*, je l'avoue » (XI. 127) – « des supplices » ! C'est là ce que
Montaigne n'aurait pas dit. Aux paysans saisis, les contrôleurs
des aides pouvaient prendre la vache, la brebis, le lit, l'habit –
du moins jusqu'en 1667, où une ordonnance prescrivit de leur
laisser l'habit.

Or, voici ce qui m'étonne : que mon père, vers la fin de sa
vie, sur un cahier d'écolier, ait écrit, résumant La Bruyère :
« Les paysans : ces animaux à face humaine qui se nourrissent
de racines », et ait copié cette phrase de *Ramuntcho* :

« La compréhension lui était venue [à Ramuntcho] de ces hum-
bles existences de paysan, attachées à la terre et au champ natal,
de ces vies humaines aussi dépourvues de joies que celles des
bêtes de labour, mais avec des déclins plus prolongés et plus
lamentables. »

Ainsi ces descriptions datant l'une du XVIIe siècle, l'autre
du XIXe, lui paraissaient encore valables et lui paraissaient s'ap-
pliquer à sa propre existence de paysan. Or, si je songe à mon
père et à ma mère travaillant dans les champs – aux « Terres »,

au bord de la Dordogne –, je vois des humains qu'une singulière dignité élève au-dessus de leur condition, qui, à cet égard, n'ont rien à envier aux « dignitaires » de l'entourage des rois, des princes ou des présidents. Et dire que leur vie est « dépourvue de joies » est très sot : qu'y a-t-il de joie plus vraie que la joie profonde de l'amour, et y eut-il jamais un amour plus profond que celui de mon père et de ma mère travaillant dans les champs, lui arrachant les pommes de terre, elle les ramassant à mesure ?

Mais mon père, s'étant trouvé – après un voyage à Paris pour représenter la Mutuelle Agricole de la Corrèze –, dans le train avec deux messieurs parlant des paysans (sans s'occuper de lui, qui n'avait pas l'air de ce qu'il était), les entendit tenir des propos dont il s'est souvenu plus tard lorsqu'il a rencontré les phrases que j'ai citées, et c'étaient propos de la même farine. Les paysans : « de pauvres bougres, mais il en faut », disaient-ils – où le mot « bougre » contenait plus de commisération que de mépris et ne voulait pas être injurieux. Et mon père se disait que l'expression était assez juste : acharnés au travail pour simplement survivre, n'ayant au mieux que de maigres ressources, n'ayant part à aucune des joies de la ville, privés des bonheurs de la culture, de l'art, des voyages, des vacances, les paysans des années 1920-1930 étaient des sortes de parias. Les choses ont bien changé depuis.

❧

QUELLE EST LA PLACE de la Beauté dans l'ordre des choses ? Répondre à cette question, c'est édifier une métaphysique de la Beauté. Or, il n'y a que deux solutions. Ou la Beauté était présente dès l'origine des choses, ou elle est apparue au cours de l'évolution. Si l'on s'en tient aux positions extrêmes, l'on a, d'un côté, le créationnisme, de l'autre, le matérialisme. Le créationnisme, comme « doctrine qui nie l'évolution de la vie sur la Terre », est « aujourd'hui abandonné par la communauté scientifique », dit le *Petit Larousse* (éd. 2008). Soit ! Mais si l'on entend par « créationnisme » la doctrine d'après laquelle le monde a été créé par Dieu *ex nihilo*, c'est là encore la conviction de tous les croyants en Dieu, ou de la plupart. Or, Dieu, être parfait, ne va pas sans la Beauté : « Interroge la beauté de la terre, celle de la mer, celle de l'air qui se dilate et se diffuse, celle du ciel : interroge toutes ces réalités. Toutes te répondent : Vois, nous sommes belles. Leur beauté est un aveu (*confessio*). Ces beautés sujettes au changement, qui les a faites sinon le Beau (*Pulcher*), non sujet au changement ? »

Ainsi parle saint Augustin (*Sermones*, in PL 38, 1134). Selon Plotin, si l'on regarde « toutes les beautés du monde sensible, ses proportions, sa régularité et le spectacle qu'offrent les astres », on ne peut manquer, « saisi d'un respect religieux », de s'exclamer : « Que c'est beau, et de quelle Beauté doit venir leur beauté ! » (*Ennéades*, II, 9, 16). Donc, la Beauté, avec ce qu'elle implique – ordre, régularité, proportion –, est à l'origine des choses.

Pour les matérialistes, au contraire, tel Épicure, au commencement est le désordre des atomes – un commencement qui, du reste, est toujours là, car l'ordre et le désordre sont éternels. À partir du désordre, l'ordre se produit par l'effet du hasard et de la nécessité. Dans l'univers sans bornes, après maints amas astructurés, des systèmes ordonnés finissent par se constituer – et cela a lieu sans cesse, puisque tout ce qui est fait se défait, avant de se refaire à nouveau. Des mondes naissent au sein desquels, ou en tout cas du nôtre, a lieu l'apparition de la vie. Et avec les plantes, les animaux, donc avec la nature vivante, ce qui advient aussi, c'est la beauté. Ce n'est pas que le spectacle de la vie suffise à donner le sentiment du beau. Devant un nid de fourmis que l'on a dérangées, et où l'on constate une agitation fébrile, qui, au cas où la fourmilière serait de grandes dimensions, pourrait presque effrayer, l'on ne dit pas : « C'est beau ! » Car l'on est en face du pur désordre. Pour qu'il y ait beauté, il faut qu'il y ait variété, mais aussi unité, régularité, ordre ; alors, si l'expression de la vie s'y ajoute, on a le jugement de beauté. Selon Épicure, dis-je, le concours des atomes a formé les mondes, notre monde, où il y a eu « la terre, le ciel, la mer, les astres, le soleil et le globe de la lune » (Lucrèce, V, 68-69), puis, naissant de la terre, les êtres vivants. Or, la nature a dû, sans doute, faire de nombreux essais et produire des monstres avant de mettre au jour des êtres capables de vivre et de se perpétuer. Il y eut « des êtres privés de pieds ou dépourvus de mains, ou muets et sans bouche, ou aveugles et sans regard, ou dont les membres étaient soudés au corps, et qui ne pouvaient ni se mouvoir, ni éviter le danger, ni pourvoir à leurs besoins. » (V, 840-844). Mais ensuite et à la longue, l'on eut des êtres aux organismes composés selon de justes proportions, et la beauté alors survint dans le monde. Incarnée par Vénus, la beauté a une fonction : elle inspire le désir amoureux et permet la perpétuation de la vie. En ce sens général, elle a donc sa raison d'être dans l'ordre des choses.

Que l'on admette l'une ou l'autre de ces deux métaphysiques, ou de celles qui leur sont apparentées, bien loin que la Beauté apparaisse avec l'homme, on peut dire qu'elle le précède. Elle est toujours déjà là. Kant, qui pourtant s'en tient au subjectivisme critique et à l'analyse du jugement de goût, reconnaît que « la nature a partout répandu avec prodigalité de la beauté, même au fond de l'océan, où ne pénètre que rarement un regard humain » (*CJ*, § 30). Ce qui apparaît avec l'homme, c'est bien plutôt la laideur. Que l'on songe, par exemple, aux guerres criminelles et aux destructions qu'elles entraînent. Certes, les épicuriens disent que la nature, en essayant toutes les formes possibles avant de mettre au jour celles qui sont viables, a créé des monstres. Cette hypothèse, héritée d'Empédocle, n'est sans doute pas à retenir. Restent les veaux à deux têtes ou à cinq pattes. On ne dira pas qu'ils sont beaux. Ainsi la Beauté domine dans la nature, mais non la perfection. L'homme crée des œuvres belles, mais ce n'est pas lui qui crée la Beauté : il la constate. Si un enfant demande : « La beauté, c'est quoi ? », on lui dira : « Suppose que tu regardes, par exemple un bateau aux voiles blanches sur la mer, si tu as plaisir rien qu'à le regarder, c'est que cela est beau. » Or, l'enfant, alors, s'absorbe, s'oublie dans ce qu'il voit, il ne fait pas retour sur soi. Il en va toujours ainsi, si ce n'est que l'adulte, après s'être laissé prendre à la magie du spectacle, réfléchit et prononce un jugement de goût. Mais le jugement vient après le ravissement, et l'homme ravi s'abîme devant la Beauté, il ne l'invente pas.

J'INCLINE À CROIRE à l'authenticité des « petites phrases »
que William Plas attribue à Gabrielle Chanel, dans son livre *Le
Secret corrézien de Chanel* (Brive, G. Lachaise, 2004), où il évoque les
années de couvent de Gabrielle, confiée par son père, âgée de
douze ans (1895), à l'abbaye cistercienne d'Aubazine, devenue
orphelinat de petites filles (sa mère était morte en février 1895,
âgée de trente-deux ans). Les religieuses de la congrégation du
Saint-Cœur de Marie n'abondaient pas, semble-t-il, en manifestations d'affection, puisque l'ex-pensionnaire devait écrire : « Je
voulais être sûre qu'on m'aimait et je vivais avec des personnes
impitoyables. » Cela dura toutes les années d'adolescence, au
cours desquelles Gabrielle jeta bien des fois un regard sur le dal-
lage qui, au premier étage, représentait les armoiries de l'abbaye :
une étoile à cinq branches – symbole de perfection. Et son premier parfum fut le n° 5. Elle le créa en 1921. Lorsque, quarante
ans plus tard, Marilyn Monroe dit qu'elle ne prenait pour dormir rien d'autre que « quelques gouttes de Chanel n° 5 », il n'avait
rien perdu de son prestige.

Or, comme des petites phrases comme celles-ci : « Une mode qui ne descend pas dans la rue n'est pas une mode : la mienne est destinée à toutes les femmes », « C'est la solitude qui m'a trempé le caractère que j'ai mauvais, bronzé l'âme que j'ai fière, et le corps que j'ai solide », et quelques autres, portent la marque de Chanel, je suis porté à admettre l'authenticité de toutes celles citées dans ce livre. Mais je dois avouer que telle ou telle me laisse perplexe, et surtout celle-ci : « Si ma vie était à refaire, je la construirais sur le plaisir physique. » Or, si je l'attribue à Gabrielle Chanel, il me reste à l'interpréter d'une manière compatible avec ce que signifie le mot « Chanel ».

Une dame qui fait commerce du plaisir qu'elle donne aux hommes peut très bien dire qu'elle entend « construire sa vie » sur le plaisir « physique » qu'elle leur donne : elle gagnera assez d'argent pour s'acheter un bel appartement, des meubles, des vêtements, des bijoux, voire pour confier à une institution religieuse l'enfant qu'elle aura eu de l'homme qui lui assure un soutien particulier. Mais les dames de cette sorte, dont la confrérie remonte à des temps très anciens, n'ont rien de bien original – leurs prouesses étant assez connues –, alors que Chanel est unique. Il faut donc tenir compte des traits essentiels de Chanel, et ensuite que l'interprétation recherchée ne concorde qu'avec ces traits.

Or, quels sont les traits essentiels de Chanel ? Il en est deux : 1) D'abord, c'est une nature créatrice. Elle ne cesse pas d'inventer : la marinière, 1913 ; la robe-chemise, 1916 ; le cardigan, 1918 ; le pantalon, 1920 ; une pelisse, 1921 ; le premier parfum dû à un couturier, 1921 ; le pyjama de plage, 1922 ; l'imperméable, 1926 ; la petite robe noire, 1926 ; le premier tailleur en tweed, 1928 ; le sac matelassé en bandoulière, 1930, etc. 2) L'objet de son intérêt est uniquement la femme –

la femme *regardée*. Car la femme n'est réelle que par l'amour qu'elle éveille : « Une femme a besoin du regard d'un homme qui l'aime et n'a besoin d'aucun institut de beauté, mais sans ce regard, une femme meurt. »

Il convient donc d'inventer pour la femme un vêtement qui n'en soit pas un, puisqu'il la révélera en se faisant oublier. L'extrême simplicité du vêtement sera la règle : « Une femme est toujours trop habillée », « Toujours enlever, ne jamais ajouter. » La robe n'est pas là pour arrêter le regard, mais pour lui ouvrir la route : « Les couturiers ont oublié qu'il y a des femmes à l'intérieur des robes. » La robe est un langage. Elle doit dire à l'homme : « Aimez-moi » – « Chaque robe, je la cisèle pour une femme qui, le jour où elle la porte, pourra rencontrer son destin. » Mais la robe doit dire aussi : ne vous bornez pas à des paroles ; n'oubliez pas qu'une robe est faite pour être enlevée : « Pour qu'un costume soit joli, il faut, dit Chanel, que la femme qui le porte ait l'air d'être nue en dessous. » Qu'est-ce à dire sinon que le plaisir est en vue ?

Chanel a compris le métier qui fut toute sa vie comme entièrement au service de la femme, de la liberté et de la « fonction » de la femme – « La fonction d'une femme, c'est d'être aimée » –, et par là même de l'amour et du « plaisir physique » de l'amour. Lorsqu'elle dit : « Si ma vie était à refaire, je la construirais sur le plaisir physique », elle ne fait que dire qu'elle referait ce qu'elle a fait, et, sous l'apparence d'un conditionnel, que donner la définition ou la formule de ce que fut sa vie.

« Les personnes qui ont le plus influencé ce siècle, a dit André Malraux, seront Charles de Gaulle, Picasso et Gabrielle Chanel. » On le comprend : Malraux songe seulement aux personnes qui ont influencé le XXe siècle de façon positive.

UNE PERSONNE « influençable » est celle dont le jugement dépend du jugement d'autrui. Robin était en faveur de la peine de mort, car le navigateur Tabarly, qu'il admirait, la justifiait pour les trafiquants de drogue. Mais ayant entendu maître Badinter la condamner, il était devenu abolitionniste. Toutefois, son amie Estelle lui ayant fait partager son horreur pour un pédophile violeur et assassin, à la question : « Ne crois-tu pas qu'il mérite la mort ? », il a répondu, comme Aliocha à Ivan Karamazov qui lui demandait s'il fallait fusiller le général tortionnaire d'un enfant : « Si. » Robin est influençable. Il ne fait souvent que suivre l'opinion générale – une opinion elle-même influençable, ou plutôt n'ayant pas d'autres jugements que des jugements influencés. Robin est de ces individus dont le jugement dépend des sondages plus que de leur propre réflexion. Il est alors, dans ses jugements, doublement influencé.

Sur la question de la peine de mort, je fus longtemps disposé à répondre comme Aliocha. Cela dura jusqu'au moment où Lao-tseu me persuada qu'il ne faut pas se substituer à la nature pour décider de qui doit mourir. Cependant, d'une manière générale, je suis, dans mes jugements de philosophe, absolument non influençable – cela, alors que je suis réceptif à de multiples influences, mais qui ne font que fournir une abondante matière à ma réflexion : ce sera ce que j'aurai vu, ou entendu, ou lu, ou entendu dire. Ces influences, d'une certaine manière, je les choisis, d'un choix spontané – expression de ma nature morale –, non médité. J'observe que je suis bien plus sensible à l'influence des paroles (telle chose qu'un ami aura dite me hantera pendant des jours) que des écrits (lesquels, toujours préparés, sont moins révélateurs), des gestes que des paroles, et, quant aux personnes, des non-philosophes que des philosophes, des gens simples qui réfléchissent que des gens simples qui ne réfléchissent pas, des gens qui parlent de ce qu'ils vivent ou ont vécu que de ceux qui parlent par ouï-dire, de ceux qui n'écrivent pas que de ceux qui écrivent, de ceux qui ne publient pas que de ceux qui publient, de ceux qui aiment que de ceux qui n'aiment pas, de ceux qui m'aiment que de ceux qui ne m'aiment pas, de ceux qui croient en Dieu que de ceux qui n'y croient pas (bien que n'y croyant pas moi-même), des non-théologiens que des théologiens, des catholiques que des protestants, des musulmans, des juifs ou des animistes (bien que n'étant pas catholique), des gens de droite que des gens de gauche (bien que n'étant pas de droite), des joueurs que de ceux qui ne jouent pas (bien que ne jouant pas), des femmes que des hommes, de celles qui ont du charme que de celles qui n'en ont pas, des jeunes femmes que des femmes qui ont cessé d'être jeunes ou des adolescentes. Et je me figure que je serais plus sensible à ce que pourrait me dire un prisonnier politique qu'un prisonnier de droit commun, un juge qu'un avocat, un juge des enfants qu'un juge des référés, une dame qui se prostitue qu'une dame membre du jury du prix Femina, un pacifiste comme Georges Krassovsky qu'un belliciste comme George Walker Bush, un déserteur qu'un général en chef, un chômeur ou une chômeuse que François Pinault, Jean d'Ormesson que Jean-Pierre Faye ; et aussi que j'aurais été plus sensible à ce qu'aurait pu me dire Pierre Reverdy que René Char, Charles de Gaulle que Pierre Mendès France, Anne Weil Mendelssohn que Hannah Arendt (à moins qu'elles eussent consenti à me parler toutes deux, ensemble, de leur adolescence à Königsberg), Hannah Arendt étudiante que Hannah Arendt professeur. Mais tout cela n'est que matière. Je suis maître de la forme.

XXII
*La force tranquille
de la foi*

C'ÉTAIT À SAINT-MAURICE, petite ville du Valais (ainsi nom-
mée en souvenir du martyre de saint Maurice et de ses compagnons, rebelles au pouvoir de Dioclétien, au IIIe siècle). Mes
amis et moi étions attablés à l'hôtel de la Dent du Midi, après la
conférence que j'avais donnée, au Collège de l'Abbaye, sur la
beauté. Nous échangions d'ultimes paroles avant mon départ.
C'était un dimanche ensoleillé. Il y avait là Jean-Claude Grosse,
Santo Arcoleo, Raymond Barman et Geneviève, Bibiane dont le
mari, Pierre, nous invitait. Or, je dis que, lorsque j'étais près de
Bibiane, le mot « Dieu » prenait pour moi un sens. On me sait
incroyant : cela fit sourire. Mais Jean-Claude me dit plus tard
qu'il y avait, chez Bibiane, quelque chose qui permettait de comprendre que j'aie pu dire cela. Le mot « Dieu » n'est pas un mot
du langage philosophique, mais religieux. En tant que philosophe, je ne lui trouve aucun sens, car je ne dispose d'aucun moyen
rationnel ou raisonnable de lui en donner un. Mais près de
Bibiane, j'entre dans l'univers de la foi, bien plus que si j'étais
auprès d'un prêtre ou d'une nonne. Sa foi me touche, me fait

participer d'une vie profonde, spirituelle, où je sens que dominent la confiance et la joie. Bibiane est, par elle-même, un argument bien plus fort que toutes les « preuves » de l'existence de Dieu, qui ne sont que des mots. Ce que je sens, ce qui m'émeut, c'est une vie qui rend sans cesse hommage, par sa droiture, sa noblesse, au mystère de la vie et à Celui dont on a quelque image en Jésus-Christ. Lorsque j'ai le sentiment vif de la beauté d'une âme, je me détourne de tout ce qui relève de valeurs inférieures – que ce soit des façons de vivre ou des façons de penser. Les systèmes matérialistes négligent ce qu'il y a de profond et de mystérieux dans la vie, et la présence de l'Indicible. Si Bibiane n'est pas tentée par le matérialisme, c'est qu'il ne répond pas à un besoin du cœur – auquel pourtant il faut répondre, car il tient à la nature de l'homme. Bien sûr, la perception que j'ai d'elle ne serait sans doute pas possible si je n'avais pour elle, comme pour Geneviève, une affection vive, d'une nature purement lyrique, sans rien à voir avec les fantasmes de Freud, son rationalisme sec, son imagination triste. Je me sens en paix avec Bibiane et avec nos amis comme si nous étions ensemble accueillis par une sorte de Force bienveillante, unissante, instauratrice d'une vie – d'une sérénité de vie – d'où la laideur et le péché sont exclus. Bibiane, étant catholique romaine, chrétienne donc, doit croire que l'homme est pécheur. Si je n'étais plus tout à fait en phase avec elle, et si nous entrions en discussion, nous divergerions sans doute, car ce qui m'éloigne du christianisme est sa conception pessimiste de l'homme. La discussion signifierait un éloignement de l'exemple de spiritualité que Bibiane est pour moi, de la lumière qu'elle rayonne à partir d'un centre indicible, supra-personnel peut-être. Je veux m'en tenir à la seule Foi qui est en elle et participer de cette Foi, non que je cesse d'être incroyant – c'est Bibiane qui croit, non moi –, mais cette foi est quelque chose qui vaut en soi, qui est ferveur, et cette ferveur me pénètre. Je pourrais, je crois, communier aux côtés de Bibiane : elle aurait assez de foi pour nous deux. Cette foi est pure de tout égoïsme. Bibiane ne conçoit pas la promesse de vie éternelle comme concernant seulement l'immortalité de *son* âme. Auguste Comte parle de l'« égoïsme chrétien » : dans le catholicisme, dit-il, « chaque croyant poursuit toujours un but purement individuel, dont l'incomparable prépondérance tend à comprimer toute affection qui ne s'y rapporte pas » (*Système de politique positive*, I, 219). C'est là méconnaître la nature de la foi. Bibiane ne vit pas sa foi comme l'isolant, la séparant de ceux qu'elle aime, tout au contraire. La foi fonde une sorte d'union essentielle, plus profonde même que les paroles d'amour. Je songe d'abord à l'union de l'homme et de la femme, à celle des parents et des enfants, à celle des amis. Mais au-delà, la foi est fondation de cette amitié universelle dont a rêvé Épicure (cf. *Sentence vaticane* 52). Elle fonde la fraternité.

Tout cela, c'est ce que je ressentais lorsque j'étais près de Bibiane, sous la tonnelle, en ce dimanche de septembre, ayant le souvenir de la présentation qu'elle avait faite du conférencier que j'avais été un peu plus tôt, et c'est ce que signifiait le propos que j'ai rapporté au début. Je suis incroyant, soit ! mais Bibiane a la foi, et j'ai foi en sa foi.

Selon saint Jérôme (v. 347-420), Lucrèce se serait sui-
cidé (cf. mon livre *Lucrèce et l'expérience*, Éd. Fides, p. 184). « Cette sombre histoire a tout l'air d'un roman », dit Bergson (Extraits de
Lucrèce, in *Mélanges*, PuF, p. 268). Cependant André Comte-
Sponville juge l'hypothèse plausible » (*Lucrèce poète et philosophe*,
La Renaissance du Livre, 2001, p. 29, et *Le Miel et l'absinthe. Poésie et philosophie chez Lucrèce*, Hermann, 2007, chap. I). Il donne deux raisons.
La première, c'est « le climat d'angoisse ou de mélancolie qu'on
trouve si souvent chez Lucrèce » ; la deuxième, c'est que la mort
volontaire n'a rien de choquant pour un épicurien : « Pourquoi continuer à vivre, lorsque la douleur l'emporte par trop
sur le plaisir ? » Ces deux raisons se ramènent, dit Comte-
Sponville, à ce qu'il appelle le « tempérament de Lucrèce ».

Mais il y a deux Lucrèce : Lucrèce I et Lucrèce II, et, entre
les deux, il y a Épicure. Le Dr Logre a écrit un livre intitulé
L'Anxiété de Lucrèce (J.-B. Janin, 1946). Lucrèce était « un anxieux
et un mélancolique » ; il souffrait de « dépression chronique ».
Soit ! mais quel Lucrèce ? Lucrèce I. Selon Nizan, l'angoisse

domine le *De Natura rerum* ; elle nous révèle « un homme capable de pousser jusqu'à la mort volontaire le désir d'échapper à l'angoisse » (*Les Matérialistes de l'Antiquité*, 1938, rééd. Maspero, 1971, p. 36). Nizan attribue à Lucrèce ce que le poète lui-même a observé : « Souvent la crainte de la mort conduit les humains à tellement détester de vivre et de voir la lumière qu'ils se donnent volontairement la mort dans l'excès de leur détresse, oubliant que cette crainte même est la source de leurs tourments » (III, 79-82). Il en va ainsi chez l'insensé, l'homme malade. Lucrèce a pu être cet insensé. Mais il a bénéficié du *tetrapharmakon*, a été délivré des quatre causes du trouble de l'âme (crainte des dieux, crainte de la mort, illimitation du désir, incapacité d'endurer la douleur : cf. Épicure, *Maximes Capitales*, I à IV). Il est guéri. Il avait des tendances suicidaires ? Peut-être. Mais c'est du passé. Il a assimilé la doctrine d'Épicure, s'est nourri des « paroles d'or » du *Peri phuseos*. Il veut faire partager à son ami Memmius son savoir et sa joie. Il lui expose le système, répond à ses objections (I, 398), l'éclaire sur les « vrais biens de la vie ». Ce n'est pas pour lui enseigner la mort volontaire !

Il est exact qu'Épicure ne condamne pas le suicide. Mais il le méprise : « Homme de rien du tout, dit-il, celui aux yeux de qui nombreuses sont les bonnes raisons de quitter la vie » (*Sentence vaticane* 38). Seul le non-sage se suicidera. Si, dans sa vie, les douleurs l'emportent sur les plaisirs, le sage ne le blâmera pas. Si la vie t'est « à charge », dit Lucrèce, pourquoi en allonger la durée ? « Ne vaut-il pas mieux mettre un terme à tes jours et à tes peines ? » (III, 942-943). Mais au sage, la vie n'est jamais importune ; elle vaut toujours la peine d'être vécue, puisqu'il y a des non-sages à qui la vérité épicurienne doit être enseignée. Lucrèce n'est pas un sage accompli. Mais en tant que disciple, il participe de la sagesse d'Épicure. S'il souffre beaucoup, il aura sous les yeux l'exemple du Maître qui juge « bienheureux » le dernier jour de sa vie, alors que des douleurs de ventre le font « atrocement souffrir » (*Lettre à Idoménée*). S'il souffre beaucoup… un jour. Ce jour lui semble lointain, car il fait à Memmius une promesse qui engage l'avenir : « Voici ce que je puis te promettre, ô Memmius : le cœur riche des vérités puisées aux grandes sources, je les répandrai à si larges traits dans mon doux langage que, j'en ai peur, la vieillesse pesante se glissera dans nos membres et rompra en nous tous les liens de la vie, avant que mes vers aient fait pénétrer jusqu'à ton oreille tout le trésor de mes preuves » (I, 411-417, trad. Ernout). Les amis vieilliront ensemble. Lucrèce n'est plus le malade qui pouvait songer au suicide. Il ne pourrait aujourd'hui y songer sans contredire toute sa leçon. Devant Memmius, il aurait honte d'une telle pensée. Et puis, le poète perfectionniste qu'il est ne saurait abandonner son œuvre sans y avoir mis la dernière main. Au début du chant VI, il invoque la Muse de la poésie alors que la fin de son poème est en vue : « Au moment où je m'élance vers la blanche ligne qui marque le terme de ma course, montre-moi la route, Muse ingénieuse, ô Calliope, repos des hommes et plaisir des dieux » (92-94). Comme le chant VI est déjà plus long que les chants I, II ou III, ce qui manque est peu de chose sans doute (peut-être reste-t-il à dire que les dieux ne sont pas à craindre, comme le chant III a dit que la mort ne l'était pas), mais ensuite il conviendra de revoir l'ensemble (pour corriger, par exemple, des doublons comme I, 922-950 et IV, 1-25). Le travail du poète a dû être interrompu par une mort non voulue.

Le poème dans son ensemble est un poème de la joie (cf. mon *Lucrèce*, p. 121, *in fine*). Un vif sentiment de plaisir sous-tend les démonstrations : « Le cœur du poète vibre avec une émotion qui atteint l'enthousiasme au spectacle du mouvement grandiose des atomes ; à la richesse infinie de la nature (cf. L'hymne à Vénus) ; à la séparation de l'éther des atomes lourds de la terre (V, 457-464) ; au spectacle de la lumière se répandant comme une petite source, qui finit par inonder le monde (V, 465 *sq.*) » (N.-I. Barbu, in *Actes du VIIᵉ Congrès Budé*, Les Belles Lettres, 1968, p. 367). L'enthousiasme du poète est au plus haut lorsqu'il évoque la « règle de vie » (*vitæ ratio*) que la sagesse (*sapientia*) d'Épicure a apportée aux humains (V, 7-22). Il est de ceux qui doivent leur salut à Épicure, et qui connaissent maintenant la douceur « d'occuper solidement les hauts lieux fortifiés du savoir, région sereine, d'où l'on peut abaisser ses regards sur les autres hommes, les voir errer de toute part… » (II, 7-10). Le disciple, radieux, proclame sa joie immense. C'est « l'âme en paix » (*mens pacata*) – l'âme maintenant exempte de trouble (ataraxie) – qu'il « contemple toutes choses » (V, 1203). Au plaisir que lui donne l'amitié de Memmius (I, 140) s'ajoute le « plaisir divin » (*divina voluptas*, III, 28) de la Connaissance[1].

---

1. Lucrèce use du même mot *voluptas* pour désigner le plaisir de l'étreinte amoureuse et la joie de connaître. Le terme grec ἡδονή n'a pas d'équivalent latin.

*T*OUTE PHILOSOPHIE se donne pour tâche de comprendre le réel. Mais que faut-il entendre par « réel » ? Pour le non-philosophe, la réponse est évidente : le réel est ce qui s'offre à nos sens – le verre sur la table, le ciel, les arbres que l'on voit. Mais « la caractéristique de la pensée philosophante, c'est le doute à l'égard de la réalité » (M. Gueroult, *Philosophie de l'histoire de la philosophie*, Aubier, 1979, p. III). Laissons passer un peu de temps : le verre est cassé, les arbres sont abattus, le ciel bleu est devenu gris. Ce qui était « réel » a cessé de l'être. Le vrai réel ne serait-il pas ce qui ne cesse pas de l'être, ce qui est éternel ? Mais qu'est-ce qui est éternel ? Les métaphysiques donnent des réponses différentes. Il y a autant de concepts de la vraie réalité qu'il y a de doctrines. Chaque philosophie a *son* réel, qui n'est pas celui des autres. Pour Anaximandre, le Réel est la Nature, la Φύσις infinie, omnienglobante (cf. Spinoza, *Deus sive natura*) ; pour Pythagore, le Réel est le Nombre ; pour les Éléates, l'Être (le « il y a ») ; pour Héraclite, la loi (*logos*) du devenir ; pour Démocrite et Épicure, l'atome ;

pour Platon, les Idées intelligibles ; pour Aristote, les Formes ; pour Descartes, la substance (étendue, pensante, divine) ; pour Berkeley, l'être-perçu ; pour Fichte, le Moi ; pour Hegel, l'Esprit absolu ; pour Haeckel, la matière ; pour Schopenhauer et Nietzsche, la Volonté ; pour Bergson, la durée ; pour la phénoménologie de Husserl, les essences ; pour Gueroult, les Idées-systèmes (idéalisme radical). Il n'est que les seuls écossais (Thomas Reid, Dugald Stewart) pour qui le réel philosophique n'est autre que le réel de tous les jours, le réel commun : ce verre sur la table.

Or, voici qu'en ce 24 septembre, j'apprends qu'un philosophe et son épouse malade ont choisi de mourir ensemble. Il était très âgé, mais l'amour en lui était toujours jeune[1]. Après une union qui avait été un modèle de tendresse conjugale, Alceste avait consenti à mourir à la place de son mari. Ce ne sont là que des exemples extrêmes des effets de l'amour. Pour le commun des mortels, l'amour est l'agent de la vraie vie et du bonheur. Dans le domaine de l'art et de la poésie, il est le principe créateur d'œuvres innombrables. Au printemps, son effet se fait sentir dans toute la nature : dans l'hymne à Vénus, Lucrèce a chanté sa « puissance » (*vis*). Moi-même ai le sentiment d'avoir vécu vraiment pour autant que j'ai aimé. Alors, ma vie n'oscillait nullement de la douleur à l'ennui, comme le veut Schopenhauer, car il n'y avait pas d'ennui, et il valait la peine, pensais-je, de souffrir. Or, si tels sont les effets de l'amour, que prouvent-ils sinon la *réalité* de l'amour ? Le philosophe entend comprendre le réel. Mais le réel se pluralise. Le vraiment réel est soit la Φύσις, soit le Nombre, soit l'atome, etc. Ce sont là

---

1. « Cela fait cinquante-huit ans que nous vivons ensemble et je t'aime plus que jamais », écrit André Gorz à Dorine, sa femme (cf. Le *Nouvel Observateur*, 27 septembre-3 octobre 2007, p. 70-71).

les réels philosophiques. L'Amour n'y figure pas. Ainsi la philosophie, dont l'objet est le réel, passe à côté de ce qui a le plus de réalité, peut-être.

Qu'en est-il dans l'ordre entier des choses ? L'amour est-il à l'origine, comme le croient ceux pour qui Dieu est amour ? Ou était-il absent au temps où il n'y avait encore que la matière, et n'est-il apparu qu'avec la vie et la reproduction de la vie, comme le pensent les matérialistes, tel Lucrèce ? Il est en tout cas ce qu'il y a de plus important dans la vie humaine. Il fait naître les enfants, fonde l'union des familles, assemble les amis, oblige au travail et à toutes les charges et responsabilités de la vie sociale. Sans nier le rôle des passions mauvaises (soif du pouvoir, des honneurs, de l'argent) il est le moteur secret de la plupart des gestes et des actions de l'homme et de la femme. L'Amour ne serait-il pas à l'origine et à la fin de toutes choses ? Certes, la philosophie se propose de nous donner la raison dernière des choses, mais en se posant, dit Gueroult, « comme une construction autonome de la pensée abstraite » (*op. cit.*, p. 31). Or, la pensée abstraite peut nous révéler le Nombre, l'Être, le *logos*, l'atome, etc., bref tout ce qui peut être saisi par la raison. Mais si l'amour est compris non par la raison, mais par le cœur, il n'appartient pas à la philosophie de le rencontrer. Il est pourtant ce qu'il y a peut-être de plus puissant, et donc de plus *réel*. La limite de la philosophie ainsi constatée, on s'explique l'indifférence à son égard de la plupart des gens ordinaires et de la quasi-totalité des femmes – qui ne songent qu'à aimer et être aimées, et craignent de ne pas se sentir *vivre* dans l'élément abstrait de la philosophie. Or, la leçon qu'il reçoit de l'épouse, de la mère, de l'amante, de l'amie, le philosophe leur en est reconnaissant. Il admet que la philosophie a sa limite, qu'à côté il y a place encore pour une vie profonde et participante de ce qui est pleinement réel. Une nature féminine est le complément nécessaire d'une nature de philosophe.

᪥

$\mathcal{Q}$UELQUE TEMPS APRÈS que je lui eus envoyé la « Médita-tion » où je tâchais de discerner sa nature philosophique (cf. *supra*, chap. XV), Émilie m'adressa la lettre que voici :

« J'aime ce que tu as écrit à mon sujet. Ce que je retiens surtout, c'est que je suis une enfant de la Vie, cette Vie éternelle, source de beauté et de vérité : cette Vie qui est Esprit et corps multiple, qui s'exprime le temps d'un instant précieux et éphémère et nous renvoie l'écho de l'Éternel Infini en ce même temps. Ja-mais je ne pourrai oublier cela : avoir vu l'infini dans le fini et vivre le fini avec en mon cœur l'infini. À chaque instant de ma vie, je n'oublie pas que je vis ma vie en témoignage de Sa pré-sence. Ma foi est là, ma religion est là, ma philosophie est là. Elle [la Vie] est mon pays, mon bien le plus précieux, mon émerveillement et toutes mes découvertes… ; et ma vie ne cher-che qu'à lui ressembler, à lui témoigner tout l'amour que mon cœur et mon esprit lui vouent. Cet amour ressemble à celui d'un enfant pour ses parents, d'un être amoureux pour l'autre, d'un élève pour son maître, d'une mère pour son enfant…, tout cela et bien plus. C'est un amour physique et spirituel, léger et grave, quelquefois douloureux et quelquefois réparateur, em-prisonnant et libérateur, et surtout *présent*. La Vie ! Elle est face à moi à tout moment. Les certitudes que j'ai et qui semblent parfois effrayer les hommes proviennent d'Elle, du fait que je La vois, qu'Elle est là, et que je ne peux en aucun cas dire qu'elle n'est pas, alors que sous mes yeux Elle est présente.

Et certes, il m'est douloureux d'être confrontée aux autres êtres. Te souviens-tu, Marcel, qu'il y a peu, nous parlions de la solitude ? La plupart des êtres qui m'entourent, ce sont eux qui m'effraient en réalité, lorsqu'ils s'attachent à des futilités et viennent envahir l'espace de leurs plaintes. Ce n'est pas le fait qu'ils se trompent qui dérange, mais ceci : lorsque confrontés au choix entre le Vrai et le vain, ils choisissent le vain – et cela au détriment de l'être en face d'eux (moi-même ou un autre)…, et un être, c'est un enfant de la Vie. Mentir à la Vie, la trahir, comprends-tu cela ? Quelquefois, je vois venir de loin ces faiblesses chez une personne, et je sais qu'elle va inévitablement être confrontée à ce choix (nous le sommes tous)…, et, le plus souvent, la personne choisit le vain. Ce choix si fréquent chez l'humain, ce choix du rien, c'est une catastrophe à mes yeux, une calamité, autant qu'un raz-de-marée, une famine ou la guerre. Sais-tu cela ? Alors j'essaie de prévenir quand je peux, et quand je ne vois pas venir, j'apprends (car je ne me pardonne même pas de ne pas avoir su !). Le courage d'Emily, c'est celui-là, et c'est le mien aussi. C'est le Bien avant le bien, le Beau avant le beau, la Vérité avant la vérité. Le courage, c'est d'abord de Reconnaître, ensuite de Choisir. Quelquefois, le choix paraît irraisonné, tel un acte de folie ou de faiblesse ; parfois il est tonitruant, parfois silencieux…, mais on sait que l'on doit tout simplement chercher le Vrai, sans savoir où cela aboutit. Sinon, si nos yeux s'embrasaient par Sa présence trop soudaine, alors même que le cœur et l'esprit brûlent déjà par une quête du beau et du vrai, éblouis et pris de court, nous pourrions avoir un instant d'effroi, de recul et de renoncement. Et alors, nous nous retrouverions privés du chemin qui nous mène tout doucement vers Elle (je pense à Œdipe, qui n'a pas cherché quand il le fallait et s'est condamné à la cécité… et au malheur). Car face à des paroles qui brûlent de cette Vérité, les hommes souvent perdent pied et trébuchent… Ils reconnaissent alors peut-être qu'Elle avait déjà frappé à leur porte sans obtenir de réponse. Pourtant la Vérité est comme l'amour – si doux, si magnifique, si merveilleux. »

Commentaire.

Schopenhauer dit que son ouvrage *Die Welt als Wille und Vorstellung* n'est que le développement d'une « pensée unique », très simple, saisie dans l'instantané d'une appréhension immédiate. Dans cette lettre d'Émilie, on a l'expression d'une unique intuition. L'intuition seule est « capable de nous donner une métaphysique », dit Bergson (*Mélanges*, PUF, p. 898). L'intuition d'Émilie est une intuition métaphysique. Elle nous donne, en effet, une réponse à la question métaphysique : qu'en est-il du réel ? Qu'est-ce qui est le plus réel ? Qu'est-ce qui est éternel ? Cette réponse – la Vie – nous fait songer à d'autres réponses : celle des Antésocratiques, celle de Spinoza. La Φύσις d'Anaximandre est la Source éternelle et infinie de la vie universelle. Φύσις vient du verbe φύω, pousser, faire naître, faire croître. La φύσις est l'action de faire naître. Or, la naissance est l'action par excellence de la Vie. La « pensée unique » d'Émilie peut être également comparée à l'intuition initiale de Spinoza – intuition de la Vie qui inspire toute la nature, comme Sylvain Zac l'a montré. Mais alors que Spinoza développe *more geometrico* une immense argumentation rationnelle, Émilie n'argumente pas. Elle se borne à faire part de ce qu'elle saisit non avec la raison seulement, mais « avec toute son âme » (σὺν ὅλῃ τῇ ψυχῇ), comme Platon a dit qu'il faut philosopher. Schopenhauer observe que la pensée qu'il a à communiquer apparaît, selon le point de vue d'où on la considère, comme étant « ce qu'on nomme la métaphysique, ce qu'on nomme l'éthique, et ce qu'on nomme l'esthétique » (*Die Welt...*, préface de la 1ʳᵉ édition). L'idée de Vie, telle qu'elle est pensée par Émilie, est surdéterminée. Ce qui s'y trouve offert, pour qui sait être à l'écoute, c'est « la Vérité avant la vérité, le Bien avant le bien, le Beau avant le beau », donc l'objet de la métaphysique, l'objet de l'éthique, l'objet de l'esthétique. On a donc là le principe d'une philosophie, ou du moins d'une sagesse complète, car l'on peut puiser dans cette révélation initiale le moyen et la force de répondre à toutes les questions, comme de faire face à toutes les situations. L'intuition de la Vie est au cœur d'Émilie, en son être même ; elle n'est pas seulement une conception de son entendement. « L'idée de celui qui nous a créés est empreinte profondément en nous », dit Bossuet. En Émilie, l'idée de Vie est « empreinte profondément », mais ce n'est pas l'idée d'un Créateur : faire de la Vie une Personne serait en méconnaître l'immensité, l'infinité (elle est l'Être, non pas un être). Plutôt que d'être Dieu ou un dieu – sinon, métaphoriquement (et poétiquement), une Déité –, la Vie est à l'origine à la fois des dieux et des hommes.

Émilie nous fait part d'une expérience métaphysique issue d'une intuition que je dirais « mystique » plutôt que « religieuse ». Bien que le mot Vie, Ζωή, se retrouve dans « Zeus », et que, si Zeus est le « père des dieux et des hommes », cela vaille aussi de la Vie, la religion d'Émilie est tout autre que la religion de Zeus, ou celle du Dieu des chrétiens, de Yahvé, ou d'Allah. Alors que je ne crois en aucune religion, je puis croire à celle d'Émilie. En quoi diffèrent-elles ? Les religions font des promesses. En gros : « Sois vertueux et tu iras au Paradis. » Mais la Vie ne fait aucune promesse. Elle se contente de *donner*. Beaucoup de gens oublient ce don initial, et se détournent de la Vie en eux, qui les a faits ce qu'ils sont, leur donnant la vie et la pensée. Ils n'accordent de la valeur qu'à des choses vaines, à ce qui ne vaut pas. Ils se mettent martel en tête pour des riens. La sanction de leur infidélité à la Vie n'est rien qui leur vienne du dehors. Il n'y a pas d'autre sanction que celle qu'ils s'infligent à eux-mêmes. Leur pauvreté de cœur et d'esprit, la tristesse de leurs bonheurs, telle est la sanction. Et ils ne peuvent avoir que des amis qui leur ressemblent. Inversement, le courage de se tenir toujours dans la Voie (*Tao*), celle du chemin droit et des pensées justes, a sa récompense dans la rencontre qu'alors on ne peut manquer de faire des autres vrais amoureux de la Vie. L'entente entre les amis tient à ce qu'ils font spontanément les mêmes choix, rejetant sans hésitation les fausses valeurs, ce qui est futile et vain, recherchant et voulant le Vrai. Ils trouvent leur principal bonheur dans cette entente même, et à réaliser ensemble la merveilleuse essence de l'amour spirituel.

❦

$\mathcal{M}$ON JOURNAL n'est pas, comme un journal ordinaire, la « relation au jour le jour de ce qui se passe ou s'est passé » (Littré). Il est « étrange », entendant par ce mot « ce qui sort de l'ordinaire » (*Petit Larousse*). Je relate seulement ce qui me vient à l'esprit à propos de quoi que ce soit – livre, lettre, rencontre, grand ou petit événement, réflexion entendue, chose vue, création spontanée de mon imagination, etc. –, et qui me semble présenter de l'intérêt.

Voici, par exemple, ce qui m'est arrivé hier – ou était-ce avant-hier ? J'ai rendu visite à une amie convalescente, j'ai résilié mon abonnement à un quotidien du soir, un collègue philosophe, revenant de son chalet savoyard, s'est arrêté chez moi. Ce sont là petits faits qui n'ont pas donné lieu à une page de mon Journal. Je n'en parle que pour donner un exemple de ce qui ne mérite pas que j'en parle.

Voici – autre exemple – ce qui a occupé ma journée d'aujourd'hui, 3 octobre. J'ai vendangé. Cela ne m'était pas arrivé depuis cinquante-sept ans. Je nous revois, ma tante Alice, ma sœur Michèle et son amie Claudie, toutes deux brunes, charmantes et rieuses à souhait, avec leurs ciseaux détachant des ceps les grappes de raisin, en emplissant les paniers, et moi vidant ceux-ci dans les comportes – que mon père s'apprêtait à hisser, avec mon aide, sur le char tiré par des vaches. L'on était sur un plateau ensoleillé, d'où l'on avait vue sur la vallée de la Dordogne, la rivière étant au-delà des prés, avec sa bordure d'acacias et de peupliers. L'on entendait sonner les cloches de l'église d'Altillac.

La treille que j'ai sous mes fenêtres est ancienne. Je ne lui ai jamais donné le moindre soin. Aussi n'en ai-je jamais eu, jusqu'à ce jour, que de médiocres raisins que j'abandonnais aux guêpes et aux oiseaux. Or, cette année, il y a – je m'en étonne – plus de raisins que d'habitude, de meilleure apparence et délicieux au goût. Muni d'une corbeille et de ciseaux, j'en fais la cueillette, surtout en prévision de la visite de Danièle ce soir, et pour lui offrir des « raisins de ma treille ». Les uns sont bleus nuit et ont un goût de nèfle, les autres sont blancs, brunis par le soleil. Pour le dessert, j'ai prévu aussi des figues de Solliès, avec quelques pommes du clos.

Danièle m'interrogera sur mes dernières « découvertes ». Dois-je lui parler de l'émotion nouvelle que j'ai ressentie auprès de Bibiane (de qui, elle me parlera peut-être, puisqu'elle aura vu, mise en ligne sur Internet, la conférence que j'ai donnée à Saint-Maurice le 16 septembre, où Bibiane présente le conférencier) ? J'hésite. Danièle s'est montrée, jusqu'à présent, plutôt hostile aux religions. Je devrai lui expliquer que je puis rejeter le Dieu – concept des théologiens et des religions constituées sans que la foi de Bibiane soit entraînée dans ce rejet. Pour autant qu'elle m'émeut, je ne la perçois, en effet, que comme foi en un Dieu d'amour sensible au cœur, que les dogmes religieux n'aident pas à aimer, mais plutôt en détournent par le trop de place qu'ils font aux explications imaginées par la raison humaine.

Si je dois décevoir Danièle – ou une autre amie ou ami –, en ne cherchant pas à me conformer à l'image qu'elle a de moi, et en ne faisant pas mystère de la modification de mon âme, toujours dénuée, certes, de toute foi religieuse, mais cependant ayant part à la foi d'autrui (du moins quand cet autrui est Bibiane, Claire ou Marie-Noële – dont la foi est vraie, même si son objet, peut-être, ne l'est pas), si je dois, dis-je, la décevoir, soit ! L'amitié est quelque chose de vivant qui se modifie sans cesse. Il faut non pas chercher à fixer ce mouvement, mais être toujours sincère et vrai, au risque de créer dans l'amitié des tensions et des brisures. L'amitié ne saurait être préférée à la vérité, puisqu'elle-même serait alors sans vérité.

❧

*I*L Y A DEUX VOIES vers Dieu : celle du concept et celle de l'image. La seconde seule conduit au vrai Dieu.

Le Dieu de Bossuet s'identifie à la raison éternelle. Sa Providence a la haute main sur les choses humaines. Car, « il entend tout, sait tout, et les choses sont comme il les voit » (*Traité de la connaissance de Dieu et de soi-même*, Paris, Techener, 1864, p. 313). Il est « l'architecte éternel, qui fait tout ce qu'il veut, et comme il veut » (p. 312). Il est la « souveraine bonté » ; « sa perfection est infinie, sa puissance l'est aussi » (p. 306). Cela étant, du haut du ciel, il dirige les choses de la terre : « Il tient les rênes de tous les royaumes ; il a tous les cœurs en sa main : tantôt il retient les passions ; tantôt il leur lâche la bride, et par là il remue tout le genre humain. Veut-il faire des conquérants : il fait marcher l'épouvante devant eux, et il inspire à eux et à leurs soldats une hardiesse invincible. Veut-il faire des législateurs : il leur envoie son esprit de sagesse et de prévoyance [...] » (*Discours sur l'histoire universelle*, Tours, Cattier, 1875, p. 449). Il n'y a pas de hasard en histoire, mais seulement un « dessein concerté » : « Celui-là seul tient tout en sa main, qui sait le nom de ce qui est et de ce qui n'est pas encore ; qui préside à tous les temps, et prévient tous les conseils » (p. 451). Soit, par exemple, la bataille de Verdun : « Dieu ne rend pas sa pensée conforme aux choses qui sont hors de lui ; au contraire, il rend les choses qui sont hors de lui, conformes à sa pensée éternelle » (*Traité…*, p. 313). La bataille de Verdun se déroule conformément à la pensée éternelle de Dieu. Ce Dieu n'est donc pas un Dieu d'amour.

C'est le Dieu des philosophes. Bossuet est disciple de Descartes, dont il reprend l'argument : « Le parfait est plutôt que l'imparfait, et l'imparfait le suppose ; comme le moins suppose le plus, dont il est la diminution […] » (*Traité…*, p. 304). Ce Dieu, n'étant pas le Dieu d'amour, n'est pas vrai. Ce n'est que le Dieu-concept, forgé par la raison humaine. Il faut revenir à Montaigne et à sa manière d'exténuer les prétentions de la raison humaine lorsqu'elle se fait fort de raisonner sur Dieu : « Nous avons vie, raison et liberté, estimons la bonté, la charité et la justice : ces qualités sont donc en lui. Somme le bâtiment [la conception] et le débâtiment, les conditions [les attributs] de la divinité se forgent par l'homme, selon la relation à soi. Quel patron et quel modèle ! Étirons, élevons et grossissons les qualités humaines tant qu'il nous plaira ; enfle-toi, pauvre homme, et encore, et encore, et encore : *non pas même si tu éclatais* [Horace, *Satires*, II, III, 319], tu en approcherais » (*Essais*, II, XII, PuF, p. 531). Dans la conférence qu'il a donnée le 12 septembre 2005 à Ratisbonne, Benoît XVI nous dit : « Le Dieu véritablement divin est le Dieu qui s'est montré comme *Logos*, et qui, comme *Logos*, a agi pour nous avec amour » (trad. Ch. Ehlinger, in *La Documentation catholique*, 15 octobre 2006, p. 926). L'on voit, avec Bossuet, où conduit la notion de Dieu-raison suprême. Il faut donc dissocier raison et amour.

Laissons de côté la voie rationnelle – car la raison n'est jamais que raison humaine ; empruntons l'autre voie : la voie de l'image. On lit dans la *Genèse*, I. 26 : « Dieu dit : Faisons l'homme à notre image. » Avec le péché, cette image est ternie. Il ne faut pas chercher à remonter au modèle à partir d'une image ternie, mais seulement à partir d'une image non ternie. Cette image existe : le Fils de Dieu est « l'image (εἰκών) de Dieu » (2 *Cor.*, 4. 4 ; *Col.*, I. 15). C'est donc à partir de Jésus-Christ qu'il faut aller à Dieu. C'est le seul chemin. Or, Jésus n'enseigne que l'amour. Cela ne peut signifier qu'une chose : Dieu est amour et rien d'autre. *Tout* ce que l'on peut dire de lui est qu'il est *Celui dont Jésus-Christ est le Fils*. Pascal a noté sur un papier trouvé dans son habit après sa mort : « Dieu d'Abraham, Dieu d'Isaac, Dieu de Jacob, non des philosophes et des savants [des théologiens]. » J'écris seulement : « Dieu de Jésus-Christ, non des philosophes et des théologiens. » La religion chrétienne semble bien être la seule à pouvoir être vraie.

❧

L'AMOUR ÉGOÏSTE et l'amour altruiste sont plus proches l'un de l'autre qu'ils ne le sont de l'amitié.

L'amour altruiste est celui de mère Teresa, qui s'oublie au service des déshérités. L'amour égoïste est celui des amoureux. Serge et Macha sont époux depuis peu. Chacun est tout pour l'autre. Leur bonheur est décrit par Tolstoï dans *Le Bonheur conjugal*. Macha parle : « Lui-même [son mari] m'avouait que tout ce qui était sur terre, et dont j'étais absente, lui semblait d'une telle vanité qu'il ne pouvait comprendre comment on pouvait s'y intéresser. Il en allait de même pour moi. Aussitôt que la pensée de mon mari n'était pas mêlée à un travail quelconque, les bras me tombaient, tant me paraissait risible l'idée qu'il y eût quoi que ce soit sur terre en dehors de lui. Peut-être était-ce un mauvais sentiment d'égoïsme ; mais ce sentiment me donnait le bonheur et m'élevait très haut au-dessus du monde entier. Lui seul existait pour moi sur terre [...] » (II, VI, trad. Sylvie Luneau). Or, un tel amour a ceci de commun avec l'amour du prochain, tel que mère Teresa en donne l'exemple :

il est dépossession de soi. Mère Teresa eût pu, peut-être, être une grande romancière, un grand peintre ; elle n'a pas développé ses talents, les a laissés en friche. Serge se laisse complètement absorber par son bonheur d'aimer et d'être aimé. Dans ma jeunesse, j'ai été amoureux d'une jeune fille. J'ai conté cela (*Oisivetés* LX). J'ai publié, en 1964, mon premier livre sur Montaigne. J'avais passé toutes les journées de l'été 1963 à lire les *Essais*. Si Marie-Noële avait répondu à mon amour, mon été eût été tout autre. Les années suivantes aussi eussent été tout autres qu'elles ne furent. Je n'ai pas connu le bonheur des amoureux, mais dans la solitude du philosophe, j'ai réalisé ma vocation essentielle. Le bonheur me semble peu de chose à côté.

Or, si la réalisation de soi, telle que je l'entends, n'est pas compatible avec l'amour – trop exigeant, trop absorbant –, elle va bien avec l'amitié. L'amour raisonnable, donc souhaitable, entre époux, est ce que Montaigne nomme l'« amitié maritale », qui était celle qui le liait à sa femme, comme elle fut celle qui me liait à la mienne. L'amitié maritale ne laisse qu'un rôle subalterne aux embarras du désir ; l'amitié simple est sans désir. « Aimer, c'est désirer voir », dit Spinoza. Cela vaut pour l'amitié. L'amoureux ne désire pas seulement voir. Dans l'amitié, la pensée d'autrui (de l'ami), quoique toujours plus ou moins présente, est périphérique, alors que, dans l'amour, elle est centrale. Dans un cas, elle laisse l'attention libre ; dans l'autre, elle la focalise et l'enchaîne. Est-on amoureux, l'être aimé nous manque dès le premier moment de l'absence. L'ami ne manque à son ami qu'au bout d'un certain temps. Ma femme et moi vivions séparés parfois pendant plusieurs semaines, elle étant allée voir sa mère, moi étant à la maison ou au bord de la mer. La séparation ne nous pesait pas, la sachant provisoire, et nous n'avions pas le désir de l'écourter. Chacun, de son côté, faisait ce qu'il avait à faire, sans langueur et sans tristesse, lié à son époux par une invariable confiance. L'on peut rester un temps plus ou moins long sans nouvelles de son ami. L'amitié est très résistante à l'absence et au silence. Elle ne se modifie que lentement. Aimer autrui et le comprendre sont des choses qui se dissocient dans l'amour et se conjuguent dans l'amitié. Amoureux dans ma jeunesse, je n'avais pas, pour comprendre celle que j'aimais, la liberté d'esprit que j'ai maintenant. Je la jugeais tellement merveilleuse que ç'en était invraisemblable ; je vois maintenant en elle une femme appliquée à être une bonne épouse, une bonne mère ou grand-mère, et surtout estimable. L'on attend d'un ami qu'il vous comprenne ; on n'attend pas cela de qui est amoureux de vous. L'on est inégalement compris par ses amis. Mes plus anciens amis sont ceux qui me comprennent le mieux : Pierre et Claude Roubinet, et ceux qui, à l'École normale de Tulle, étaient de ma promotion (1940-1943). Mes amis récents, qui ne m'aiment pas moins, ont ou peuvent avoir de moi une bonne compréhension, mais non aussi bonne que mes amis anciens, car ils ne m'ont pas observé dans autant de situations diverses.

« Deviens celui que tu es », a-t-on dit. Si cela signifie que ce que l'on est devenu, on l'était virtuellement, cela ne vaut pas pour moi : ma vie n'est pas un développement, mais une création. Mon être n'était pas d'avance défini. Je suis le résultat d'une suite aléatoire de décisions libres, où je n'ai pris conseil que de moi seul. Or, si, amoureux, j'avais été aimé, cela eût modifié radicalement mon parcours. L'amoureux eût été heureux, mais l'amoureux ce n'est pas *moi*, qui, au contraire, aurais été détourné de ma voie propre et solitaire par mon délire. L'amitié a été pour moi un grand bien, l'amour (l'amour-passion partagé) eût été un mal.

IL ME SEMBLAIT, disais-je (chap. XXVII), que pour aller vers
Dieu, il fallait délaisser la voie du concept, emprunter la voie
de l'image. La première est la voie de l'intelligence, la seconde
la voie du cœur. Les théologiens, les philosophes parlent d'une
idée de Dieu, être « tout parfait », nanti de « merveilleux attri-
buts » (Descartes, *Méditation troisième*), et dont la souveraine bonté,
jointe à la toute-puissance, est éclairée par l'« immense lumière
de la toute-connaissance ». Ce Dieu, conçu par l'homme à
partir de ses propres qualités, a paru plausible dans les temps
anciens, où l'on n'avait pas la même sensibilité à la souffrance
qu'aujourd'hui, même si la souffrance des enfants – réputés
innocents – a paru, dès saint Augustin, difficile à expliquer ;
tellement que, selon Pascal, sauf à admettre le péché originel,
toute la doctrine de la foi s'effondrerait (*Pensées*, fr. 434 Br.). Mais
cette hypothèse représente déjà, par elle-même, l'échec du
théologisme, puisqu'elle constitue un scandale aux yeux de la
raison morale : « Car qu'y a-t-il de plus contraire aux règles de
notre misérable justice que de damner éternellement un enfant

incapable de volonté, pour un péché où il paraît avoir si peu de part, qu'il est commis six mille ans avant qu'il fût en être. » Et Pascal de parler de « mystère incompréhensible », ce qui consacre l'échec de la voie rationnelle vers Dieu.

Reste la voie de l'image : la voie du Christ, « image de Dieu » – la voie de l'amour du prochain : « Tu aimeras ton prochain comme toi-même », où le mot « prochain » n'a pas le sens restreint d'homme du même peuple, comme dans *Lévitique*, 19. 18, mais signifie tout simplement autrui, tout être humain. C'est un amour qui, à la différence de toute autre sorte d'amour, est inconditionnel. Il existe des conditions, des circonstances, des situations, où l'amoureux cesse d'aimer sa dulcinée, l'enfant ses parents, les parents leur enfant, l'ami son ami, le citoyen son compatriote, etc. Gilles aime Julie, qui l'aime ; ils se promettent le mariage. Mais Julie tombe sous le charme de Justin, l'épouse. L'amour de Gilles est modifié, voire se change en haine. À la différence de l'amour évangélique, il n'était pas inconditionnel.

« N'aimons ni de mots ni de langue, mais en actes, véritablement », dit la première Épître de saint Jean, 3. 18-19. Comment aimer autrui ? En agissant – et en agissant en vue non de son plaisir, mais de son bien. Mais qu'en est-il de son « bien » ? Le sait-on ? Le chemin seul est tracé. Et si Dieu est amour, c'est le chemin vers Dieu. Cela ne signifie pas qu'il y ait un Dieu. Ce qui compte est le chemin, non le but, qui, peut-être, n'existe pas. L'erreur est de postuler un but au bout du chemin : un Dieu juste et bon et un « Paradis ». Il faut aimer non en vue de quoi que ce soit de préconçu, mais sans but. C'est là un aspect de l'inconditionnalité. La morale repose sur la notion de devoir inconditionnel. La vraie religion repose sur la notion d'amour inconditionnel. L'on aime autrui parce qu'il faut l'aimer, non en vue d'un résultat. On l'aime pour son bien. Cela n'implique pas que l'on se fasse une idée de ce qu'est son bien. On ignore cela. Il suffit de savoir que, par le seul fait de l'aimer, on l'aime pour son bien. Ainsi suit-on la route vers Dieu – sans affirmer qu'il y ait une fin qui serait Dieu : « route vers Dieu », ce n'est là que la définition de la route. Je connais, dans mon pays, la « route du moulin » ; depuis longtemps, il n'y a plus de moulin, mais la route du moulin est toujours là. S'il y a ou non un Dieu, on l'ignore, mais qu'il y en ait un ou non, le chemin « vers Dieu », le vrai chemin de vie, n'en est pas affecté. La religion de l'amour est une religion sans Dieu (qu'elle n'affirme, ni ne nie).

J'ai parlé de la puissance de l'amour (chap. XXIV). Ce n'est pas une puissance physique. Elle agit sur l'être humain non d'une façon extérieure, mais en modifiant son âme. La puissance de l'amour est spirituelle, non physique. Physiquement, l'amour est impuissant. La force matérielle bouleverse la nature et les États, que ce soit par le progrès industriel et tout ce qu'il implique, ou par la guerre. Si Dieu est amour et rien d'autre, il est impuissant à agir sur le cours de l'histoire, sauf à modifier le cœur des décideurs politiques : par exemple, à modifier le cœur de Napoléon, de Bismarck. Mais où voit-on qu'il le modifie ? Le Dieu-amour est sans réalité puisqu'il n'agit pas. Ce n'est pas un être, mais un idéal. Reste la voie du salut, qui ne peut être que la voie de l'amour inconditionnel – dès lors seule voie à suivre pour les humains. Aimer autrui n'est pas vouloir son bien, ou vouloir faire son bonheur, selon l'idée que l'on s'en fait. Ce serait se proposer des buts au lieu de se borner, simplement, à aimer. Le bien et le bonheur d'autrui ne peuvent lui venir que de lui-même, à partir de la transformation intérieure qui résulte du fait d'être aimé d'un amour qui n'enseigne rien, ne conseille rien, ne demande rien, mais fait de celui qui est aimé l'éducateur de lui-même[1].

❧

1.Ce que l'on vient de lire aux chapitres XXVII et XXIX se retrouve dans l'ouvrage *La Voie certaine vers "Dieu"*, Le Revest, « Les Cahiers de l'égaré », juin 2008.

Le 1ᵉʳ AVRIL 1961, année de sa mort, la fille de Bergson, Jeanne, se trouvait à l'hôtel Bedford, à Beaulieu-sur-Mer. Elle avait invité à déjeuner le philosophe catholique Jean Guitton, sa femme et la comtesse de Dampierre. Or, de sa voix rauque de sourde-muette, elle leur confia un « souvenir personnel extraordinaire ». Jean Guitton rapporte ses paroles : « Lorsque nous étions boulevard de Montmorency, à Paris, j'avais neuf ans [1905], j'étais dans la salle à manger, j'ai vu soudain devant moi une forme mince, très blanche, avec une tête de femme, une belle chevelure. C'était merveilleux, merveilleux… Encore le lendemain, le surlendemain… Je m'en ouvris à mon père. Il me dit qu'il avait vu la même chose, mais avant moi. Il me demanda de n'en point parler à ma mère, qui n'avait rien vu. À ce moment-là, je n'avais aucune religion. Je ne savais rien du catholicisme. » La comtesse de Dampierre confirme ce témoignage et précise : « Jeanne avait eu tout de suite l'impression que c'était la Vierge et était allée le dire à son père, qui lui avait répondu simplement : "moi aussi, je L'ai vue plusieurs fois". » Jeanne se convertit au catholicisme après la mort de son père. À cette occasion, elle aurait précisé que Bergson lui aurait dit : « Je L'ai vue aussi. C'est la Sainte Vierge. N'en parle pas à ta mère. »

Or, Jean Guitton – que je ne fais que suivre – ajoute : « Tout se passe comme si la Vierge Marie, dans une ancienne chapelle [devenue salle à manger] du boulevard de Montmorency, était apparue plusieurs fois, sous la forme d'une femme enveloppée de lumière, à Bergson et à Jeanne Bergson, *indépendamment* l'un de l'autre » (in Ph. Lauria, *Le Dieu caché*, St-Étienne, Cep édition, 2006, p. 183-185).

Jeanne se souvient que, dans une lumière merveilleuse, une forme féminine, « avec de longs cheveux dorés qui irradiaient la lumière » (comtesse de Dampierre), lui est apparue alors qu'elle avait neuf ans. Son père lui dit L'avoir vue aussi, et que c'était bien, comme elle le pensait, la « Sainte Vierge ».

Voici comment je me représente les choses. Bergson n'a pas cru avoir bénéficié d'une apparition miraculeuse. Encore moins a-t-il pu croire que la Vierge Marie lui était apparue. Mais il a dit à Jeanne qu'il avait vu, lui aussi, la belle-dame aux longs cheveux et que c'était la Vierge, en même temps qu'il la dissuadait d'en parler à sa mère, (pour ne pas donner à celle-ci un sujet d'inquiétude). Jeanne était sourde-muette. Son père l'en aimait davantage. Une immense sollicitude l'étreignait. La Vierge représente toute la tendresse et la douceur du christianisme. Bergson, incomparablement profond, généreux, aimant, sous sa pudeur extrême, a voulu ne pas priver l'enfant de la merveilleuse impression de beauté, de douceur, et sans doute aussi du sentiment de confiance, que sa vision lui avait laissés. Il a dit : « Je L'ai vue aussi. » Mensonge, si l'on veut, mais mensonge d'amour.

XXXI
Retour sur mon
mea culpa

$\mathcal{P}$ATRICK DUPOUEY, professeur au lycée Pierre de Fermat, à Toulouse, et qui fut mon élève à la Sorbonne dans les années 1970-1980, est en désaccord avec le *mea culpa* que j'ai exprimé dans *Oisivetés* XXXVII, et, en novembre 2007, dans une lettre récente, m'écrit ceci :

« Je ne connaissais pas vos *Oisivetés*. M'y plongeant au hasard, je tombe sur votre repentir au sujet de l'article sur "La souffrance des enfants comme mal absolu", un texte que je connais bien pour y faire assez régulièrement référence en classe. Mais je ne trouve pas votre repentir justifié. Si des "consciences chrétiennes" ont pu être "blessées" par cet article, alors des livres comme ceux de Voltaire ou de d'Holbach doivent être regardés comme de véritables crimes. J'admets, certes, qu'on puisse ne pas être d'accord avec ce qu'ils écrivent, mais celui qui se juge "blessé" en les lisant peut fermer le livre à la première ligne qui l'offense. En revanche, je ne lui reconnais aucun droit de se plaindre qu'on ait écrit, et laissé publier ce qui le "blesse". Je suis au contraire choqué de la protestation d'Albert Sandoz, qui aurait souhaité des "réserves" du comité de rédaction de notre *Revue de l'enseignement philosophique*. Et puis quoi encore ? Je me demande ce qu'on aura encore le droit d'écrire dans dix ans contre – et même sur – la religion sans être accusé de blesser, de choquer. »

Je suis en parfaite sympathie avec ce texte. Quant à la thèse elle-même, je maintiens toujours qu'à la question de saint Augustin, « Si Dieu est bon, si Dieu est juste, si Dieu est tout-puissant, qu'on nous dise alors pour quel juste motif les enfants sont condamnés à souffrir tant de maux ? » (cf. *Orientation philosophique*, Pᴜꜰ, p. 45), il n'y a pas d'autre réponse rationnelle et raisonnable que le rejet de l'hypothèse – le rejet de ce Dieu.

Pourquoi alors mon repentir ?

Je songeais d'une part à des passages de mon article tels que ceux-ci : « Il ne faut pas un sens moral très délicat pour sentir ce qu'a d'intolérable l'attitude consistant à s'accommo-der de la souffrance des enfants », ou « Une âme serait "morte", qui, ayant mesuré le scandale d'un monde où les enfants sont torturés et brûlés, resterait après ce qu'elle était avant. Il fau-drait que soit bien profondément incrustée en elle la peur des côtés menaçants du monde, de la mort et de Dieu, "proprié-taire de la mort" » (*ibid.*, p. 54 et 56), et d'autre part, non à des « consciences chrétiennes » en général, mais à Pierre et Claude-Renée Roubinet, chrétiens et, en même temps, mes plus fidèles et mes plus anciens amis. « Mon » argument (qui est aussi celui d'Ivan dans *Les Frères Karamazov*) me paraissait invincible. Or, la foi chrétienne de mes amis ne me parut nullement ébranlée. Dès lors, pourquoi jeter le soupçon sur leur « sens moral », ou leur supposer une âme « morte », sclérosée ? Je ne voulus pas les blesser puisque c'était inutile. Je réalisais qu'un argument n'étant pas une preuve, la force qu'on lui accorde dépend de la liberté de chacun. Mon *mea culpa* est un repentir de générosité – légèrement condescendante. Il ne touche en rien à mon « point d'Archimède », lequel me semble aussi certain que l'était celui de Descartes, bien que ces certitudes ne soient pas de même nature, la mienne engageant la personne beaucoup plus profondément et impliquant, de ce fait, pour la personne même, un risque plus grand – celui de devenir *autre*.

En bref, ce qu'écrit Patrick Dupouey me semble juste et inattaquable, mais général. Mon « repentir » tient à des raisons particulières.

J'ÉTAIS SUR LE POINT d'envoyer à Sandrine et à Nice, mes filleules du Burundi, parmi d'autres albums de Hergé, *Tintin au Congo*, lorsque François et Sébastien, alors à Treffort, m'ont mis en garde : le racisme à l'égard des Noirs « polluait », me dirent-ils, cet ouvrage. Du reste, le MRAP avait demandé à Casterman que soit inséré, dans les éditions futures, un « appel à la vigilance contre les préjugés racistes », et le CRAN (Conseil représentatif des associations noires) que l'album soit retiré de la vente.

Mais d'un autre côté, Gabriel Matzneff, dans un article de *Royaliste* (15 au 28 octobre 2007, p. 2), prenait la défense de l'œuvre de Hergé. Il observait : « Georges Remi n'avait aucune estime pour le colonialisme occidental, ni pour les "valeurs" que celui-ci prétendait enseigner aux populations qu'il subjuguait. Il avait horreur de l'impérialisme, et le massacre des Incas par les Espagnols, celui des Indiens par les Américains du Nord, l'occupation de la Chine par les Japonais, tous les lecteurs du *Temple du Soleil*, de *Tintin en Amérique* et du *Lotus bleu* savent qu'ils l'indignaient, savent la fougue avec quoi il a pris la défense de ces peuples opprimés. » Paroles très justes ; aussi ne s'agit-il que de *Tintin au Congo*.

Je me résolus donc à en juger par moi-même. Lecture fastidieuse, mais qui ne m'a laissé aucun doute quant au bien-fondé de l'accusation de racisme. Les Noirs sont vêtus comme des clowns, ont des noms – « Coco », « Boule de neige » – qui se veulent amusants, sont obséquieux (« Bien, missié »), peureux, paresseux, crédules, parlent un langage « petit nègre » (les élèves noirs que j'eus au lycée d'Évreux écrivaient le français admirablement), sont incapables de répondre à la question : « Combien font deux plus deux ? », sont niais, voire stupides : deux Noirs, qui s'étaient querellés pour la possession d'un chapeau, se contentent d'en avoir chacun la moitié. Gabriel Matzneff note que, « sauf mauvaise foi », la « sympathie » de Hergé pour les Noirs ne peut être niée. Oui : la sympathie que l'on a pour des benêts qui font rire.

Mais ce qui me choque tout autant, dans cet ouvrage, que le racisme anti-Noir, c'est le spécisme, le racisme anti-animal. Les bêtes ne sont que des objets dont on fait ce que l'on veut. On ne se contente pas de tuer une antilope. On en tue quinze : cela fait un monceau de bêtes mortes. On tue un singe pour sa peau, dont on se fait un costume. On fait exploser un rhinocéros avec une cartouche de dynamite. On est fier d'avoir tué un éléphant. Beau sujet de fierté !

Tintin est le Blanc qui réussit en tout, triomphe toujours. L'*idéal* pour un Noir : ressembler au Blanc. Les mères disent à leurs rejetons, les petits Noirs : « Si toi pas sage, toi y en seras jamais comme Tintin ! »

Tintin au Congo me répugne profondément. On me dit que c'est le plus mauvais des albums « Tintin ». Soit ! J'admets qu'il était difficile de faire quelque chose de plus mauvais.

❧

Parménide, Héraclite : « Il nous importe fort de savoir que de tels hommes ont vécu jadis », dit Nietzsche. Émilie, après avoir lu le *Poème* de Parménide et les *Fragments* d'Héraclite, a créé spontanément les deux dessins que l'on voit ci-après.

Dans l'un, je trouve l'expression de l'inflexible grandeur de Parménide, de son altière sagesse : ce qui *est* véritablement est éternellement là, on ne peut dire que cela *était* ou que cela *sera*. Dans le second dessin, je vois, en cet Héraclite, le penseur à la sagesse incroyablement subtile – devant laquelle Socrate lui-même se faisait humble. Il dit l'ardeur inlassable du « Feu toujours vivant » (πῦρ αείζωον). Quelle force tranquille chez lui, et quelle olympienne certitude ! Son regard est celui de Zeus. « Personne, à moins d'en avoir été instruit par l'histoire, ne pourra croire à un orgueil aussi royal, à une aussi souveraine conviction d'avoir été le seul amoureux comblé de la vérité […]. Ce n'est que dans les montagnes les plus sauvages et les plus solitaires que l'on peut deviner, frissonnant d'effroi, le sentiment de solitude qui pénétrait l'anachorète éphésien du temple d'Artémis » (Nietzsche, *Die Philosophie im tragischen Zeitalter der Griechen*, 8).

Que signifie la larme sur la joue d'Héraclite ? Il ne faut pas songer à la ridicule opposition, qui date de l'époque romaine, de l'*Heraclitus fluens* au *Democritus ridens* (Héraclite qui pleure, Démocrite qui rit). Pure légende. La larme d'Héraclite est une larme de joie et d'admiration devant la beauté du monde (ὁ κάλλιστος, ὁ κόσμος, fr. 79, PUF).

✒

J'AI SOUS LES YEUX le télégramme que Robert Misrahi m'adressa le 16 janvier 1969. En voici le libellé : « Prière téléphoner Misrahi 70 72 41 00 heure des repas – Misrahi ». Je reçus ce télégramme dans le train qui m'emmenait de Lille, où j'étais enseignant de philosophie à la Faculté des Lettres, à Paris-Gare du Nord. Il était environ midi. Je ne pus appeler Misrahi qu'au repas du soir. Il était alors maître de conférences à la Faculté des Lettres de Paris. Il me dit qu'un poste venait d'être déclaré vacant en philosophie, et de poser ma candidature. C'est ce que je fis. Je fus élu « haut la main », mes amis, dont notamment Jean Maurel et Olivier Revault d'Allonnes, ayant préparé le terrain (je ne dis pas cela pour diminuer mon mérite). Or, lorsque je reçus ce télégramme de Misrahi, je n'avais eu aucun contact avec lui depuis dix-neuf ans. Nous nous voyions souvent au « Quartier » au temps de nos études, et nous avions été agrégés de philosophie la même année. Mais ensuite, lui nommé à Bourges, moi à Cherbourg, nous nous étions perdus de vue. Après la création des nouvelles universités, nous nous retrouvâmes collègues à l'Université de Paris-1, lui enseignant la morale, moi la métaphysique. Nous avons écrit, lui et moi, de nombreux livres. Il n'y eut jamais de friction entre nous et il ne saurait y en avoir. Je l'estime trop. Je comprends sa philosophie du sujet, même si je philosophe autrement. Je comprends sa position sur la question palestinienne, bien qu'elle ne soit pas la mienne. Je le sais Juif, mais je ne le pense pas comme tel. Il en allait ainsi avec Éric Weil, qui, lui aussi, m'a aidé : je le savais Juif, mais ce savoir était comme oublié : je ne voyais jamais en lui un « Juif » – pas plus qu'il ne voyait en moi un « Corrézien ».

Le chemin du lavoir, à Treffort, est le lieu de rencontres variées et l'occasion, pour le promeneur, de pauses plus ou moins longues. Hier, Marie-Christine et moi, plutôt que de nous croiser avec un simple « bonjour », fîmes halte et parlâmes psychologie. Je lui soutins, en vertu de ma théorie sur la bonté naturelle de l'être humain (où, semble-t-il, je rejoins Rousseau) et de mon animadversion pour le pessimisme chrétien, qu'elle était spontanément bonne. Elle en convint : « J'aime donner », dit-elle. Élodie m'a dit la même chose. Je les en crois. Un enfant, de lui-même, ne sera jamais antisémite. Il peut le devenir sous l'influence d'adultes. Marie-Christine me dit alors que, la veille, elle avait vu, à la télévision, une émission sur les Juifs. Maître Badinter parlait. « C'est un homme selon mon cœur », dit-elle. L'antisémitisme serait encore très présent. Elle parle d'un antisémitisme larvé, qui n'ose pas se manifester, mais qui est très répandu. Je l'étonne en lui disant que je ne crois guère à cela. Connaît-elle elle-même des antisémites ? Elle parle de choses « que l'on entend ». C'est vague. Elle-même ne peut désigner nommément personne qui mérite ce qualificatif. De mon côté, je fais le tour par la pensée de mes nombreux amis : résultat nul, évidemment. Certes, si je reviens soixante-cinq ans en arrière, les choses sont très différentes. Les Bof (beurre-œufs-fromage) qui s'étaient installés dans mon village, en Corrèze, tenaient volontiers des propos anti-juifs que les antisémites notoires de l'époque n'auraient pas désavoués. Mais outre qu'ils faisaient tache dans le milieu paysan, je ne crois pas qu'en aucun cas ils eussent dit, comme Brasillach : « Il faut se séparer des juifs en bloc et ne pas garder les petits » (cela est horrible ; Brasillach fut condamné à mort, de Gaulle refusa la grâce). Aujourd'hui, alors que l'on sait, que tout le monde sait ce qu'être « antisémite » peut vouloir dire, il me semble que l'antisémitisme n'est, au pire, qu'un relent du passé : les jeunes générations (sauf cas très particuliers) en sont exemptes, et l'idée qu'il est très répandu est largement un mythe.

Aɴɴᴇ Lᴇ Qᴜᴇ́ᴀᴜ est l'une de ces personnes qui furent les élèves de Marie-Thérèse, et qui, découvrant que j'étais l'époux de leur professeur, m'écrivent. Voici sa lettre d'août :

« Je me délecte, lisant vos "Journaux étranges", à l'évocation de celle qui fut pour moi "madame Conche", c'est-à-dire une déesse jaillie du monde des lettres classiques, telle Pallas Athèna du crâne de Zeus, toute armée, qui put, à nous, donzelles proches de mai 68, arracher des larmes à la traduction du récit de la mort de Socrate, qui trouvait ennuyeux à mourir Isocrate et son "Apologie d'Athènes", qui affirmait avec vigueur que "dans Anouilh il y a nouille" et nous embarquait à la découverte de Giraudoux ; "Madame Conche", éternelle jeune fille érudite qui un matin nous subjugua, mince, aérienne dans sa robe bleu marine à col blanc, les cheveux coupés court sur une nuque admirable ; "Madame Conche", qui nous parla de cinéma avec une passion qui ne fut pas étrangère au choix de mon métier : "*Le Cri* d'Antonioni, mes enfants, *Le Cri* !" – à tel point que ce fut un moment celui de notre ralliement dans les hautes futaies du Parc de Versailles… Français, latin, grec, classes de seconde, première, terminale, au lycée La Bruyère à Versailles, années fondatrices et toujours vivantes en moi… »

Marie-Thérèse se réservait pour ses élèves. Elle ne m'avait rien dit du « Cri », et je ne savais rien de ce film. Anne pourrait-elle m'en parler ? Voici sa lettre d'octobre :

« Votre missive est arrivée à point nommé : « Le Cri » passait le soir même en séance unique dans une petite salle du Quartier Latin. Je n'avais pas revu ce film depuis le lycée La Bruyère : un embryon de ciné-club s'y était constitué, auquel participait madame Conche. Je me souviens en particulier de "La voie lactée" de L. Buñuel et bien sûr du "Cri". J'entends encore avec netteté la voix chargée d'émotion, un peu étranglée, de notre professeur, quand elle a prononcé la phrase que je vous ai rapportée. L'image finale de ce film, si terrible dans mon souvenir – à tel point que je redoutais de le voir à nouveau –, était celle d'une tour blanche, filmée en contre-plongée, du haut de laquelle se jetait, dans ma mémoire, une femme… Or, c'est un homme qui bascule en silence dans le vide, et une femme qui crie lorsqu'il s'abat à ses pieds… Crie-t-elle trop tard pour empêcher l'irrémédiable, ou crie-t-elle à la place d'un homme qui n'a pas pu le faire ?

Film pessimiste ? La difficulté d'être et de communiquer a nourri toute l'œuvre d'Antonioni. Lui-même, à la fin de sa vie, était devenu paralysé et aphasique.

Plus que le malheur d'un homme dans la force de l'âge, atteint par la dépression et qui perd tout intérêt pour les êtres, plus que des femmes besogneuses qui travaillent dur pour assumer le quotidien, animées par un colossal instinct vital, ce que je trouve déchirant, c'est cette fillette aux tresses blondes, ballottée sans égard au gré des errances de son père, négligée par des adultes qui ne l'entourent d'aucune affection, d'aucun soin ni souci d'éducation. Malgré cela, elle s'adapte avec fraîcheur aux situations, garde le goût du rire, du jeu et de l'ouverture aux autres… Pour combien de temps encore ? Ce que madame Conche m'a transmis à travers son émotion : un avertissement pour que cette jeune vie qui pousse joyeuse, droite et lumineuse, soit protégée et développée, aussi bien en nous-mêmes qu'autour de nous. Elle était exaspérée lorsqu'elle apprenait les divorces et séparations de nos parents, qui perturbaient notre vie scolaire et personnelle. »

J'ai parlé, au chapitre III, du cadeau que m'a fait Élodie : un portrait de moi, son œuvre. C'était à la mi-juin. En cette mi-novembre, je reçois d'elle une lettre qui est un nouveau et merveilleux cadeau. Voici cette lettre :

Mon cher ami,
Merci d'avoir su recevoir ce cadeau, notre cadeau[1], le tableau. Il n'est pas si fréquent de pouvoir donner, car tout le monde ne sait pas recevoir.
Le don est un acte fragile, une œuvre délicate, sacrée, souvent menacée par le soupçon. Pourquoi ? Parce que justement le don, selon moi, est immoral[2] et transgressif. Il transgresse les modalités transactionnelles qui structurent les rapports humains, l'organisation sociale ; il engage ses protagonistes dans une voie mystérieuse, émouvante, et dont les codes se tissent dans l'intersubjectivité et dans l'ajustement original et imprévisible[3] de l'amitié. Dans l'amitié donc, je me risque à la perte de toute

1. Élodie me remercie comme d'un cadeau d'avoir su recevoir son cadeau.
2. Le cadeau n'est pas *dû*. Il est au-delà de tout ce qui est de l'ordre des obligations morales ou sociales.
3. Ce sont des codes qui ne sont pas déjà codifiés.

condition[1], je suis confiant[e] et m'abandonne à un lien unique et inspiré ; je veux te connaître au-delà de tes connaissances, je te vois déjà sans âge et sans fonction. Tu es mon ami. Il n'y a plus de langage moral entre toi et moi, mais de l'amitié. Notre rapport ne se pense[2] plus et mon égoïsme s'enivre de n'être pas prisonnier d'une relation formelle, objective, ou au contraire d'une cristallisation[3] qui me perd dans ce que je crois être l'autre. Je ne te connais pas, je t'aime et te découvre et ensemble nous continuons de nous créer.

Tu sais, Marcel, pour une athée comme moi, l'inspiration dont nous enrichit l'amitié est l'ultime « éprouvé » transcendantal[4]. Mon désir s'exerce en dépassement et non plus vers un objet[5]. Je savoure ce nihilisme[6] joyeux qui restaure l'humanité de nos visées[7] et apaise toute attente. Lorsque j'ai peint ton portrait, je ne savais pas vraiment comment tu allais apparaître ; je ne suis pas formée aux règles classiques de l'art, mais je connais la matière, et je pensais beaucoup à toi et librement, c'est-à-dire avec joie. C'est ce que j'ai voulu te dire : je pense à toi sans idée précise, je pense à toi comme une présence qui me remplit de joie.

Ceux ou celles à qui j'ai lu cette lettre (Valérie, Mireille, Sébastien, Juliette, Lucile, Émilie, Michèle, Jean-François, Yvette…) l'ont jugée « belle » ou « magnifique ». Je suis plus fier d'avoir reçu, à quatre-vingt-cinq ans largement dépassés, et

1. On n'a plus la protection, l'assurance que nous garantit un droit quelconque (lié au statut de l'épouse, de la mère, de la citoyenne, etc.).
2. Notre rapport ne se *pense* pas comme rapport entre parents, entre collègues, entre concitoyens, etc.
3. Terme de Stendhal : « C'est l'opération de l'esprit qui tire de tout ce qui se présente la découverte que l'objet aimé a de nouvelles perfections » (*De l'amour*, chap. II).
4. Ce qui est « transcendantal », chez Kant, est ce qui se rapporte aux présuppositions de l'expérience. L'amitié nous inspire une certaine façon joyeuse de ressentir la vie, qui précède toute expérience particulière.
5. L'on a un désir infini de l'autre, qui est pourtant un désir calme, car l'amitié est réciproque : l'autre nous aime.
6. De « nihil », rien. On ne laisse rien de ce qui n'est pas l'amitié *peser* sur l'amitié, la réglementer, la soumettre à des normes. Dans l'amitié, la liberté est infinie.
7. L'on a des devoirs en tant que mère, épouse, etc. Mais dans l'amitié, l'on échappe à tout devoir pré-défini, l'on se fie à un « ajustement original et imprévisible » et à une mutuelle créativité.

venant d'une jeune femme de trente-quatre ans, une telle lettre, que je l'ai été d'être élu, il y a douze ans, à la plus ancienne
Académie du monde. L'on honorait, à Athènes, l'auteur de divers travaux philosophiques, notamment d'éditions des Antésocratiques. Il ne s'agissait pas de moi. Tandis que c'est à moi,
abstraction faite de mon âge, de mes titres et de mes rôles, que
s'adresse Élodie par une sublime déclaration d'amitié. Je fais
part à Émilie de cette fierté que je ressens. « Je te comprends »,
me dit-elle : c'est pour entendre ce mot que je lui en ai fait
part. Car un jugement d'Émilie est pour moi mieux que parole d'évangile (d'autant plus que je critique saint Matthieu –
parlant de deux amours, celui de Dieu et celui du prochain –
pour n'avoir pas compris que l'amour ne se divise pas). Ce
qu'en revanche, je ne comprends pas ou mal, c'est ce qui me
vaut cette chance d'être ainsi « aimé » (puisque c'est le mot
qu'Élodie emploie). De quelle façon Émilie, Élodie me voient-
elles ? Elles ne me le disent pas, je l'imagine mal. Mais dans
une lettre qu'elle m'a écrite de Sion le 15 octobre, Bibiane analyse la façon dont elle me perçoit. Je ne veux pas répéter son
propos : on pourrait croire que je prends à mon compte la
bonté de ses jugements (probablement justes pourtant). Je retiens seulement une phrase : « Ce que je ressens le plus fortement auprès de vous, c'est, je crois, la liberté – la vôtre : une
liberté véritablement accomplie – peut-être l'accomplissement
de votre personne ? »

✺

LA TRANSFIGURATION de l'objet aimé sous l'influence de la passion est ce que Stendhal nomme « cristallisation ». La cristallisation est une « opération de l'esprit » qui suppose du temps (tout comme il faut du temps pour que, dans une mine de sel, comme il y en a à Salzbourg, un rameau d'arbre effeuillé par l'hiver se recouvre de petits cristaux brillants). De ce temps, le « sauvage » (ainsi parlait-on en 1820) ne dispose pas : il est « si près de ses affaires qu'il est obligé de traiter sa femelle comme une bête de somme. » (*De l'amour*, chap. II). Il se jette sur le plaisir physique. Au contraire, « dans les nations civilisées », où la femme a du loisir, le plaisir physique peut n'exister qu'après la naissance de l'amour par l'opération de la cristallisation : « Je ne doute pas, écrit Stendhal, qu'une femme tendre n'arrive à ce point de ne trouver le plaisir physique qu'auprès de l'homme qu'elle aime. » Qu'il en soit ainsi, plusieurs jeunes femmes me l'ont confirmé.

Mais où Stendhal se trompe, c'est lorsqu'il écrit : « Cette particularité n'existe pas chez l'homme » (chap. II, note 1). Je puis

assurer le contraire. J'ai eu affaire, à diverses reprises, à des sol-
liciteuses de l'amour. Bien que je les visse charmantes, eusse
pour elles de la compréhension, de la sympathie, et aucune
réticence d'ordre moral, l'absence d'amour empêchait mon
corps de s'éveiller au désir. J'étais contrit, mais la meilleure
bonne volonté n'y pouvait rien. Mon corps ne rentre en possession de sa vigueur que par l'amour. Cependant, l'amour-
passion, que je n'ai éprouvé que rarement, n'est pas nécessaire,
l'amour-goût suffit : je l'ai éprouvé souvent – sans que cela ait
tiré à grave conséquence (car si je suis alors un mendiant de
l'amour, je suis un mendiant qui ne se résout pas à mendier).

᠅

*T*U ES, LAURA, ma petite-nièce, étant la fille de mon ne-
veu Bruno. Tu vis chez tes parents, avec tes sœurs, Anne et
Sara. Je sais que, en seconde où tu es avec un an d'avance, tu es
« bonne en tout », que tu lis beaucoup et as un penchant pour
la solitude. Je ne t'ai pas vue depuis le temps où j'étais allé à
Nantes pour une conférence. Tu étais alors une enfant de sept
ou huit ans. Et voilà que tu seras bientôt en terminale. En
attendant de t'aider en philosophie, je voudrais te conseiller
alors que tu es bien près de ce moment critique où tu vas devoir choisir ton chemin dans la vie. Un conseil qui les résume
tous est celui-ci : « Ne t'abîme pas ! » Celle-là « s'abîme », qui
fume, ou qui se tient mal, ou qui bavarde en classe, ou qui
n'est pas bonne camarade, ou qui aime trop les bonbons, ou
qui coupe la parole, ou qui se vante, ou que les jeux télévisés
passionnent, ou qui les préfère à la lecture, ou qui va au café
autrement que dans les grandes occasions. La sœur de Francis
Scott Fitzgerald, Annabel, avait ton âge lorsque Scott lui adressa

toute une batterie de conseils[1], qui, pour la plupart, ne peuvent être les miens, car il n'a guère en vue que le succès qu'elle peut avoir auprès des jeunes, et surtout des garçons.

Quant à la conversation, ne sont-ce pas des conseils pitoyables que ceux-ci : flatter les garçons (« Vous dansez bien mieux que l'an dernier », « Quelle magnifique cravate ! », « Comme vous avez de longs cils ? », etc.), les « épater » (en étant toujours au courant des derniers succès – chansons, musique, pièces de théâtre…), ne jamais les ennuyer (en parlant des parents, de l'école), paraître franche, sembler de connivence avec ceux qui fument ou boivent (quoique s'abstenant de l'un et de l'autre : un bon point pour F.S.F.). Voici, moi, ce que je dis : sois toi-même, franche et naturelle, sans coquetterie, n'aie pas honte d'aimer les bons livres et l'étude, avoue que tu te promènes le dimanche avec tes parents, regarde les garçons dans les yeux (cela, F.S.F. le dit aussi), sans chercher à plaire (pas plus qu'à déplaire, évidemment), ne t'attarde pas avec eux : tu as à faire à la maison. J'ajoute : tu es en seconde, il est trop tôt pour t'intéresser aux garçons. Je souhaiterais, du reste, que, jusqu'à la fin de tes études ou presque, tu fasses l'économie d'un « petit ami » (en amour, il faut laisser venir les choses à leur heure, sans rien précipiter) – à moins de rencontrer quelqu'un d'exceptionnel, comme j'étais : mais je ne me serais pas intéressé à toi, étant timide et m'absorbant dans l'étude.

Quant au maintien : « se tenir bien droite, non voûtée », n'avoir pas « l'air avachi », conseille Scott F., qui, ici, se rachète – car je ne saurais mieux dire. Si tu danses, « ne pèse pas lourdement contre le partenaire, ne sois pas paresseuse », dit le grand frère. Il doit avoir raison. Mais lorsqu'il ajoute : « La danse, il n'y

---

1. *Lettres à Zelda et autres correspondances*, Gallimard, 1985, p. 26-32.

a rien qui compte autant », voilà ce que je ne répéterai pas. Cela ne compte certainement pas autant que d'écrire une belle langue française. Qu'il faille pouvoir contrôler l'expression du visage, en privilégiant le sourire, et ne jamais sourire « de côté », j'applaudis à cela. Un bon rire à l'occasion est permis, voire de rire aux éclats si c'est à bon escient, comme en regardant une pièce comique. Mais lorsque le conseiller expert écrit : « Un regard pathétique, attachant, voilà ce que toute fille devrait avoir », il s'égare. Il oublie que lorsque l'expression est trop calculée, cela se voit.

Quant aux vêtements et à la façon de s'habiller, ils doivent non seulement être en accord avec ta personnalité, mais l'exprimer. « Étudie ton genre », dit le professeur. « Habille-toi avec un soin scrupuleux et ensuite oublie ton apparence personnelle » : bon conseil. La façon de t'habiller avec des choses qui te vont, la coiffure soignée, l'aisance dans la démarche décideront pour beaucoup de ton charme,

Fitzgerald ne s'attache pas assez aux qualités morales. Je veux la rigoureuse honnêteté, l'absence de « triche », la politesse (mais oui !), la bonne humeur, la générosité (aimer donner, aimer partager), l'obligeance, la sollicitude à l'égard des personnes âgées, la prévenance, l'amabilité, la bonne grâce, la réserve, la discrétion, la disposition à la compassion, l'indulgence, la pudeur dans les propos, et ne pas être aguicheuse, provocante, vulgaire, ne pas se soucier d'être ou non « sexy », ne pas se vanter. Je le redis : sois tout simplement toi-même, sans viser à produire un effet quelconque (à briller, à étonner…) ; sois toujours attentive à la parole d'autrui, sache parler à propos ou garder le silence.

J'ai oublié : ni cigarettes, ni boisson alcoolisée, ni drogue évidemment ; et en mangeant, ne pas suivre l'exemple de Fanny qui ajoute toujours du sel.

❦

Si je reçois un prêtre alors que je suis incroyant, un témoin de Jéhovah alors que la Bible n'est pas mon livre de chevet, un musulman alors que je préfère Jésus à Mahomet, un partisan du « Grand Israël » alors que je suis l'ami autant des Palestiniens que d'Israël, un théoricien de la « guerre juste » alors que je suis pacifiste, un homme politique alors que je suis apolitique, un philosophe analytique alors que je juge ridicule de vouloir s'en tenir à ce qui est « sûr et certain », un phénoménologue alors que la philosophie est métaphysique ou n'est pas, un partisan du relativisme moral alors qu'Auschwitz est un mal absolu, un chroniqueur philosophique qui aimait mes livres alors qu'apparemment, il ne les aime plus, un de mes élèves qui ne veut pas être dit mon « disciple », alors qu'on ne lui demande rien, un universitaire infatué de lui-même alors que je souhaiterais la visite d'un Pierre Thillet ou d'un Gilbert Kirscher, si, dans ces conditions, je reçois ces personnes, que me reste-t-il à faire ? – outre offrir du thé avec de petits gâteaux secs et une part de cake ou de gâteau breton – : n'être pas incivil.

Être incivil serait marquer les différences : opposer au prêtre son incroyance, au témoin de Jéhovah son peu d'intérêt pour la Bible (ou du moins pour l'Ancien Testament), au musulman son peu de révérence pour Mahomet, au partisan du « Grand Israël » les propos du rabbin Yeshayahou Leibowitz, au belliciste l'impératif de la morale absolue, à l'homme politique les douceurs de l'insouciance et de l'irresponsabilité, au philosophe analytique la pensée incertaine et profonde de Montaigne, au phénoménologue la vocation du philosophe à penser le Tout, au partisan du relativisme moral la souffrance de l'enfant violé, massacré, étouffé, étranglé, terrorisé, brûlé vif, gazé, au chroniqueur lunatique le rappel qu'il n'a chance de survie que par les auteurs, à l'élève qui ne veut pas être disciple l'image moqueuse de la déférence et de l'humilité, à l'universitaire imbu de lui-même la modestie des plus grands.

Tout au contraire, on laissera de côté les différences, les points de friction, attentif à ce qu'aucun soupçon de mésestime ne se glisse entre nous. Lorsque la visite a eu lieu, il faut que ce soit comme s'il ne s'était rien passé. Tout sera resté parfaitement lisse. On peut n'en garder aucun souvenir – tandis que, s'il y a eu incivilité, il en reste une marque qui laisse un souvenir un peu pénible. Il faut se garder de laisser à autrui des impressions fâcheuses : cela ne se peut sans quelque maladresse de conduite dont le souvenir, curieusement, grandit avec le temps et infecte la mémoire. Il est vrai qu'ici je ne décris que moi-même, qui suis ce qu'en caractérologie l'on nomme un « secondaire ».

« C'est une incivile importunité, dit Montagne, de choquer tout ce qui n'est pas de nostre appetit » (*Essais*, I, XXVI, PuF, p. 154). Mon père était extrêmement civil. Lorsqu'un visiteur se présentait à la maison, d'abord il le priait de s'asseoir, ensuite lui disait : « Que puis-je vous offrir ? » (bien qu'il n'ait à offrir que du vin). Après seulement venait l'objet de la visite. La civilité n'est pas le civisme (de *civis*, citoyen). Les Perses étaient « civils », dit Bossuet : ils avaient « la douceur et la déférence mutuelle qui rend les hommes sociables » (*Discours sur l'histoire universelle*, éd. Cattier, p. 392 et 397), mais ils n'avaient pas, comme les Grecs, le civisme du citoyen qui vit dans une « cité » (*polis*), « qui se regarde comme membre de l'État, qui se laisse conduire par les lois, et conspire avec elles au bien public » (p. 397). La civilité définit l'homme civilisé. Montaigne désigne par « incivilité » le manque de civilisation et l'associe à « l'ignorance, la simplesse, la rudesse » des hommes des premiers temps (p. 498). Les Perses, civilisés, mais ne connaissant pas le civisme, étaient des « barbares » aux yeux des Grecs.

L'incivisme est une faute envers l'État ou la patrie, l'incivilité une faute envers l'homme. Ce n'est pas une faute morale. Ne pas rendre à une personne son salut pour montrer qu'on veut l'ignorer n'est pas une faute du même ordre que ne pas secourir un blessé pour ne pas perdre de temps. Celle-ci est une faute morale, car secourir le blessé est un devoir inconditionnel ; la première est une faute contre l'éthique de la bienséance : rendre son salut à une personne que l'on n'aime pas a quelque chose de facultatif, qui distingue les bonnes des mauvaises manières. Par la faute morale, la personne se trouve offensée dans son droit (car il y a, pour le blessé, un droit moral d'être secouru) ; par l'incivilité, elle l'est seulement dans son honneur. Le dictionnaire des *Synonymes françois* de l'abbé Girard (Liège, 1782) explique : « Nous sommes civils par les honneurs que nous rendons à ceux qui se trouvent à notre rencontre. » Être civil, c'est ne pas refuser d'accorder à autrui son honneur et sa dignité d'être humain ; c'est le contraire du

« mépris des autres », dit La Bruyère. On sait que Nietzsche était un homme particulièrement délicat, courtois, *civil*. Montaigne dit ne rien ignorer des « loix de la civilité françoise » ; et « en tiendrais eschole », ajoute-t-il. Nietzsche aurait pu « tenir école » des lois d'une civilité européenne.

ᨔ

*J*E SUIS PORTÉ à condamner l'assassinat politique d'un triple point de vue : éthique, moral, logique – éthique car il dénote un manque de savoir-vivre, moral car il ne faut pas tuer, logique car la conclusion n'est pas conforme aux prémisses. On se donne le droit de tuer le préfet de Corse. C'est un vain projet, car après ce préfet il y en aura un autre. Mais admettons l'hypothèse. En quoi conduit-elle à tuer cet homme-ci ? Il n'est pas seulement préfet : il est époux, père, fils, collègue, ami, etc. De quel droit faire le malheur de son épouse, de ses enfants ? Vous avez le droit (je vous l'accorde par supposition) de tuer cet homme-ci *en tant que préfet*. Mais cette qualité n'existe pas à part. Elle n'est réelle, dit Aristote avec moi, que par la réalité de cet homme-ci. Réduire l'individu concret (le τόδε τι) à telle ou telle de ses qualités, c'est « penser abstraitement ».

Tel est le titre d'un article de Hegel (in *Hegel-Studien*, 1969, 5, p. 161-164), où d'ailleurs le philosophe, plutôt qu'à l'injustice qui frappe la victime, songe à celle dont le coupable pourrait se plaindre. On conduit un meurtrier au lieu de son exécution : « Aux yeux de l'homme du commun, il *n'est qu*'un meurtrier. » Les « dames de la bonne société », tournant leur regard vers l'homme concret, observeront peut-être qu'il n'est pas seulement « meurtrier », mais « bel homme ». Mais, « ne voir dans le meurtrier que cette abstraction d'être un meurtrier, et à l'aide de cette qualité simple, anéantir tout autre caractère humain », c'est là ce que fait la pensée abstraite pour autant qu'elle s'immobilise dans l'abstraction. Hegel était souabe. Il n'aimait pas trop les Prussiens. Pour l'officier prussien, dit-il, le simple soldat est une « canaille », c'est-à-dire « cet *abstractum* d'un sujet rossable à merci ».

Montaigne a dit la même chose que Hegel. Il observe sa propre façon de parler d'autrui ou à autrui. Sous l'effet de la colère, il peut réduire son valet à l'une de ses qualités : « Tu n'es qu'un veau ». Mais ensuite, il songe à l'être humain concret et se corrige : « Quand je tance avec mon valet, je tance du meilleur courage que j'aie, ce sont vrayes et non feintes imprecations ; mais, cette fumée passée, qu'il ayt besoing de moy, je luy bien feray volontiers : je tourne à l'instant le fueillet. Quand je l'appelle un badin [sot], un veau, je n'entreprens pas de luy coudre à jamais ces tiltres ; ny ne pense me desdire pour le nommer tantost honeste homme. Nulle qualité nous embrasse purement et universellement. Si ce n'estait la contenance d'un fol de parler seul, il n'est jour ny heure à peine, en laquelle on ne m'ouist gronder en moy-mesme et contre moy : Bran du fat[1]. Et si [cependant] n'entens pas que ce soit ma définition » (*Essais*, I, XXXVIII, PuF, p. 234-235).

---

1. Bran du fat : « excréments du sot ». L'excellent Antoine Armaingaud rechigne à parler d'« excréments », et donne une note plus noble : « Énergique interjection exprimant le mépris » (*Essais*, Conard, 1924, t. II, p. 310, note 2). Mais Montaigne n'était pas pusillanime.

L'Évangile de Jésus-Christ, déjà, porte la condamnation de la pensée abstraite qui se fige dans l'abstraction. « Tu dois aimer ton ennemi », autrement dit : Tu n'en resteras pas à cette abstraction de ne voir dans cet homme-ci que l'« ennemi ».

❧

Un héros pensant, tel est Descartes, selon Hegel : « On ne saurait se représenter dans toute son ampleur l'influence que cet homme a exercée sur son époque et sur les temps modernes. C'est un héros : il a repris les choses entièrement par le commencement et a constitué à nouveau le sol de la philosophie » (*Leçons sur l'histoire de la philosophie*, trad. Garniron modifiée, t. 6, Vrin, 1985, p. 1384). Descartes a la liberté du jugement, la capacité de rupture avec les opinions régnantes et de solitude, la hardiesse pour s'engager dans une voie nouvelle, le courage car des philosophes venaient de payer de leur vie leur audace et Galilée avait dû se rétracter, la volonté de servir une cause juste : celle de la philosophie et de la vérité. Ce n'est pas ce que j'appelle un homme « collectif » : il est singulier et, par là même, ouvert à l'universel.

Or, voici une autre figure de héros pensant. C'est une jeune fille, dont Tolstoï parle dans la lettre qu'il écrivit à Gandhi le 7 septembre 1910 – deux mois avant sa mort. À Moscou, dans un institut de jeunes filles, l'archevêque interroge les élèves sur

les Dix commandements et, principalement, sur le Cinquième :
« Tu ne tueras point ! » Je cite : « Quand la réponse était juste,
l'archevêque ajoutait souvent cette autre question : – Est-il toujours et dans tous les cas défendu de tuer par la loi de Dieu ? Et
les pauvres filles, perverties par les professeurs, devaient répondre et répondaient : – Non, pas toujours ; car dans la guerre et
pour les exécutions, il est permis de tuer. Cependant, une de
ces malheureuses créatures (ceci m'a été raconté par un témoin
oculaire), ayant reçu la question coutumière, "Le meurtre est-
il toujours un péché ?", rougit et répondit, émue et décidée : –
Toujours ! Et à tous les sophismes de l'archevêque, elle répliqua, inébranlable, qu'il était interdit toujours, dans tous les
cas, de tuer » (cité par Romain Rolland, *Vie de Tolstoï*, Hachette, 1921,
p. 234). L'on retrouve ici la liberté de jugement, la capacité de se
séparer des autres et de l'esprit collectif, la fermeté qui peut
faire les martyrs, le courage en face de l'autorité, la volonté de
servir la vérité.

Cette jeune fille a une âme de héros. Si l'on admet la
distinction pascalienne des trois ordres : l'ordre des corps, l'ordre des esprits et – le plus élevé – l'ordre de l'amour, l'âme de la
jeune fille, intraitable quand il s'agit de l'impératif religieux de
l'amour inconditionnel, est chez elle dans l'ordre le plus élevé.
Descartes, comme Archimède (c'est l'exemple de Pascal), est
un héros dans l'ordre de l'esprit. Le règne est encore celui de
l'universel, mais de l'universel de raison, de calcul, de démonstration, lequel n'intéresse ni tout l'homme ni son être le plus
profond.

Les Résistants du temps de l'Occupation sont certes, dans
beaucoup de cas, des héros authentiques. Ils ont le courage,
l'abnégation, le dévouement à une cause qui ne fut pas seulement nationale, qui était la cause universelle de la liberté et de

la justice. Cependant, comme ils ont usé de violence – cette violence fût-elle nécessaire –, on les placera un degré au-dessous de ceux qui ont leur place dans l'ordre du cœur ou dans l'ordre de l'esprit.

Pour les Grecs, les « héros » sont des êtres semi-divins. Si on laisse ce sens de côté, le héros, dit Max Scheler, est « ce type idéal de personne humaine, qui, dans le centre de son être, se voue à la réalisation du *noble* », c'est-à-dire des « valeurs vitales *pures* » – par où il faut entendre les valeurs « de développement » (par opposition aux valeurs « de conservation »), telles que « la santé de la race, la perfection de la race, c'est-à-dire des biens acquis par hérédité. » La « noblesse » (*Adel*), que réalise le héros, est « ce qui possède, dans un groupe donné, les forces de développement les plus vigoureuses et l'hérédité du sang la plus pure » (in *Le Saint, le génie, le héros*, Aubier, 1944, trad. Marmy, p. 165-168). La beauté physique, la grâce et l'agilité au jeu, à la danse et dans sa démarche, la concentration, la force d'âme (la *virtus* des Romains) : « autant de qualités du héros » (p. 173). Cette conception du héros, où interviennent les notions de « race », de « pureté du sang », est bien antérieure à l'époque nazie : *Vom Helden* est de 1912 et 1918. Scheler a pu songer au type du samouraï. L'héroïsme ainsi défini n'a de sens que dans le cadre d'une culture particulière. Le véritable héroïsme, sous les trois formes que j'ai indiquées, a un sens d'universalité et une valeur éducative universelle. On peut donner en exemple, dans une classe, la jeune fille dont parle Tolstoï, ou Descartes, ou Jean Moulin. On ne peut donner en exemple les samouraïs ou les chevaliers teutoniques.

$\mathcal{E}$N CETTE SINISTRE SOIRÉE de novembre, après une journée
où je n'avais eu de vraie communication qu'avec les chats (qui
ne sont pas « mes » chats : ce sont eux qui m'ont choisi, et je ne
les aime pas : leur bêtise m'irrite), car eux seuls avaient eu besoin
de moi, alors que j'étais dans une solitude à couper au couteau,
je me suis dit qu'une seule chose pouvait d'un seul coup me
transporter en plein bonheur pour quelques minutes : un coup
de téléphone d'Élodie. Si anxieux d'un rapport humain que j'étais,
des coups de téléphone même de certains de mes amis m'auraient
ennuyé, d'autres m'auraient été insupportables, car ce n'est pas
au moment où l'on a le plus besoin d'autrui que l'on peut se
contenter de n'importe quel autrui. Au contraire : c'est alors que
l'on est le plus appelant que l'on est aussi le plus exigeant et qu'il
nous faut l'autrui de prédilection. À l'heure où le jour honteux
se laissait déborder par la détestable nuit, c'est la voix d'Élodie
qui pouvait mieux qu'une autre ensoleiller mon âme. Pourquoi
alors ne pas moi-même lui téléphoner ? J'aurais entendu sa voix.
Certes ! mais cette voix eût été une voix qui répond, non qui

appelle. Je ne doute pas de son amitié. Je sais qu'elle appellera quand elle aura l'élan pour cela. Cette fin de jour n'est pas le bon moment. Elle a trop à faire à la maison : mari, enfants veulent des attentions. Je n'ai pas de véritable impatience. Faute de sa voix, je l'ai en pensée et en émotion comme une part de moi-même.

À un autre moment, ce peut être tel de mes amis, ou telle autre de mes amies, que je souhaite entendre. Mais ce souhait dépend de l'idée que je me fais de leurs occupations. Si je sais que c'est l'heure où Émilie donne à manger aux chevaux, ou si je sais qu'elle est occupée à diriger une équipe de travailleurs, qui soit préparent la terre pour la future oliveraie, soit installent la clôture du vaste terrain, je n'aurai même pas le souhait de l'entendre à ce moment-là, puisque son esprit serait occupé à autre chose qu'à m'écouter et me répondre. Et pourtant si, sans savoir ce qu'elle fait, je lui téléphone à ce moment, je serai heureux de l'entendre et de la sentir heureuse, ou, aidée de Marie-Line, de nourrir et soigner les chevaux, ou, couverte de terre et de boue, d'être en action avec les travailleurs, elle qui peut faire surgir de terre une oliveraie aussi bien que créer un poème – deux choses qui, pour elle, sont d'ailleurs très semblables. Car Émilie ne subit pas la réalité, elle la maîtrise par la vertu de sa force poétisante et embellissante du réel commun, qui devient un autre réel, où peuvent vivre les dieux.

Élodie souhaiterait que j'écoute de la musique. Émilie me demande de choisir le nom du poulain qui va naître. Ce sera Alcyon.

SI L'ON PRATIQUE en quelque lieu la philosophie, c'est bien plutôt dans l'enseignement secondaire qu'à l'Université.

Lorsque j'étais étudiant, je n'ai suivi aucun cours avec une entière régularité (j'étais étonné, plus tard, de voir André Comte-Sponville venir régulièrement à mon cours sur Épicure). C'est que, après en avoir écouté un lors de deux ou trois séances, j'étais déçu, et il me fallait attendre que cette déception soit passée pour que le désir revienne d'en écouter à nouveau. Pourquoi cette déception ? Les professeurs expliquaient à merveille les textes et les auteurs qu'ils avaient choisis. Mais cela ne répondait pas complètement à mon attente. J'aurais souhaité que les professeurs se demandent si ce que disaient les philosophes était *vrai*. S'ils avaient été des sociologues, ils auraient considéré tel texte qu'ils commentaient ou telle thèse qu'ils exposaient uniquement comme étant les produits d'une culture, et si ces textes nous parlaient encore, si ces thèses nous paraissaient plausibles, c'est, auraient-ils dit, que la culture à laquelle ils appartenaient était encore la nôtre. Mais les professeurs n'étaient pas des sociologues. Ils étaient des historiens *de la philosophie*. Cela signifiait qu'à leurs yeux, il y avait, dans les textes et les doctrines qu'ils étudiaient, quelque chose dont il faudrait toujours tenir compte, bref *une part de vérité*. Ils étaient – *volens, nolens* – hégéliens. Cependant, devant un texte, ils ne posaient pas la question : « Est-ce vrai ? est-ce faux ? » – question qui, seule, dénote le philosophe authentique, et que Jean Wahl était seul à poser (aussi trouvais-je beaucoup de plaisir à ses cours, et à entendre les questions ou objections des étudiants et ses réponses).

Or, qu'en est-il dans l'enseignement secondaire ? Interrogeons les professeurs de lycée. « Est-ce que les élèves, au début de l'année, ont imaginé, imaginent la philosophie comme une conquête de savoir, de certitude, de vérité ? Je crois qu'ils viennent avec cela dans le cœur », nous assure l'un d'eux, M. Khaldy (in *Revue de l'enseignement philosophique*, février-mars 1972, p. 33). Que les textes soient datés, conditionnés par l'histoire, dépendants d'une culture donnée, les élèves peuvent l'admettre si cela ne compromet pas en elle-même leur valeur de vérité, tout comme la naissance de la démonstration mathématique en Grèce ne saurait empêcher qu'elle vaille universellement. « Aux élèves, peu leur chaut, dit un autre professeur, M\ :sup:`lle` Ressi, que le texte fasse partie d'une culture ; bien au contraire, ce serait plutôt une condamnation, dans leur esprit, qu'un texte ne parle que parce qu'il est dans la tradition. Pour les élèves, ce qui les intéresse, c'est une vérité » (*ibid.*, p. 31). M. Vanriet, collègue de M\ :sup:`lle` Ressi à Montpellier, confirme : « Je n'ai pas connu d'élève qui, si on commente la quatrième partie du *Discours de la Méthode*, c'est-à-dire la métaphysique cartésienne à propos de l'âme et du corps, ne se demande à la fois ce que nous en pensons et ce qu'il faut en penser » (p. 32). Dès lors, ajoute ce professeur :

« Je ne crois pas qu'on puisse échapper, sur des points importants, à l'obligation d'exprimer ce qu'on pense être le vrai » (*ibid.*). Encore est-il entendu qu'il convient d'expliquer ce qu'il faut entendre par « vérité » en métaphysique, et de montrer le pluralisme irréductible des conceptions, ce qui renvoie pour chacun à la méditation personnelle, puisque nul ne peut philosopher pour un autre.

Mais un professeur de la Sorbonne déclare : « Il serait en quelque sorte contraire à l'intention philosophique elle-même de poser aux textes la question du policier : "Est-ce vrai ? est-ce faux ?" – car le résultat ne peut être séparé du chemin qui y mène » (*ibid.*, p. 34). Ainsi la question que posent maîtres et élèves dans l'enseignement secondaire serait la « question du policier ». Mais est-il honteux de poser la question que pose le policier si cette question est légitime ? N'est-il pas plutôt honteux de vouloir jeter une sorte d'opprobre sur ceux qui la posent ? Mais il faut tenir compte, nous dit-on, du chemin suivi par le philosophe. Oui : il faut examiner la méthode suivie, la force des arguments, mais en vue de quoi sinon de pouvoir confirmer ou infirmer le résultat de la démarche et de pouvoir répondre à la question : « Est-ce vrai ? Est-ce faux ? » ? C'est la question que posait Jean Wahl, comme Bergson, et celle qu'ont toujours posée les vrais philosophes.

❧

LES INTERPRÈTES et les éditeurs français de Montaigne sont souvent timides lorsqu'il s'agit de le suivre dans ses évocations, par le biais de citations latines, des péripéties et des aléas de l'activité sexuelle de l'homme.

On lit dans Catulle (*Poésies*, 67, 21) :

Languidior tenera cui pendens sicula beta
Numquam se mediam sustulit ad tunican.

Antoine Armaingaud, plutôt que de traduire littéralement, s'en tire par une périphrase : « Ces vers disent en termes très crus que notre homme était impuissant » (*Essais*, V, Conard, 1927, p. 180). Pierre Villey explique : « Le sens de ces deux vers, trop libres pour être traduits, est que le gentilhomme n'avait jamais donné de marques de virilité [Catulle est plus précis] » (*Essais*, PUF, p. 867). Jean Plattard invoque l'« honnêteté » : « Ces vers, qui bravent l'honnêteté, signifient que le mari était incapable de donner des preuves de virilité » (*Essais*, Livre troisième, Les Belles Lettres, 1946, p. 118).

Au reste, je laisse, moi aussi, ces vers sans les traduire.

Or, parmi les poètes latins cités par Montaigne, il en est un, Martial, auquel il emprunte dans l'essai « Sur des vers de Virgile », cinq citations de caractère homosexuel. Mais sur ce point, les commentateurs français, craignant de ternir l'image d'un « incomparable auteur » et d'un sage, se gardent, en général, d'insister.

Les Anglo-Saxons ont plus d'audace. Un professeur à la Virginie Commonwealth University de Richmond (Virginie), William John Beck, a osé poser la question : « Montaigne et La Boétie ont-ils eu des rapports homosexuels ? » (*Bulletin de la Société des Amis de Montaigne*, janvier-juin 1982, p. 42). Je n'ai jamais cru qu'une pareille question ait même à être posée, et je ne conçois pas d'autre réponse que négative. Si même Montaigne eût songé à semblable relation, il se fût heurté à ce rempart de rigueur morale qu'était son ami. « La Boétie, observe Claude Paulus, était au reste plutôt chatouilleux sur le chapitre de la chasteté. Quand il dresse pour Montaigne le tableau des vertus, il place, en premier lieu, la continence. Tous ses poèmes sont d'amour, jamais érotiques. Ce siècle pourtant, quoique volontiers grave et solennel, était assez porté à la gaillardise. Mais La Boétie, lui, avait hérité de cette *gravitas* antique où s'allient pureté, retenue et maîtrise de soi » (*Essai sur La Boétie*, Bruxelles, Office de publicité, 1949, p. 7). Mais pour que l'on soit fondé à parler d'« homosexualité », il n'est pas nécessaire qu'il y ait un rapport physique, il suffit que l'on éprouve « une attirance sexuelle pour les personnes de son sexe » (*Le Petit Larousse*). Cela étant, « il faut avouer, dit W.-J. Beck, que l'amitié entre Montaigne et La Boétie, quelque chaste qu'elle ait pu être, reste, par la profondeur, l'intensité et la vigueur avec lesquelles Montaigne la célèbre, une amitié homosexuelle » (*Bulletin de la SAM*, p. 44). Montaigne éprouve, certes, une attirance pour La Boétie, mais elle n'est pas homosexuelle, car elle n'est pas sexuelle, mais spirituelle. Une attirance sexuelle pour les hommes, voilà ce dont on ne trouve aucune trace ou signe chez Montaigne. Les personnes qui l'attirent sont ses « belles amies » : Diane de Foix de Candale, Diane d'Andoins, comtesse de Guiche (la Grande Corisande), Louise de Madaillan d'Estissac, Madame de Duras, Marguerite de Valois, reine de Navarre, Marie le Jars de Gournay (sa « fille d'alliance »). Au reste, Montaigne ne pouvait être attiré sexuellement que par la beauté. Et La Boétie était laid.

Après avoir opposé à l'amour sexuel et à son « désir forcené », la « parfaicte amitié », qui, au rebours, « est jouye à mesure qu'elle est désirée, ne s'esleve, se nourrit, ny ne prend accroissance qu'en la jouyssance comme estant spirituelle » (I, XXVIII, Puf, p. 186), et après avoir déclaré, quant aux femmes, qu'elles n'ont ni la capacité de communication ni la fermeté d'âme qui les rendraient capables d'une telle amitié, Montaigne passe abruptement à l'homosexualité sous sa forme grecque, pour dire qu'il partage l'« horreur » qu'elle inspire : « Et cette autre licence grecque est justement abhorrée par nos meurs » (p. 187). Or, après ce rejet vient, dans l'exemplaire de Bordeaux, une longue addition manuscrite sur les diverses formes, en Grèce, du rapport homosexuel, qui traduirait, selon divers interprètes, une évolution de Montaigne, dans le sens d'une certaine complaisance à l'égard de cette relation. Cette évolution serait due, selon W.-J. Beck, à ce qu'entre 1576, date approximative de l'essai « De l'amitié », et la date (postérieure à 1588) de l'addition, avait eu lieu le voyage en Italie (juin 1580-novembre 1581) au cours duquel Montaigne avait été mis au fait, à deux reprises, de curieuses mœurs homosexuelles. Dans un village, près de Chaumont, des jeunes filles avaient vécu habillées en hommes. L'une d'elles, tisserande, s'était mariée. Cependant,

reconnue un jour comme fille, elle avait été pendue, « ce qu'elle
disait aimer mieux souffrir que de se remettre en état de fille »
(*Journal de voyage en Italie*, éd. Armaingaud, t. I, p. 10). Le second fait
est le suivant. Montaigne étant à Rome en 1581, pendant la
semaine sainte, on lui conta que, peu d'années auparavant, dans
l'église de Saint-Jean de la Porte Latine, de jeunes gentilshom-
mes portugais s'étaient mariés entre eux pendant la messe, cela
avec tous les rituels et la bénédiction de l'Église – ce qui rendait ces mariages légitimes, selon les « experts romains ». Toutefois, « il fut brûlé huit ou neuf Portugais de cette belle secte »
(t. I, p. 250). Bien que « belle secte » soit mis par ironie, Montaigne ne marque pas d'antipathie pour les lesbiennes de Chaumont ou les Portugais homosexuels, mais de la curiosité, voire
de la fascination.

Néanmoins, on ne peut parler d'évolution, depuis les
Essais de 1580, quant à la condamnation portée sur l'inversion.
Certes, Montaigne évoque avec sympathie le bilan que faisaient
les Grecs de l'amitié homosexuelle : « Ils disent qu'il en prove-
nait des fruicts tres utiles au privé et au public ; que c'estait la
force des pays qui en recevaient l'usage, et la principale defence
de l'equité et de la liberté : tesmoin les salutaires amours de
Hermodius et d'Aristogiton. Pourtant [c'est pourquoi] la
nomment-ils sacrée et divine. Et n'est, à leur compte, que la
violence des tyrans et lascheté des peuples qui luy soit adver-
saire » (I, XXVIII, PUF, p. 188). Mais que signifie cette page ? Simplement que la sympathie chaleureuse de Montaigne pour
l'Antiquité n'exclut rien des mœurs antiques. Il ne prononce
pas de jugement moral à valeur universelle sur l'homosexualité ; il l'admet dans le contexte grec. Mais il fait ressortir, au
regard de l'inégalité, de la non-réciprocité entre l'amant et l'aimé
dans l'amitié grecque, la complète réciprocité, l'égalité totale

que l'on trouve dans la « parfaicte amitié », ce qui écarte tout soupçon d'analogie de l'une à l'autre.

En tout état de cause, l'on sait que Montaigne n'accorde le titre d'« amitié parfaicte » à aucune forme d'amitié autre que celle qui l'a lié à La Boétie, laquelle est simplement incomparable et d'un autre ordre que toute autre – amitié « si entiere et si parfaite que certainement il ne s'en lit guiere de pareilles, et, entre nos hommes [nos contemporains], il ne s'en voit aucune trace en usage : il faut tant de rencontres à [tant de hasards pour] la bastir, que c'est beaucoup si la fortune y arrive une fois en trois siècles » (p. 184). Une telle amitié se montre « maintenant sa route d'un vol hautain [élevé] et superbe, et regardant desdaigneusement [ce qui est] bien loing au dessoubs d'elle » (p. 186).

SI GRANDE QUE SOIT mon affection pour Montaigne, quant à l'amitié, je diffère de lui sur plusieurs points.

Je viens de parler d'« affection ». Je puis éprouver de l'affection pour un homme – j'entends hors du cadre familial. J'assure de mon « affection » plusieurs de mes amis, mais je n'irai pas jusqu'à exprimer, comme Montaigne pour La Boétie, « une véritable tendresse charnelle », et cela « dans des passages aussi passionnés que ceux écrits pour une femme », ainsi que le dit W.-J. Beck (*BSAM*, déjà cité, p. 50). Cela n'est pas mon genre. Montaigne n'aime pas le rituel, en usage de son temps, de donner des baisers aux dames dans les rencontres sociales. Mais La Boétie était son « frère », et il l'embrassait sans doute comme on embrasse un frère. C'est là un point jusqu'où mon goût ne peut aller. Je serre la main de mon ami. S'il lui plaît de m'embrasser, il sentira vite que cela me déplaît. Mes amis normaliens et moi nous séparâmes en 1943. Nous nous revîmes pour la première fois en 1974. À cette occasion, nous nous embrassâmes. Ce fut émouvant. J'admets qu'entre amis, l'on s'embrasse une fois tous les trente ans (quant aux amies, je veux bien les embrasser tous les jours).

Il me vient à l'esprit de quitter un moment Montaigne pour Sophocle. En 441-440 av. J.-C., eut lieu une expédition de Périclès contre l'île de Samos qui s'était révoltée. Sophocle était stratège aux côtés de Périclès (il représentait la tribu Aigéis, à laquelle appartenait son dème). Or, tandis que Périclès livrait un combat naval aux Samiens, Sophocle navigua vers Lesbos pour réclamer des renforts. Il fit escale à Chios, qui était sur sa route. Or, tandis que Hermésileos, son hôte, le recevait à sa table, tout près se tenait le garçon chargé de verser le vin. « Comme le garçon voulait retirer de la coupe un brin de paille avec son doigt, Sophocle lui demanda s'il voyait bien le brin de paille. Le garçon déclara qu'il le voyait bien. "Souffle donc dessus pour l'écarter, afin de ne pas mouiller ton doigt." Et comme le garçon approchait son visage de la coupe, Sophocle porta la coupe plus près de sa propre bouche, afin que sa tête soit plus proche de celle du garçon. Et quand il fut tout près de lui, il le saisit avec son bras et lui fit un baiser » (Ion de Chios, in Athénée, *Deipnosophistes*, 13, 603f-604d, cité par Jouanna, *Sophocle*, Fayard, p. 12). L'assistance applaudit pour saluer la ruse de Sophocle, « stratège ». Le poète passait pour aimer les garçons. Ce n'est pas mon cas. Mais je ne dis pas que je n'eus pu songer à pareille ruse si l'échanson eût été une jeune serveuse.

Je reviens à Montaigne. J'avoue d'abord avoir quelque doute au sujet de l'amitié « parfaicte » dont il nous parle. La représentation qu'il nous en donne me semble parfois fort juste, et parfois dépeindre quelque chose d'impossible. Ce que l'on a dans l'amour, « c'est un feu temeraire et volage, ondoyant et divers » ; au contraire, « en l'amitié, c'est une chaleur generale et universelle, temperée au demeurant et égale, une chaleur constante et rassize, toute douceur et poilissure, qui n'a rien d'aspre et de poignant » (I, XXVIII, PuF, p. 186). Cette description me semble tout à fait juste si j'en juge par l'équilibre joyeux de mon âme, la paix qu'elle ressent de se sentir aimée et aimante, sous le règne de l'*amor amicitiæ*. Mais lorsque Montaigne ajoute : « En l'amitié dequoy je parle, les ames se meslent et confondent l'une en l'autre, d'un melange si universel, qu'elles effacent et ne retrouvent plus la couture qui les a jointes » (p. 188), non seulement je ne trouve là rien de ce que j'éprouve, mais je ne crois pas que quelque chose comme la fusion des âmes ici décrite soit réellement possible. Que l'amitié pour mon ami amène ma volonté à « se plonger et se perdre dans la sienne, ne nous réservant rien qui nous fut propre, ny qui fut ou sien ou mien » (p. 189), cela peut s'écrire (et Montaigne écrit cela treize ans au moins après la mort de son ami), mais cela ne correspond, me semble-t-il, à aucune réalité. Ou du moins est-ce là quelque chose que je ne puis concevoir. Qu'il y ait dans l'amitié accord des âmes, certes, mais non dissolution en une âme unique.

Voici un autre point sur lequel je me sépare de Montaigne. La vraie amitié, selon lui, ne peut exister qu'entre hommes. Les femmes n'ont « ny l'ame assez ferme pour soustenir l'estreinte d'un neud si pressé et si durable », ni la capacité intellectuelle qui leur permettrait de faire bonne figure dans les joutes dialogiques qui animent les entretiens entre amis. Mais si l'on prend l'amitié de Montaigne et de La Boétie comme modèle, amitié d'ailleurs « inimaginable à qui n'en a gousté », ce ne sont pas seulement les femmes qui « n'y peuvent arriver », mais tout être humain non extraordinaire. Mais j'entends par « vraie amitié » celle qui s'exprime dans la lettre d'Élodie Desprès (cf. *supra*, chap. xxxvi). Or, une telle amitié a, à mes yeux, un tel caractère de perfection que, sans doute, bien peu d'amitiés masculines la pourraient égaler. Où Montaigne est encore en défaut, c'est lorsqu'il juge que la pluralité des amis n'est pas compatible avec la « parfaicte amitié », laquelle est « indivisible : chacun se donne si entier à son amy, qu'il ne luy reste rien à departir ailleurs » (p. 191). L'amour-passion ne tolère pas le partage. Il veut une relation fermée sur elle-même et exclusive. Mais l'amour d'amitié, qui lie les amis, ne les borne pas à eux-mêmes. La joie qui est en eux les rend heureux. Ce bonheur les rend accueillants – non sans doute des âmes et des esprits vulgaires, mais des âmes qui ont un égal degré de noblesse. La même émotion d'amitié qui m'unit à Émilie m'unit à Élodie, et peut les unir l'une à l'autre. L'amour d'amitié est, par nature, ouvert ; mais s'il dispose à la générosité envers tous les êtres, il implique aussi une sélection des meilleurs.

Voici, enfin, ce qui me paraît prêter à discussion. Si les femmes, suppose Montaigne, étaient capables de cette « amitié entière » qu'il conçoit, alors, « s'il se pouvait dresser une telle accointance, libre et volontaire, où, non seulement les ames eussent une entière jouyssance, mais encores où les corps eussent part à l'alliance, où l'homme fust engagé tout entier : il est certain que l'amitié en serait plus pleine et plus comble » (p. 186-187). Montaigne exclut que les corps aient « part à l'alliance » dans le cas d'une amitié virile, ce qui confirme son rejet de l'homosexualité. Mais si une femme était capable d'une « amitié parfaicte » avec un homme, où celui-ci s'engagerait non seulement de toute son âme, mais avec une pleine ardeur corporelle, il en résulterait une exultation qu'à partir de la seule amitié spirituelle, l'on ne peut imaginer. Mon jeune ami Jean-François Robredo pense de même qu'à l'amitié, si parfaite soit-elle, l'étreinte des corps ajouterait un « plus ». Émilie, Élodie et moi vivons une amitié très profonde. Elles ne pensent pas que l'étreinte physique apporterait un enrichissement. Je crois que ce qu'elle apporterait ne serait pas un « plus », mais un « moins ». Si je diffère ici de Montaigne, cela s'explique par notre différence d'âge. Montaigne, lorsqu'il écrit le passage que je viens de citer, a environ quarante-trois ans. J'en aurai bientôt le double. Dans le cas de mon amitié pour Émilie, ou pour Élodie, je puis parler d'une « étreinte amoureuse » (qui n'existe pas dans l'amitié banale), mais j'entends : étreinte amoureuse *spirituelle*, essentiellement différente non seulement d'une étreinte physique, mais d'une étreinte amoureuse *imaginative*. Car l'imagination est gouvernée par le corps et le désir ; elle vise l'étreinte physique. Elle traduit donc un état de manque. L'étreinte amoureuse spirituelle est une sorte de communion vécue, sans aucune attente. Elle n'est possible que dans l'âge extrême de la vie, où l'esprit est rendu à lui-même, libéré de son asservissement au corps. « Je suis enchanté, d'être échappé de l'amour, comme si j'étais échappé des mains d'un maître enragé et sauvage », disait le vieux Sophocle (d'après Platon, *Rép.*, I, 329c) – mais il y a un autre amour que l'amour esclave du corps. S'il était possible que ce soit à santé égale, la vieillesse serait, je crois, préférable à la jeunesse.

❧

$\mathcal{L}$'UN APPARTENAIT à une grande famille de la noblesse de robe. L'ancêtre était un magistrat, conseiller de Michel de l'Hospital. Il y avait eu un chancelier de France, deux contrôleurs généraux des Finances, un premier président du Parlement de Paris, un membre du Conseil de régence sous la minorité de Louis XV, onze conseillers d'État, son père et son oncle étaient ambassadeurs de France. L'autre était le fils d'un paysan qui vivait de son travail et de celui de sa famille sur un maigre bien – mais dont il était propriétaire, n'ayant jamais été ni fermier, ni métayer, ni domestique. Le premier aurait un jour les plus hautes distinctions, que ce soit dans l'Ordre de la Légion d'Honneur, dans l'Ordre national du Mérite, ou dans l'Ordre des Arts et des Lettres. Le second n'aurait rien de tel. Or, l'un et l'autre se trouvaient, un jour de la rentrée universitaire de 1948, sur le même banc, salle Cavaillès, à la Sorbonne, à attendre le Professeur Jean Laporte, qui donnait un cours sur Hume (ce Professeur, du reste, ne vint pas, étant mort dans la nuit, ce que son collègue René Le Senne vint nous annoncer). Ils lièrent conversation, et le premier conseilla au second de lire *La Basili-que pythagoricienne de la Porte Majeure*, de Jérôme Carcopino, conseil que le second n'oublia pas, et pour lequel il garda, mal-gré les décennies, une vive gratitude au premier. L'un était Jean, Bruno, Wladimir, François-de-Paule Lefèvre d'Ormesson, comte Jean d'Ormesson, l'autre était Marcel, Marie-Joseph Conche, l'un et l'autre étant baptisés dans la religion catholique (pour le premier, je le crois ; pour le second, je le sais).

Deux étudiants sur le même banc sont des égaux. Ils ne songent pas une minute qu'ils appartiennent à des classes socia-les différentes, celle du premier étant inaccessible au second, celle du second étant inimaginable au premier. Et que j'aie passé le début de l'automne à ramasser les noix dans les champs de mon père – ce dont témoignaient mes doigts brunis –, mais lui à revisiter les musées de Florence, tandis qu'il avait consacré une partie de l'été au yachting et s'apprêtait à aller skier aux vacances de Noël, alors que je n'avais encore jamais vu ni la haute monta-gne ni la mer, cela même, quoi qu'il en soit du visage bronzé du premier et de la pâleur du second, ne créait aucune différence dans la façon dont ils s'adressaient l'un à l'autre, si ce n'est que je n'ai probablement pas osé le tutoyer. Du reste, quelle différence entre lui et moi lorsque nous suivions, avec un même sérieux, l'analyse par Martial Gueroult de l'*Éthique* de Spinoza, et quelle différence entre moi écoutant l'explication qu'il donnait, sous le contrôle du Maître incontesté, de la proposition VII du livre I, et lui écoutant l'explication que je donnais de la proposition XI, cela devant un auditoire d'esprits brillants, où les Revault d'Al-lonnes, les Deleuze, les Châtelet, les Scherer, les Butor ne ména-geaient pas leur attention ?

L'œuvre littéraire, principalement romanesque, de Jean d'Ormesson, est connue de tous et lui a valu de nombreux prix, ainsi que de succéder à Jules Romains à l'Académie française. Mon œuvre est connue des philosophes et des hommes et femmes de culture. Elle m'a valu d'être élu à l'Académie d'Athènes. Or, depuis quelques années, je m'en tiens à écrire mon *Journal*, que j'ai nommé « étrange », car il s'agit moins de ce qui m'arrive au jour le jour que de ce qui, de façon imprémeditée, me vient à l'esprit. J'ai envoyé le volume *Oisivetés*, récemment paru, à Jean d'Ormesson, et il m'a remercié par la lettre suivante, qu'avec la manière charmante qui lui est habituelle – « ma lettre est à vous, mon bon maître » –, il m'a autorisé à reproduire :

> « Ah ! c'est le remords, Monsieur le Professeur, qui me pousse à vous écrire une seconde lettre. Je vous en ai écrit une première qui était bien légère. À peine vous l'avais-je envoyée – *habent sua fata libelli*, tout de même… – que je repris votre livre. Il ne m'a plus quitté.
>
> À peine, dans les premières pages, avez-vous parlé de votre correspondance avec Mlle A. que le rouge m'est monté au front. Je me remettais de mon émotion lorsque je tombais sur votre détestation des « choses à faire ». J'ai beaucoup de choses « à faire » en ce moment – et je les déteste comme vous. Elles me sont d'ailleurs une excuse pour la légèreté de ma première lettre (Chaque jour, 40, 50 lettres, sans compter les manuscrits… que faire ?). À partir de là, tout m'a enchanté de ce que je lisais. Je pourrais vous parler de votre livre pendant des heures, si je ne craignais de vous ennuyer. Au hasard : Bénézé. Je l'ai eu pour professeur. Vous imaginez mes sentiments en vous lisant… Et Char, et Aragon, et, en vérité, presque tout, jusqu'au big bang.
>
> Je voudrais simplement vous dire, humblement, qu'en vous lisant, je me suis senti envahi d'un curieux mélange de honte, de gratitude, d'amitié, si vous le permettez, et d'admiration. Vous avez gagné un lecteur, un ami et
>
> un admirateur, Jean d'Ormesson

On admirera combien cette lettre marque de délicatesse, de scrupule…, mais je ne veux pas énumérer toutes les qualités d'esprit et de cœur auxquelles le nom de Jean d'Ormesson nous fait songer.

❧

Sᴇᴘᴛ ʜᴇᴜʀᴇꜱ ᴅᴜ ᴍᴀᴛɪɴ. Le jour tarde à se lever sur la froidure extrême et le brouillard givrant de cette matinée de décembre. Je cherche, dans *Et toi mon cœur pourquoi bats-tu* [un vers d'Apollinaire], où Jean d'Ormesson classe, selon les saisons, les poèmes qui chantent dans sa mémoire, un poème pour un matin d'hiver. « Les Matins de printemps » rassemblent de beaux poèmes, tel « Mignonne, allons voir si la rose » ; « Les Nuits d'hiver » en rassemblent d'aussi beaux, tel « Booz endormi ». Il n'y en a pas pour les matins d'hiver. Que faire ? Il me faut pourtant être heureux. Sinon comment, dans la solitude, et sans probablement voir le soleil, arriver jusqu'à la fin du jour ? Comment ensuite supporter l'interminable nuit ? Il me faut être fort. Mais comment être fort si l'on n'est pas heureux ?

Épicure me dit de rappeler le souvenir des jours heureux et, avec lui, de combattre la tristesse de l'heure. Les jours heureux ne me manquent pas. Sans remonter plus haut dans le passé que le mois de mars, qui est celui de mes quatre-vingt-cinq ans, en laissant de côté les jours de visites familiales ou celles d'amis masculins, et sans oublier certaines visites fémini-nes qui me furent chères aussi, quatre journées particulière-ment heureuses sont inscrites dans mon souvenir. Le 6 mai fut le jour de Zahra, le 19 juin fut le jour d'Élodie, le 4 août celui de Bibiane, le 27 octobre celui d'Émilie.

Ce sont de jeunes femmes : il s'en faut que la plus âgée ait la moitié de mon âge. Elles ont plus ou moins la beauté d'ap-parence, mais elles ont toutes, à égalité, la beauté du dedans – cette beauté qui est bonté et disposition à aimer. Elles m'aiment malgré mon âge, ou sans que mon âge leur importe, et je les aime, évidemment. J'ai, pour chacune, ma façon de l'aimer, qui ne se compare pas à une autre. Il n'y a pas l'amour d'elles ensemble, mais quatre amours différents. Je suppose que si l'on aime Brahms, on ne l'aime pas de la même façon que si l'on aime Mozart.

Or, ce n'est pas sans une grande douceur que me viennent à l'esprit les joies de ces journées, et je me revois avec Zahra dans le clos, avec Élodie au restaurant du « Vieux Meillonnas », avec Bibiane, Geneviève et leurs époux dans le jardin, avec Émilie dans la salle à manger. Et je ressens l'effet heureux, sur mon humeur, de ces souvenirs. J'ai cependant, pour mon bon-heur, une autre clé, plus décisive, car ce qu'elle m'apporte n'est pas du passé, mais de l'actuel.

Ce bonheur plus intense, pour le vivre, en être transporté hors de la maussaderie de ce petit jour d'hiver, il me suffit de penser – de penser à ELLES, à l'une ou l'autre d'elles, de l'avoir en pensée. Penser en spiritualité n'a rien à voir avec imaginer. Je rends grâce à mon âge de m'avoir délivré du désir, du corps et de l'imagination. Imaginer serait, par exemple, me figurer que je donne, ou que je reçois, un baiser. D'un baiser, j'ai été très avide dans ma jeunesse et plus tard. Je n'ai pas eu ce que je souhaitais. N'en parlons plus. Les jeunes femmes, dont j'évoque la présence autant que le mystère, sont désirables et désirées comme les jeunes filles ne le sont pas encore. Elles ont époux ou compagnon. Elles sont heureuses et je me réjouis de leur bonheur – qui les libère pour un autre bonheur. « Dans l'amitié, je me risque hors de toute condition », écrit Élodie (cf. chap. XXXVI). Avec moi, elles se risquent hors de leur condition d'épouse. Il n'y a pas de statut social de l'amitié. L'on est dans le choix pur, la liberté pure. Elles me choisissent sans viser à rien, sans but. Je les choisis pour la joie – la joie de les aimer, de les avoir en pensée, en spiritualité, et de m'enivrer de leur être. Elles-mêmes ne peuvent, entre elles, que s'aimer. « Je ne suis pas jalouse », dit Élodie. Elles forment un cercle de diamant, où elles peuvent accueillir celles qui leur ressemblent.

☙

XLVIII
La liberté de l'esprit

L'ÂME HUMAINE est-elle immortelle ? Je ne le crois pas ; cependant l'expérience que j'ai de la liberté – ou plutôt de la libération – de l'esprit, m'amène à des réflexions assez étonnantes.

Que devient l'esprit dans la vieillesse ? J'ai longtemps pris pour argent comptant les observations de Lucrèce. J'ai aujourd'hui quelques doutes.

Lucrèce ne discute pas la thèse de l'immortalité d'une âme incorporelle. Il la juge absurde. Il n'y a pas d'âme sans corps. Mais pourquoi n'y aurait-il pas, après la mort, la migration de l'âme d'un corps à un autre, comme le veulent les Orphiques et les Pythagoriciens ? C'est qu'une âme ne peut s'accommoder de n'importe quel corps. Il lui faut *son* corps. En ce cas, pourquoi ne pas dire qu'une âme d'homme s'incarne, après la mort, dans un corps d'homme ? Mais l'âme d'un adulte ne peut s'incarner dans un corps d'enfant, l'âme d'une femme dans un corps masculin, l'âme d'un sage dans le corps d'un fou. Les corps sont individualisés comme les âmes. Il faudrait qu'une âme puisse, à la mort, migrer dans le corps qui a été le sien, ce qui est impossible. Voire ! dirons-nous. Le clonage offre la possibilité, pour l'âme, de se réincarner dans *son* corps.

Mais aux yeux de Lucrèce, qui ignore le clonage, la thèse de la mortalité de l'âme est la seule qui sauvegarde l'irréductible solidarité de l'âme et du corps. La mort du corps ne va pas sans la mort de l'âme. La thèse épicurienne de la nature matérielle de l'âme permet de conclure qu'il ne peut en être autrement : les atomes qui la composent, une fois qu'elle n'est plus retenue par le corps, se dispersent dans l'espace. Argument sans réplique... si l'on admet le système épicurien. Les arguments qui nous parlent encore aujourd'hui, Lucrèce les tire de l'expérience – commune ou pathologique (cf. mon *Lucrèce*, § 18). Ce qui a lieu dans le délire, le coma, l'ivresse, l'épilepsie, montre que l'esprit a ses douleurs et ses maladies, comme le corps. Le parallélisme psychophysiologique conduit à penser que le destin de l'âme est lié au destin du corps.

Lucrèce est particulièrement sensible à la correspondance qu'il semble y avoir entre les étapes de la vie de l'âme et celles du corps. De l'enfance à la vieillesse, le corps et l'esprit semblent aller du même pas : la puissance intellectuelle, la vigueur de la pensée, qui font défaut à l'enfant, chancellent dans le corps délabré du vieillard. Comment l'extrême délabrement du corps et sa mort ne s'accompagneraient-ils pas de la dislocation et de la mort de l'âme ? (Pour Lucrèce, l'âme, *anima*, s'étend dans tout le corps : si, quand je me brûle au doigt, je souffre, c'est que le doigt est sensible – cela par l'âme en lui ; l'esprit, *animus*, est la partie centrale de l'âme).

Qu'en est-il de ma propre expérience, celle d'un vieil homme ? J'opposerais volontiers, comme saint Paul (*Épître aux Galates*, 5. 17), l'esprit (*pneûma*) à la « chair » (*sôma*). Y a-t-il, en concomitance avec le grand âge, une détérioration de l'esprit ? Je n'éprouve rien de tel. Mon expérience est plutôt celle d'une libération : mon esprit se libère de l'étreinte du corps et de ce qui, en lui, était dépendant du corps : le désir, l'imagination (celle qui est associée au désir), une certaine forme de la mémoire. Il est merveilleux de pouvoir aimer une jeune femme sans la désirer, elle, de son côté, ne se sentant plus agressée par le désir, en grande confiance partageant notre amour. Je ne nie pas l'amour qui aime faire plaisir, qui veut rendre la femme captive du plaisir (cf. *De l'amour*, Éditions Cécile Defaut, 2007, Pensée n° 30) : de cet amour de désir, terriblement charnel, l'exténuation du corps, avec l'âge, nous délivre, m'a délivré, et cela pour un autre amour plein de joie, de bonheur, de ferveur, où, les corps étant laissés de côté, les âmes vivent leur rencontre : une sorte de mutuel ravissement où chacune est à l'unisson de l'autre (sans égard à la différence des occupations, des fonctions, des âges, des opinions…).

Ce n'est aucun système, c'est la seule expérience qui m'incline à mettre en doute la pseudo-évidence d'une union de nature entre l'esprit et le corps et, par conséquent, entre l'âme et le corps. « Les esprits sont des âmes », dit Leibniz, c'est-à-dire des principes d'individuation : chaque esprit est un *moi*. Je n'ai pas le sentiment que les maux divers qui affectent mon corps, et les signes nombreux de son vieillissement, m'atteignent et me concernent, *moi*. Je ne fais qu'*avoir* un corps : je ne le *suis* pas. Certes, je délire, je souffre, je dors par l'effet du corps, mais il ne m'est pas essentiel de désirer, de souffrir (d'une douleur physique), de dormir.

On me dira que si, avec l'âge, je suis quasiment délivré du désir amoureux, je ne le suis pas de la douleur, au contraire. Mais lorsque, par la morphine, je calme la douleur, je me sens plus libre et plus léger, preuve que la douleur était quelque chose venant du dehors et sans vrai rapport avec moi. Ce qui m'est essentiel paraît bien être de *vivre*, non de vivre *dans ce corps*, qui m'abandonne sans m'entraîner avec lui. Quand mon corps mourra, je me retirerai de cette vie, sans mourir peut-être.

❧

XLIX
Succès et stérilité

Le 11 AOÛT 1949, Margaret Mitchell, âgée de quarante-neuf ans, fut renversée et tuée alors qu'elle traversait une rue d'Atlanta au bras de son mari. Le coupable était un chauffeur de taxi de vingt-neuf ans, coutumier des excès de vitesse. Le couple venait juste de franchir la ligne médiane. Il lui suffisait de continuer. Au lieu de quoi, Margaret, paniquée, lâcha son mari, rebroussa chemin et fut happée par le véhicule du chauffeur de taxi. Pourquoi ce moment de panique ? Depuis le matin, la romancière « traînait un accablement qu'elle devait autant au mauvais moral qu'à la canicule » (Anne Edwards, *Margaret Mitchell*, trad. fr., Belfond, 1991, p. 318). En réalité, elle était dans un état de fragilité nerveuse depuis le « triste tournant » (p. 326) qu'avait pris sa vie avec l'énorme succès, en 1936, de son premier et unique roman. Autant, avant ce succès, elle avait été créative, autant, après, elle fut stérile.

En juin 1944, après le Débarquement, alors que je venais d'échapper, non sans grande terreur, à une troupe de gens mal intentionnés, mais aussi, non sans quelque soulagement, à d'autres gens, eux, bien intentionnés, par une belle fin d'après-midi, je sonnai à la porte de Suzanne, institutrice à Pompadour, en Corrèze, au reste merveilleux pays dont je gardais un souvenir ravi. Or, tandis que je me restaurais de sa cuisine, Suzanne lisait *Autant en emporte le vent*, qui venait d'être traduit en français, et elle ne pouvait s'arracher à sa lecture. En novembre 1950, alors que je venais d'être nommé professeur de philosophie au lycée Victor Grignard, à Cherbourg, et après avoir longuement contemplé la mer, que je voyais pour la première fois et encore seulement au port entre les coques des navires, je décidai, un beau dimanche, de passer l'après-midi au cinéma ; et c'est ainsi que durant trois heures et demie, quoique tremblant de froid dans une salle non chauffée et en la seule compagnie de quatre autres spectateurs, j'admirai Vivien Leigh et Clark Gable, dans leurs rôles légendaires.

Or, en 1944, voyant la passion que mettait Suzanne à lire le roman, au point de préférer cette lecture à l'intérêt de ma conversation, j'avais résolu de voir par moi-même ce qu'il en était, et de me plonger dans cette même lecture dès que j'en aurais le loisir. Ce loisir, je l'eus enfin le jour de Noël 2007. Je fus seul toute la journée et je n'eus que deux coups de téléphone, il est vrai, enchanteurs, puisque venant de mes deux amies parfaites, Émilie et Élodie. À partir de là, c'est dans la paix profonde de celui qui se sait aimé, que je pus suivre les aventures de Scarlett O'Hara, Rhett Butler, Ashley Wilkes et sa cousine Mélanie, dans le temps où s'écroulait une civilisation qui avait fait d'eux ce qu'ils étaient, et après qu'elle se fut écroulée. À dire vrai, j'arrivai à peine à la neuf centième page sur quatorze cent sept, mais je ne voulus pas aller dormir sans voir la fin. Je savais que cette fin avait fait problème. Certains conseillers de l'éditeur Macmillan auraient souhaité un happy end. Margaret s'y était opposée absolument. Cependant, l'espoir demeure. Scarlett, qui s'est tellement trompée, qui, si elle avait compris Rhett, et surtout s'était plus tôt comprise elle-même, ne l'aurait jamais perdu, est abattue par le départ de Rhett, non découragée : « Elle ramènerait Rhett à elle. Elle savait qu'elle y parviendrait… »

Margaret Mitchell, alors connue sous le nom de Peggy Mitchell, collaboratrice à l'*Atlanta Journal*, épouse depuis l'âge de vingt-cinq ans de John Marsh, durant des années, de vingt-six à trente-cinq ans, écrivit… écrivit…, accumulant les chapitres, parfois en plusieurs versions, sur la guerre de Sécession autour d'Atlanta, la défaite des Confédérés, et surtout sur les vies broyées par la guerre, ce qu'elles étaient avant, ce qu'elles devinrent pendant et après. Des figures émergeaient, qui n'étaient pas sans rapport avec celles de personnes de son entourage, ou dont on lui avait parlé ou qu'elle avait connues – Rhett Butler, par exemple, faisant songer à Red Upshaw, son premier mari. Peggy se persuadait de n'écrire que pour son plaisir, sous le seul contrôle de John, son mari, qui l'encourageait alors qu'elle avait envie de « laisser tomber », et qui songeait, lui, à une publication. Un matin d'avril 1935, Harold Latham, directeur littéraire de Macmillan, se trouvant à Atlanta, eut vent de l'existence du manuscrit. Lorsque, le lendemain soir, il quitta Atlanta, il emportait ce manuscrit dans sa valise.

Le livre fut lancé au printemps de 1936. Le succès fut immédiat et foudroyant. Pour Peggy, ce fut un traumatisme dont elle ne se releva pas. Sa faculté d'imagination et de création avait besoin de la liberté que donne l'anonymat. Dès la sortie du roman, tout en elle se trouva « peu à peu figé, tari, sclérosé », dit Anne Edwards. Aucune idée sérieuse, d'où pouvait naître un nouveau livre, ne vit le jour. Peggy passa le temps à se trouver des prétextes pour ne pas se consacrer à ce que des centaines de milliers de lecteurs attendaient d'elle. Elle écrivait aux journalistes qui l'avaient encensée, aux admirateurs qui la portaient au pinacle, aux amis anciens et nouveaux ; elle se perdait dans des querelles sur les droits d'auteur, dans la poursuite des traductions pirates ou la récupération des sommes qui lui étaient dues… La dégradation de l'état de santé de son père lui causait du souci et lui prenait du temps. Et puis, il y eut la guerre. Elle fit une campagne active pour recueillir des fonds, notamment destinés au financement d'un nouveau croiseur Atlanta, celui dont, le 9 août 1941, elle avait été la marraine, ayant été coulé. En juillet, on lui avait demandé de répondre à une enquête : il s'agissait de donner une brève définition du « style américain ». Peggy avait dû avouer qu'elle était à court d'idées, s'était « rouillée ».

Mais durant les années fastes, par son art inné de la narration, par la façon dont elle avait su dompter le foisonnement des personnages et des péripéties, en maintenant le tempo de l'action, et cela avec une sensualité sous-jacente grâce à une histoire d'amour qui, à travers l'épopée, tenait la route, Peggy avait été une enchanteresse. P. Scott Fitzgerald devait déclarer un jour que son roman « ne portait nullement la trace des préoccupations à travers lesquelles se reconnaissait la littérature ». Veut-il dire qu'il ne supporte pas la comparaison avec *Guerre et Paix* ? Soit ! Mais il donne à un degré rare le plaisir de lire. J'aime énormément la plupart des nouvelles de Fitzgerald. Mais ses romans m'ennuient. Ce sont des nouvelles qui trament en longueur. Le jour de Noël 2007, je ne me suis pas ennuyé une minute.

J'AI MONTRÉ, dans *La Voie certaine vers « Dieu »*, que ni le Dieu-concept des théologiens et des philosophes, ni le Dieu-amour des mystiques n'ont de réalité. Le Dieu-concept n'a pas de réalité, car le discours conceptuel n'est qu'un discours humain ; ce Dieu n'est qu'une fiction de la raison (cf. Montaigne). Le Dieu d'amour n'a pas de réalité ; car s'il était réel, on verrait se manifester la puissance de l'amour selon la nature de cette puissance, qui est d'agir non sur les événements (un tremblement de terre), mais sur le cœur humain : or, on ne voit pas qu'elle ait le moindre effet sur l'âme et le cœur des grands décideurs de l'histoire. On ne peut conclure de là que « Dieu n'existe pas », mais seulement que par « Dieu », il faut entendre quelque chose d'autre que ce que l'on désigne par les mots « Dieu-concept », « Dieu d'amour » : tel le Dieu que chante Proclus dans son « Hymne à Dieu » (in Aristote, Cléanthe, Proclus, *Hymnes philosophiques*, trad. Mario Meunier, L'Artisan du Livre, 1935, p. III) :

Ô Toi qui es au-delà de tout – car est-il permis de te chanter en te désignant autrement ?
Comment te célébrer, ô Toi qui as transcendance sur tout ?
Sous quel vocable t'adresser des louanges ?
Par aucun mot en effet tu ne saurais être nommé.

… Autant de mots qui ne sont peut-être que du vent. On en est toujours réduit à, dire : « Dieu existe ou n'existe pas. » Mais qu'est-ce que cela change si c'est l'un plutôt que l'autre, puisque, dans tous les cas, la voie idéale à suivre dans la vie ne saurait être autre que celle de l'amour inconditionnel (cf. *supra*, chap. XXIX) ? Jean d'Ormesson, dans *La Vie ne suffit pas* (Laffont, coll. « Bouquins » p. 690), cite un poète anonyme pour qui « le plus important, c'est Dieu – qu'il existe ou qu'il n'existe pas ». Il est clair, tout au contraire, que la voie « vers Dieu » nous étant connue, comme elle vaut par elle-même, le but devient chose indifférente.

Se pose alors le problème de la prière. Si Dieu est laissé de côté, la prière ne peut plus être « l'élévation de l'âme vers Dieu ou la demande à Dieu de biens convenables », comme le veut Jean Damascène. Alors, que devient la prière ? Voici d'abord un passage de *La Voie certaine vers « Dieu »*, que je me propose, ensuite, de développer :

« Qu'en est-il de la prière ? "Celui qui aime autrui, dit saint Paul, a de ce fait accompli la loi" (*Épître aux Romains*, 13. 8). Il n'y a donc pas d'un côté l'amour de Dieu, de l'autre l'amour du pro-chain : l'amour ne se divise pas. Puisque Dieu, s'il existe, se sent aimé dès que l'on aime l'homme, sa créature, la prière comme rapport solitaire à Dieu, disparaît. Toute la vie n'est plus, comme pour sœur Emmanuelle, "suspendue à la relation à Dieu", avec l'impression alors, parfois, de prier dans le vide. La prière, comme rapport unilatéral à Dieu, isole le croyant et isole Dieu. Dans la religion de l'amour, elle ne subsiste que comme action de grâces. Il ne s'agit pas seulement de quelque chose qui intervient de temps en temps, mais qui est consubstantiel à la vie même. Vivre en action de grâces, c'est vivre dans une sorte de gratitude envers la vie et envers l'autre être humain, dont l'existence et la présence sont reçues comme un bienfait. »

L'on trouve, dans la religion catholique, cinq formes de la prière dont aucune n'est désintéressée. La prière d'adoration exprime l'attitude de l'homme qui se reconnaît créature devant son Créateur : elle est prosternement du priant devant le Seigneur. La prière de demande a pour objet tout besoin, depuis le besoin d'être pardonné jusqu'aux besoins ordinaires de la vie. La prière d'intercession consiste en une demande en faveur d'autrui, ami ou ennemi. La prière d'action de grâces exprime, en toute occasion, la gratitude d'être délivré par le Christ du péché et de la mort. La prière de louange chante Dieu pour lui-même et au-delà de ce qu'il fait, parce qu'il EST.

Ces prières s'adressent à un Dieu personnel, même s'il est, comme le veut le dogme de la Trinité, « un en trois personnes ». Qu'elles visent à obtenir quelque chose ou simplement à plaire à Dieu, celui qui prie, de toute façon, y a un intérêt. Dans la religion sans Dieu, où il ne reste plus que la prière d'action de grâces, une immense gratitude s'exprime seulement envers la Vie, force impersonnelle, de laquelle on n'attend rien, car elle a déjà tout donné.

Dans l'Antiquité, il en va comme dans le christianisme. Les prières s'adressent à des êtres personnels capables d'entendre les hommes et de comprendre leur langage. Elles ne sont pas désintéressées. La prière de sollicitation comprend une invocation et une demande. Dans le *Phèdre*, 279b, Socrate fait une prière aux divinités du lieu [représentées par des statuettes de terre cuite] : « Ô mon cher Pan et vous autres, toutes tant que vous êtes, Divinités d'ici [les Nymphes, divinités des sources et des rivières], accordez-moi d'acquérir la beauté intérieure, et, pour les choses extérieures qui m'appartiennent, faites qu'elles soient en harmonie avec celle du dedans. » La prière votive consiste en un vœu dont celui qui prie implore des dieux invoqués la réalisation. Dans l'*Odyssée*, le maître des bouviers souhaite le retour d'Ulysse : « Puisses-tu, Zeus Père ! accorder à nos vœux que le maître revienne, que le ciel nous le rende » (XXI, 200-201). Les vœux sont aussi divers que les caractères et les situations : les exilés souhaitent le retour dans leur patrie, les combattants la victoire, les plaideurs le gain du procès. La prière altruiste est celle des mères pour leurs enfants, des chefs de famille pour leurs descendants, d'amis les uns pour les autres. La prière consultative attend du dieu un signe par lequel il donne son agrément à une conduite. Telle la prière de Priam partant vers le camp d'Achille, pour réclamer la restitution du corps d'Hector. Il invoque Zeus : « Zeus Père, maître de l'Ida, très glorieux, très grand ! accorde-moi de trouver, chez Achille où je vais, tendresse et pitié. Envoie-moi ton oiseau [l'aigle noir] : qu'il se montre à ma droite, afin que, l'ayant vu de mes yeux, je gagne sans crainte les nefs des Danæns ! » (*Iliade*, XXIV, 308-313). La prière d'action de grâces suit un bienfait, pour lequel elle exprime une reconnaissance. Dans l'*Électre* d'Euripide, le messager qui annonce la victoire d'Oreste et la mort d'Égisthe, le meurtrier d'Agamemnon, s'écrie : « rendons grâces aux dieux ! » (v. 764) ; et Électre s'exalte : « Ô dieux ! et toi, Justice (*Dikè*) qui vois tout, tu es enfin venue ! »

La prière ne va pas sans la promesse, afin que le dieu trouve son compte à répondre favorablement. Dans le temple d'Athéné, à Troie, la prêtresse Théanô demande à la déesse de briser injustement la pique de Diomède : « Puissante Athéné, protectrice de notre ville, ô toute divine ! ah ! brise donc la pique de Diomède ;

fais qu'il tombe lui-même, front en avant, devant les portes Scées ; et aussitôt, dans ton temple, nous t'offrirons douze génisses d'un an, ignorant encore l'aiguillon… » (*Iliade*, VI, 305-309, trad. Mazon). Dans le *Phédon*, 58b, le pèlerinage annuel des Athéniens vers Dèlos apparaît comme le résultat d'une promesse que la Cité avait faite à Apollon.

Dans la mesure où toutes les prières antiques sont des paroles que l'homme prononce en face des dieux afin de leur plaire ou d'agir sur eux, elles n'ont pas leur place dans la religion sans dieux. La prière d'action de grâces subsiste, mais comme gratitude envers la Vie en général et les bienfaits que nous lui devons, avant tout la rencontre des humains auxquels va notre amour.

Ma religion n'est pas sans analogie avec celle d'Auguste Comte, qui est aussi une religion sans Dieu. Qu'en est-il, chez lui, de la prière ? Il lui accorde une « haute efficacité morale », que le catholicisme, dit-il, avait reconnue, mais qu'il avait détournée « vers un but mystique » (*Système de politique positive*, Paris, L. Mathias, 1851, t. I, p. 259). Il faut purifier la prière, la « purger de tout caractère égoïste » (II, 76). Prier ne sera plus demander. La prière ne sera plus que de gratitude envers le « véritable Être suprême », l'Humanité, et les saints du calendrier positiviste. Auguste Comte ne veut pas moins de trois prières quotidiennes, chacune comportant « une commémoration suivie d'effusion » (IV, 114). La prière est d'ailleurs une sorte de poème, une « œuvre d'art », dont la composition appartient à chaque adorateur. Auguste Comte, quant à lui, invoque avant tout son « éternelle amie », Clotilde de Vaux, morte le 5 avril 1846, à l'âge de trente-deux ans : « Adieu, mon immuable compagne. Adieu, ma sainte Clotilde, toi qui me tenais lieu à la fois d'épouse, de sœur et de fille ! Adieu mon élève chérie, et ma digne collègue ! Ton angélique inspiration dominera tout le reste de ma vie… » (I, p. xx).

Pour ma part, je conçois la prière moins comme un acte particulier, que l'on accomplit soit de temps en temps, soit à des moments privilégiés, tels les *Hymnes* de Proclus, ou la *Prière à la Vie* de Lou Salomé (que Nietzsche a mise en musique), que comme liée à la vie même. Il s'agit de vivre en gratitude envers la Vie et envers ceux avec qui nous avons la vie en partage. Mais c'est là une sorte de dissolution de la prière.

❧

*D*ANIEL LAURENT fut mon élève il y a trente-cinq ans. Je reçois de lui, aujourd'hui, une belle lettre et un petit livre. La lettre évoque le temps où il suivait mon cours sur « La Question de l'homme ». Il a toujours ses notes de cours. « Ce qu'alors je ressentais, dit-il, c'était d'être en présence d'un philosophe et non d'un professeur de philosophie. » Le livre est blanc, carré, composé de 26 petits chapitres, et non paginé ; il est illustré de gravures anciennes « retrouvées en brocante ». Le nom de l'éditeur, « Nuit myrtide éditions », ajoute à sa singularité.

Le titre, *Boutons de princesse*, dit assez qu'il s'agit d'un conte. Le style est dans la manière de l'auteur de *Candide*. Il était une fois un minuscule royaume situé au-delà du pôle Nord, mais bénéficiant d'un microclimat d'une douceur particulière. Chacun y vivait comme il l'entendait, et l'on était heureux. Comme il n'y avait pas de mauvaises nouvelles, les journaux comportaient surtout des pages blanches. Le Temps, se prélassant, oubliait de couler. Le roi avait marié sa fille aînée. La cadette, Nisi, était très belle. Elle avait de nombreux prétendants, mais elle les dédaignait, n'aimant que les livres, l'étude et le savoir. Un matin, elle se leva, les épaules et le cou couverts de boutons, très petits, indolores, non contagieux, mais visibles. Cela découragea les prétendants. Le climat se modifia. La glace et la neige recouvrirent le royaume. Que faire pour que Nisi retrouve une peau de pêche ? Le médecin de la cour s'avoua impuissant ; les médecins du royaume, de même. On fit appel aux mages, aux chamans, aux sorcières, aux jeteuses de sort, aux voyantes. Sans résultat. Puisque la princesse avait la maladie de la lecture, les prêtres conseillèrent de brûler tous les livres et manuscrits, sauf le Grand Texte Sacré. Mais le roi ne voulut pas empêcher sa fille de lire. Elle ne s'en privait pas, lisant Platon, Pyrrhon (ou du moins ce qu'Aristoclès de Messène, dans Eusèbe, rapporte que Timon a dit que Pyrrhon aurait dit), traduisant du grec. Cependant, certains jours, elle languissait ; ses boutons la rendaient triste. Elle eut l'idée de se faire toute blanche par un maquillage sophistiqué, qui masquait les boutons ; alors elle cessa de se plaindre. On ne voyait plus que ses yeux bleus et le rouge de ses lèvres. Or, un marin grec parlait d'un être étrange qui nous guérissait de tous nos maux : un Philosophe. « Qu'on aille le chercher ! », dit le roi. Mais le Philosophe n'aimait pas les voyages. On lui offrit son poids en or. Il se fâcha. On le nommerait docteur *honoris causa* d'une université prestigieuse. Il rit. Il pourrait fonder sa propre école de philosophie dans le royaume. Être chef d'école ne l'intéressait pas. Le roi, auprès de sa fille, se dépitait de son échec. « Un philosophe, lui dit-elle, qui parle d'égal à égal avec tout l'Être et tout le non-Être, qu'a-t-il affaire des boutons d'une princesse ? – Mais, répliqua le roi, s'il s'intéresse au Tout, il doit s'intéresser à tout [quelle naïveté], donc à tes boutons. – « J'ai une idée », dit-elle. Elle gagna son écritoire, rédigea un court billet : « Est-il vrai, Maître, que, comme le dit *Oumallon* [οὐ μᾶλλον] de Treffort, toutes les hypothèses sont plausibles ? Si vous voulez en débattre, venez… » Débattre de tout et de rien avec une princesse jeune et jolie, il n'en fallait pas plus pour que le Philosophe se mit en route. Il se nommait Nikos. Nikos et Nisi s'entendirent fort bien. Des nuits entières, ils discutèrent des Idées et des Normes. « Ma fille va-t-elle bien ? », demanda le roi. « Elle est très attachante, dit Nikos. Elle connaît les fragments de Philon de Larisse, ceux de Sosus d'Ascalon, et a même lu tout Oumallon en treffortin, ce qui est loin d'être à la portée de la première princesse venue. » Le roi n'en fut pas plus avancé. Sur ces entrefaites, le regard bleu d'acier de Nisi s'adoucit, les yeux prirent une tonalité violette. Un jour que Nikos évoquait le statut de l'aléatoire chez *Oumallon*, Nisi, intriguée, leva un sourcil interrogatif. Nikos en fut tout chamboulé. Une nuit, à l'aube, d'un mouvement lent, elle replaça une mèche de ses cheveux sous son bonnet. Nikos en fut bouleversé. Il lui devint difficile de se concentrer. Il se mit à rêvasser, et même à chantonner. Pire : il cessa de se croire supérieur. Et s'il était sot, après tout ? Et laid ? Se regardant dans un miroir, il se trouva « pas trop mal », mais sans conviction. Il alla voir son cheval, Hippos, un ami qui avait du jugement. Que signifie ceci, lui demanda-t-il, que les yeux de la princesse, d'un bleu si froid au début, avaient maintenant « la couleur violette de la mer à Argos au travers des oliviers dans la douceur des soirs d'été » ? Le jugement de Hippos fut sans appel : « Un philosophe sceptique qui a des certitudes sur les yeux d'une femme n'est qu'un homme amoureux. » – « Tu es bête », dit Nikos. Mais voilà que Nikos interroge le roi : qu'en fut-il des premiers gazouillis de Nisi, de sa première dent, de comment elle apprit à lire, à jouer du piano, etc. ? Le roi avait de la peine à cacher son émotion. Sur ce, il arriva que le dialogue entre le philosophe et la princesse porta sur l'amour. Nisi dit avec simplicité des choses très belles ; Nikos dit la même chose avec des mots grecs et des citations de Platon. Puis il s'embrouilla, et Nisi sut alors que « le bleu glacier de son regard avait fondu pour devenir doux et tiède comme de la confiture de myosotis juste cuite ». Mais aussi, elle prit conscience que si elle voyait Nikos comme il était, lui, de son côté, ne voyait d'elle qu'un fantôme blanc. Il fallait qu'il sorte de l'illusion. Elle se démaquilla. « Que voyez-vous ? », demanda-t-elle. Nikos : « Les plus jolies épaules, le plus joli cou, les plus jolis bras, le plus joli visage que j'aie jamais vus. – Mais, les boutons ? – Quels boutons ? Oui ! en regardant votre cou d'un peu près, je vois quelques boutons. – Quelques… ! Et ne sont-ils pas inesthétiques ? – Qu'est-ce qui est esthétique et qu'est-ce qui ne l'est pas ? disaient, vous le savez bien, Pyrrhon et son disciple, Enésidème. – Mais vous ? Je veux l'avis de l'homme, non du philosophe. – Pour moi, vous êtes la plus belle femme du monde. » Nisi gagna son cabinet de toilette. Quand elle revint, elle portait un collier avec une seule pierre : un lapis-lazuli, dont le bleu, pourtant, n'était pas aussi étincelant que le bleu mutin, inaccoutumé, de ses yeux. La neige fondit dans tout le royaume. La douceur revint. Ce fut « comme si l'on vivait dans une tarte aux pommes tiède. » Le roi mourut. Nikos et Nisi devinrent Leurs Altesses Régnantes. Au lit, quand tout le palais dormait, ils parlaient philosophie, ce qui toutefois n'empêcha pas qu'elle attendît son premier bébé. Or, c'est durant sa grossesse que « ses boutons, mystérieusement, disparurent à jamais ». Mais qu'il y ait des boutons ou non, celui qui aime ne les voit pas ; et quand l'amour fait son œuvre, il n'y en a plus.

Daniel Laurent a pensé que je me sentirais concerné par l'histoire d'une jolie princesse que la philosophie passionne. Il m'écrit : « À vous avoir lu, je crois que le sort des jeunes femmes amoureuses de la philosophie n'est pas sans vous émouvoir… » Oui : leur « sort » m'émeut, mais aussi elles-mêmes. Leur « sort », car elles ont rarement la chance de pouvoir étudier en vivant une vie de princesse. Elles-mêmes parce qu'elles restent intimement belles, malgré les tracas de la vie. Dans le conte, le dialogue de la jeune femme et du philosophe a-t-il un aboutissement ? Leur accord conduit-il à une œuvre ? On ne le dit pas. L'aboutissement dont il est question est celui de deux êtres qui s'aiment : un enfant mortel. Dans mon rapport avec les « jeunes femmes amoureuses de la philosophie », ce n'est pas cela qui était en jeu, mais bien de donner le jour à une réalité intelligible : à un enfant immortel (cf. Platon, *Banquet*, 209c) – par exemple, un livre que l'on peut indéfiniment réimprimer.

*D*ANS UNE LETTRE RÉCENTE (31 décembre 2007), Françoise
(je ne dis pas son nom de famille, car elle trouve que, dans
Oisivetés, j'ai déjà trop parlé d'elle) dit que mon « amour inconditionnel (et partial) de la France et de la langue française »
me pousse à me « méfier de l'Allemagne ». Laissons de côté
l'Allemagne (je préfère n'avoir affaire à elle que le moins possible). Je m'interroge et je vois la nécessité de distinguos. Amour
inconditionnel de la langue française ? Oui. De la France ? Non.
Je ne suis pas du côté de la France lorsqu'elle massacre les Algé-
riens dans le Constantinois (1945), lorsqu'elle abandonne les
harkis ou se signale par d'autres crimes. Je ne cesse pas pour
autant de l'aimer, mais selon l'idée que je me fais d'elle. On me
dira : si vous aimez la France en dépit de ses fautes, voire de ses
crimes, n'est-ce pas là l'aimer « inconditionnellement » ? Il y a
deux Frances : la France réelle, et celle qui est une Idée. La
France que j'aime sans condition est la France idéale ; quant à
la France réelle, je l'aime sous condition qu'elle se comporte
selon sa vérité et son sens, tels que les ont révélés les moments

critiques de l'histoire, où elle s'est faite la championne de l'égalité et de la liberté pour les individus et pour les peuples – j'entends, par exemple, non la France qui admet le commerce des esclaves, mais celle qui abolit l'esclavage.

S'il s'agit maintenant de la langue française, je ne vois la nécessité d'aucun distinguo. Je l'aime telle qu'elle est, avec ses particularités et ses illogismes : je ne lui oppose pas ce qu'elle devrait être. Elle est sacrée. C'était la langue de ma mère, et ma mère l'aimait. Elle n'en parla jamais d'autre, pas même le patois dont usait mon père. Quand je parle en français, je sais que je parle avec les mots et dans la langue que parlait ma mère ; c'est le lien le plus fort qui me rattache à elle. Je n'ai aucun écrit d'elle qui ait plus de quelques lignes : mais je vois comment elle forme les lettres avec un soin amoureux. Alors que j'étais étudiant, je voyais quelquefois Geneviève, que j'appelais Ginette : elle était élève dans une école d'infirmières. Ce n'était, de mon côté, que de l'amitié simple ; de son côté, peut-être y avait-il quelque chose de plus, je ne sais quel espoir (nous étions du même pays, mon père et ses parents se connaissaient, alors…). Comment aurais-je pu avoir de l'inclination pour elle ? Lorsque je comparais ses lettres, maladroites et avec des fautes d'orthographe, avec celles de Marie-Thérèse, mon cœur ne pouvait hésiter. Aujourd'hui, je l'admets, il m'arrive de surprendre des fautes d'orthographe dans les lettres d'Émilie ou d'Élodie, mais j'ai décidé qu'elles n'étaient dues qu'à des fautes d'inattention sans conséquence (de m'écrire les troublait quelque peu…). En revanche, j'ai résilié mon abonnement à un journal du soir quand j'ai vu qu'il prenait ses aises avec notre belle langue française.

Mon amour de la France et de la langue française serait, selon mon amie, non seulement inconditionnel mais partial, c'est-à-dire comportant un parti pris injuste. Il ne me semble pas que ce soit le cas. Quant à la France idéale, comment mon amour serait-il injuste, puisqu'elle incarne à mes yeux et aux yeux de tous, les idéaux de liberté, d'égalité, de justice ? Et s'il s'agit de la France réelle, je suis le premier à porter sur elle un jugement sévère, lorsqu'elle se comporte d'une manière violente, arbitraire, injuste, envers les individus, les États, les populations. Le moins que j'exige d'elle est alors qu'elle fasse son autocritique. Françoise me rappelle que Louis XIV avait soumis « par la violence et les massacres les populations civiles du Palatinat qui en ont aujourd'hui encore gardé mémoire ». Mais le roi n'avait pas voulu l'incendie du Palatinat de 1689 et exprima son regret. Ce n'était pas la première fois que le Palatinat était brûlé. Il l'avait été en 1674 par Turenne, pour empêcher l'ennemi d'y subsister, mais sans destructions inutiles. En 1689, l'armée était commandée par le Dauphin, Louis de France (1661-1711), mais l'inspirateur de la campagne était Louvois, dont le système de guerre faisait fi de toute loi morale (on détruisit Spire, Mannheim, on saccagea le château de Heidelberg, surnommé l'Alhambra de l'Allemagne, etc.). Cela n'exonère pas complètement Louis XIV, Louvois étant son ministre (mais qui peut-être eût été disgracié, s'il n'était mort d'une attaque d'apoplexie).

Pas plus qu'envers la France, je ne suis coupable de partialité envers la langue française. Si je la considère comme véhiculant les idéaux de la France, je ne puis pas plus être partial envers elle qu'envers la France elle-même comme le pays des droits de l'homme, car il ne saurait y avoir de parti pris injuste à aimer ce qui est juste. Si maintenant je considère la langue pour elle-même, je dirai qu'aucune ne me semble plus belle qu'elle, si ce n'est la langue grecque (celle d'Homère et de

Platon). Partialité ? Nullement. Un ami, parlant de la femme qu'il aime, me dit : « C'est la plus belle femme du monde. » Je ne puis lui répliquer : « Vous êtes partial. » Je le pourrais seulement s'il y avait un critère universel de la beauté d'une femme. Mais un tel critère n'existe pas. Or, pas plus que de la beauté d'une femme, il n'y a de critère universel de la beauté d'une langue. Un jugement de beauté, qui est irréfutable, ne saurait témoigner d'un parti pris injuste. Je puis donc, en toute tranquillité, aimer la langue française de façon inconditionnelle et sans partialité.

Mais comme je ne puis dire la même chose pour la France réelle, il suit que j'aime la langue française plus que la France elle-même. Mon opposition à l'Europe politique tient à ma crainte que la langue française ne devienne un dialecte. Si elle pouvait ne rien céder alors de sa position et de son rôle, je ne m'affligerais pas trop que la France ne soit plus qu'une nation parmi d'autres dans l'Europe unie – mais comment serait-ce possible ? Je ne le vois pas.

Lorsque, à l'automne 1944, je vins à Paris, j'ignorais tout de ce qu'avaient été la persécution et la déportation des juifs restés à Paris durant la guerre. Aujourd'hui, je lis le *Journal* d'Hélène Berr (Tallandier, 2008), qu'elle écrivit en deux parties, l'une entre le 7 avril et le 28 novembre 1942 (l'avant-veille, celui qu'elle aime, Jean M., est parti pour, à travers l'Espagne, rejoindre la France libre), l'autre entre le 25 août 1943 et le 15 février 1944 (elle est arrêtée le 8 mars 1944, internée à Drancy, déportée à Auschwitz le 27 mars, jour de ses vingt-trois ans, plus tard transférée à Bergen-Belsen, où elle meurt au début du mois d'avril 1945). Dans le Journal I, la vie affective et émotionnelle d'Hélène oscille entre quatre pôles, avec des alternances de souffrance et de joie, de grande souffrance (à l'arrestation du père) et de grande joie (ainsi, lorsqu'elle écrit, le 3 août 1942, songeant à ce qu'elle vient de vivre avec Jean : « je suis changée de fond en comble »). Ces quatre pôles : la musique (trait d'union essentiel entre Hélène, les membres de sa famille et ses amis : on joue sans cesse ou l'on écoute des disques ; parle-t-on de l'« adagio de la *Dixième* », par exemple, chacun sait ce que c'est – moi non, évidemment), ses études (son diplôme d'études supérieures sur Shakespeare, son projet de thèse sur Keats et les Grecs, les cours de Sorbonne), ses émois amoureux (passés pour Gérard, actuels pour Jean M. – émois qui n'ont rien à voir avec le « flirt », mot qu'elle déteste), enfin la persécution et la vie sur fond d'angoisse permanente (avec, à partir du 8 juin 1942, le port de l'étoile jaune, et le courage qu'il faut pour affronter les regards, y compris celui de J. M.). Dans le Journal II, qu'Hélène écrit « par devoir », parce qu'« il faut que l'on sache », il n'y a plus que deux pôles, tous deux de souffrance : « Ma pensée tourne sans cesse autour de deux pôles : la souffrance du monde, qui se trouve condensée d'une manière concrète et vivante dans le fait de la déporta-tion et des arrestations, et l'absence de Jean » (p. 208).

J'avais vingt ans en 1942, Hélène vingt-et-un. J'étais en Corrèze, elle à Paris. Mais la même question revenait pour elle et pour moi : « À quand, le Débarquement ? » Car on l'atten-dait en 42 ; et on l'attendait en 43. Je crois aussi que notre rapport à l'issue de la guerre était semblable. Le 22 juin 1941, mes camarades et moi sortions du réfectoire, au lycée de Tulle, après le repas de midi, lorsque nous apprîmes l'agression alle-mande contre l'URSS. « Hitler est vaincu » : telle fut notre réaction. Irait-il même jusqu'à Moscou ? La plupart d'entre nous ne le croyaient pas. Durant ces années de guerre, je n'ai rencontré personne qui croie en la victoire allemande. L'issue du conflit ne faisant pas de doute, je résolus de ne pas me mê-ler de cette affaire, d'adopter une position purement *attentiste*, me préparant par le travail à ce que serait mon métier après la guerre. Hélène faisait partie d'une classe sociale tout autre que la mienne (son fiancé, J. M., avait « son tailleur » !), où nul ne jouait d'un instrument, ni ne savait un mot d'anglais. Il lui arrivait de rencontrer des « amis » qui croyaient en la victoire allemande, ce qui lui était fort pénible, tout comme d'apprendre que le fils d'une famille amie était venu en permission avec l'uniforme allemand et la croix de fer (p. 265). Elle n'était pas, comme moi, séparée des pro-Allemands par un abîme. Elle-même était parfois injustement traitée de « collaboratrice », parce qu'elle travaillait, comme assistante sociale bénévole, à l'UGIF (Union générale des israélites de France), reconnue par Vichy et l'occupant allemand, et vouée à une mission d'assistance auprès des juifs internés et de leurs familles. Je ne me souviens pas d'avoir jamais vu, pendant la guerre, les Allemands de près (à l'exception d'un certain jour de juin 1944 : cf. *Avec des « si »*, chap. XXXV). Je les conçois alors comme des êtres de terreur : ils m'inspirent une méfiance extrême. Hélène les voit de près, l'humiliant, internant son père, déportant ses amis, glaçant d'effroi les familles, désespérant d'honnêtes gens qui se suicident, séparant parents et enfants, arrêtant les enfants, jusqu'aux bébés – tout cela soit seuls, soit avec l'aide de la police de Vichy. Un policier français « est venu arrêter treize enfants à l'orphelinat, dont l'aîné avait 13 ans et le plus jeune 5 (des enfants dont les parents étaient déportés ou disparus, mais il "en" fallait pour compléter le convoi de mille du lendemain) ». Une dame s'indigne : « Que voulez-vous, Madame, je fais mon devoir ! » (p. 217) Le devoir : une chose indépendante de la conscience morale ! Les Allemands : « Ces hommes-là, sans le comprendre même, ont ôté la joie de vivre à l'Europe entière » (p. 203). « C'est cela, ajoute Hélène, qui fera que toujours quelque chose se dressera en moi lorsqu'on me parlera d'un Allemand. Tout en moi s'oppose au caractère germanique, se hérisse à son contact : peut-être suis-je essentiellement latine de tempérament ? L'exaltation de la violence, l'orgueil, la sentimentalité, l'exaltation des émotions de tout ordre, le goût de la mélancolie vague et gratuite, autant d'éléments du caractère germanique devant lesquels mon tempérament se rebelle. Je n'y peux rien » (*ibid.*). C'est là l'expression d'un sentiment global qui a des résonances en moi, mais moins personnelles que familiales (des membres de ma famille ayant eu affaire aux « Prussiens » en 70-71, aux « Boches » en 14-18, aux « Allemands » en 39-40, et certains y ayant laissé leur vie). Car je n'oublie pas « Ces Allemands qui ont défié Hitler » (titre d'un ouvrage de Gérard Sandoz), comme Sophie Scholl, étudiante en philosophie, qui avait l'âge d'Hélène, et ses amis de « La Rose blanche », exécutés en 1943. « Je salue ces Allemands et j'exècre les autres », disait Hemingway.

Il y a deux sortes d'âmes : les âmes closes et les âmes ouvertes – celles qui ne souffrent que de leurs souffrances, et celles qui souffrent de la souffrance d'autrui. Hier soir, Verveine m'a téléphoné : « Comment vas-tu ? – Je vais mal. – Que t'arrivet-il ? – Il ne m'arrive rien, mais en Irak, au Kenya, dans la bande de Gaza, cela va mal. – Mais je ne te parle pas de la bande de Gaza, mais de toi. » Moi ! moi ! mais, moi, je suis les autres ! Hélène distingue ceux qui ont la *compréhension* de la douleur des « juifs » (je mets les guillemets car, selon elle, ce sont les nazis qui séparent les « juifs » des gens normaux, en font une autre « catégorie », p. 260, une autre « espèce », p. 246) et ceux qui *savent*, mais ne comprennent pas, à moins que l'atroce ne les touche de près. Il y a aussi ceux qui ne savent pas et qui comprendraient s'ils savaient. Mais : « C'est l'immense drame de cette époque. Personne ne sait rien des gens qui souffrent » (p. 220). Ma tante Pauline, qui habitait rue des Boulets, dans le XIᵉ, savait-elle ? Elle parlait d'un appartement qui s'était trouvé vide après le « départ » de ses occupants, des juifs. Il y avait de nouveaux locataires. Elle s'inquiétait pour eux : où iraient-ils quand les premiers reviendraient ? N'aurait-elle pas dû souffrir pour ceux-ci ? Mais la vie était dure à Paris, mon oncle gagnait peu ; elle avait assez de souffrir pour elle-même. Hélène a une âme ouverte. Elle souffre plus pour les autres que pour elle-même : « Je suis horriblement inquiète pour les autres » (p. 218). Son père, interné au camp de Drancy, a été libéré grâce au versement d'une caution par l'entreprise Kuhlmann (dont il est le vice-président directeur général). Hélène, quoique soulagée, n'est pas joyeuse : « Je n'ai pas eu une lueur de joie. Je n'ai pensé qu'aux autres [qui restent internés]. J'ai eu le sentiment d'une injustice » (p. 145). Elle se sent séparée par un abîme de ceux qui ne comprennent pas, qui passent à côté, sans le voir, du « malheur irrémédiable, sans fond, sans nom, sans consolation » de ceux qui étaient unis, et qui sont séparés. Il n'y a que très peu d'âmes « assez généreuses et nobles » pour voir, au-delà de tel cas individuel, « toute la souffrance : des autres » : « Ces âmes-là, ajoute Hélène, doivent avoir une grande intelligence, et aussi une grande sensibilité : ce n'est pas tout de pouvoir voir, il faut pouvoir *sentir* – sentir l'angoisse de la mère à qui on a pris ses enfants, la torture de la femme séparée de son mari, la somme immense de courage qu'il faut chaque jour à chaque déporté, les souffrances et les misères physiques qui doivent l'assaillir » (p. 179). Il n'y a que deux sortes d'humains : « ceux qui ne peuvent pas comprendre, même s'ils savent », et « ceux qui peuvent comprendre » – parmi lesquels « une grande quantité de gens simples, et de gens du peuple, et très peu, dit Hélène, de ceux que nous appelions nos "amis" » (p. 160).

On peut voir, d'après divers chapitres de mon Journal (cf. par exemple, *Avec des « si »*, chap. LVI, « Si l'on veut me comprendre »), que je suis en phase avec la sensibilité altruiste d'Hélène Berr – sensibilité que je dirai même « cosmique », comme s'étendant à tout le monde humain, sans qu'il soit question des « distinctions superficielles de race, de religion, de rang social » (p. 107) : ne reste que « l'union contre le mal, et la communion dans la souffrance » (p. 108). Si je suis en sympathie avec Hélène, c'est moi tel que je suis maintenant, non tel que j'étais lorsque, en 1944, quelques mois après elle, j'arpentais les rues de ce Quartier Latin qu'elle aimait tant. Elle sort d'une visite à son médecin : « J'ai ensuite descendu le boulevard Saint-Michel inondé de soleil, plein de monde, retrouvant ma joie familière, merveilleuse, en approchant de la rue Soufflot. À partir de la rue Soufflot, jusqu'au boulevard Saint-Germain, je suis en territoire enchanté » (p. 29). Oui : la rue Soufflot, la place Sainte-Geneviève (avec la bibliothèque, où j'ai rencontré la jeune fille en rose dont j'ai toujours ignoré le nom), la rue Médicis, le boulevard Saint-Michel, la place de la Sorbonne, et l'on ressent une sorte de joie. Mais alors, mon âme n'était pas généreuse. Elle n'était pas non plus « close », ni bornée ; elle était concentrée. J'avais « perdu », au cours complémentaire, les six ans de mon adolescence. Je voulais acquérir la vraie culture. J'étais sur le chemin, et rien ne pouvait me détourner de mon effort. C'est seulement non pas même après le retour des déportés, mais quelques années plus tard, que j'ai « réalisé » ce qu'avait été le malheur des juifs et de beaucoup d'autres. Si j'avais rencontré Hélène en 1944, sans doute eussé-je été de ceux qui ne comprennent pas, ou plutôt ne veulent pas comprendre, n'ont pas le temps de comprendre.

Pourquoi Hélène et ses parents sont-ils restés à Paris, alors qu'ils eussent pu gagner la zone libre et ensuite l'étranger ? Hélène écrit : « Les gens ne comprendront pas pourquoi nous sommes restés » (p. 125) ; et en effet, je ne comprends pas. On s'attend à une rafle ; ce sera la rafle « du Vel' d'Hiv » (16-17 juillet 1942). Il y a une « vague de terreur » : « Tous nous désapprouvent de rester » (p. 105). Alors ? Dans le Journal I, Hélène donne une explication, Jean M. : « C'est à cause de lui que je ne veux pas partir » (p. 108). Mais dans le Journal II, J. M. est absent, ayant rejoint la France libre. Alors ? Pourquoi ne tenterait-elle pas de le rejoindre ? Mais elle ne peut abandonner ses parents, et son père est indécis. Il y a surtout, je crois, le fait que nul n'imagine vraiment l'extermination. Hélène s'attend, si elle reste, à être déportée. Mais « Je reviendrai », dit-elle. Le jour même de son arrestation et de celle de ses parents, elle écrit à sa sœur : « Nous avons bien l'intention de revenir. » En février 1943, je fus, comme tous les jeunes Français de 20 à 22 ans, appelé en Allemagne au titre du STO (Service du Travail obligatoire). Pas un seul instant, je n'envisageai d'obtempérer. Le territoire allemand était pour moi un territoire maudit. À la place d'Hélène, j'eusse quitté Paris dès que j'eusse vu l'ombre d'un Allemand. Il lui suffisait d'aller ailleurs, dans n'importe quel pays libre et d'attendre[1].

❧

1. Madame Mariette Job et les Éditions Tallandier m'ont autorisé à citer des extraits du *Journal* d'Hélène Berr (lettre de M. Henri Bovet du 15 janvier 2008), dans le quatrième tome de mon Journal. Je les en remercie.

*H*ÉLÈNE BERR, déportée comme juive, ne se sent pas
« juive », elle est comme tout le monde :

> « Quand j'écris "juif", je ne traduis pas ma pensée, car pour
> moi une pareille distinction n'existe pas : je ne me sens pas
> différente des autres hommes, jamais je n'arriverai à me consi-
> dérer comme faisant partie d'un groupe humain séparé ; peut-
> être est-ce pour cela que je souffre tellement, parce que je ne
> comprends plus. Je souffre de voir la méchanceté humaine. Je
> souffre de voir le mal s'abattre sur l'humanité ; mais comme je
> ne sens pas que je fasse partie d'aucun groupe racial, religieux,
> humain, je n'ai pour me soutenir que mes débats et mes réactions,
> ma conscience personnelle. » (*Journal*, p. 254).

Elle abhorre le sionisme : « Je déteste tous ces mouvements
plus ou moins sionistes, qui font le jeu des Allemands sans s'en
douter » (p. 100). Emmanuel Lefschetz est le directeur du foyer
de l'UGIF. Avec un réseau de jeunes, il fait un énorme travail
pour récupérer et protéger les enfants dont les parents ont été
déportés ou risquent de l'être. Mais il fait aussi des cours – qui
n'enchantent pas Hélène :

« Lefschetz a fait un cours sur la question juive qui m'a mise en état d'exaspération croissante, parlant de la nation juive, disant, ce qui est vrai, que nous ne savions pas pourquoi nous étions persécutés, car nous avions perdu nos traditions, prônant le ghetto. *Non, je n'appartiens pas à la race juive*. Si nous pouvions vivre au temps du Christ… Il n'y avait que les juifs et les idolâtres, les croyants et les ignorants. C'est de là que doit partir tout raisonnement. Ces gens-là ont l'esprit étroit et sectaire. Et ce qui est grave en ce moment, ils justifient le nazisme. Plus ils se resserreront en ghetto, plus on les persécutera. Pourquoi faire des États dans les États ? » (p. 119).

Hélène se sent chrétienne :

« Samedi, j'ai lu l'*Évangile selon saint Matthieu* ; je veux dire toute la vérité : pourquoi la cacherai-je ? Je n'ai pas trouvé autre chose dans les paroles du Christ que les règles de conscience auxquelles j'essaie d'obéir d'instinct. Il m'a semblé que le Christ était plus mien que celui de certains bons catholiques. Quelquefois, je pensais que j'étais plus près du Christ que beaucoup de chrétiens, mais là, j'en ai eu la preuve. Et qu'y a-t-il d'étonnant à cela ? Tout le monde devrait-il être autre chose que disciple du Christ ? Le monde entier doit être chrétien, oui, si l'on veut à tout prix donner des noms. Mais pas catholique, pas ce qu'en ont fait les hommes » (p. 174).

Ici encore, je me sens en accord parfait avec Hélène Berr. Son âme, qui refuse toute réduction sectaire, qui n'est pas seulement altruiste mais universelle, vibre à titre égal pour tout être humain. Elle ne voit que des êtres humains sans qualités particularisantes, et ne revendique pour elle-même rien d'autre que d'être considérée comme un être humain sans qualités – autres que personnelles.

Mais Ubu est roi. Hélène est frappée par l'effarante déraison qui préside aux persécutions. Une femme enceinte est déportée en wagon sanitaire : « Cela me semble une comédie, car les convois de wagons à bestiaux peuvent-ils comporter un

wagon sanitaire ? Mais quelle preuve plus flagrante de la mons-
trueuse inanité de la politique nazie, que de déporter des gens
dans des wagons sanitaires ? » (p. 200). Et si les Allemands veulent la victoire, en quoi cela les aidera-t-il, de déporter les juifs ?
« L'inutilité de tout cela : à quoi cela sert-il d'arrêter des femmes et des enfants ? » (p. 172). Mais l'être jeune et ardent, plein
de vie, de joie, de ressources, de promesses, de projets, est broyé,
sa vie est « confisquée ». Crime exorbitant qui stupéfie l'esprit.

J'AI RENCONTRÉ Fayruz place de la Sorbonne, devant la librairie Vrin. Elle m'a annoncé son mariage. Je lui ai demandé quel cérémonial apporterait, en cette circonstance ordinairement catastrophique de la vie, la solennité requise. Elle me dit alors qu'elle était musulmane. J'ai dû avoir l'air déçu, puisqu'elle me dit, précisément : « Je vous déçois ? »

— Vous ne me décevez pas en tant que musulmane, mais en tant que, musulmane, vous ne pouvez être philosophe — contrairement à mon espoir.

— On ne peut être à la fois musulman et philosophe ?

— On peut être à la fois musulman (ou catholique, ou protestant, etc.) et professeur de philosophie, mais non être *vraiment* philosophe, car on ne peut, à la fois, chercher la vérité et croire qu'on la possède.

— Mais Descartes, Malebranche n'étaient-ils pas philosophes ?

— Descartes, Malebranche, Kant, etc., furent de grands philosophes, mais non de *vrais* philosophes, dans la mesure où leurs argumentations justifiaient une foi prédonnée. Ils eussent été de vrais philosophes s'ils fussent parvenus aux mêmes résultats, mais sans, dès le commencement, présupposer la fin.

— Mais Descartes doute de tout, ne présuppose rien.

— Descartes doute de tout hypothétiquement ; en réalité, il ne doute pas, il fait semblant : sa foi en Dieu n'est jamais sincèrement mise en question. Son doute universel est une fiction de géomètre. Il dit : « Procédons par l'absurde... » Du reste, Husserl abandonne la voie cartésienne dès après le *Cogito*, car il voit bien qu'ensuite, Descartes ne fait que revenir aux *a priori* culturels chrétiens.

— Mais alors, quels sont les vrais philosophes ?

— Ceux qui ne supposent pas une foi prédonnée (qu'elle soit religieuse, politique ou autre), qui recherchent la vérité sans l'avoir déjà trouvée. Ainsi Montaigne, Spinoza, Nietzsche et, naturellement, les Grecs.

— Faire table rase de toute la tradition qui m'a formée, je ne le puis.

— Peu, très peu d'hommes le peuvent, encore moins le souhaitent. Du reste, le philosophe ne fait pas table rase absolument de toute tradition, mais seulement des traditions collectives, qui ne sont pas la tradition de la raison.

— Qu'entendez-vous par « tradition de la raison » ?

— La philosophie grecque, qui est, pour tout vrai philosophe, la tradition obligée.

— Vous placez les Grecs très haut.

— On ne peut placer trop haut ceux pour qui l'homme n'est plus l'homme d'un système clos de croyances – l'homme collectif –, mais l'homme de la vérité – qui est universelle.

— Mais, musulmane, je ne suis pas anti-catholique.

— Néanmoins, la vérité des catholiques n'est pas tout à

fait la vôtre. Par leurs théologies et leurs dogmes, les religions divisent.

— Les philosophes non plus ne s'accordent pas.

— Qu'entendez-vous par « philosophes » ? Qui vous dit que les vrais philosophes ne s'accordent pas ?

— Démocrite et Platon ne s'accordent pas. Ne dit-on pas que le second a voulu brûler les livres du premier ?

— Je suis tenté de répondre que les philosophes vrais ne s'accordent pas pour autant que, tout en étant vrais, ils sont en même temps non vrais.

— Mais alors les philosophes grecs aussi, par quelque côté, seraient non vrais ?

— Oui, mais il y a deux façons pour un philosophe d'être non vrai : être non vrai par rapport à la philosophie – c'est le cas des philosophes modernes christianisés –, ou être non vrai par rapport à un autre philosophe – c'est le cas des Grecs.

— Si les Grecs philosophaient sans autre présupposé que la raison, comment se fait-il qu'entre eux ils se contredisent ?

— Il est vrai que les Grecs philosophent en raison pure. Or, la raison exclut la contradiction. Pourtant, Platon contredit Démocrite. Mais c'est en cela, précisément, que les Grecs sont grands. Car c'est le caractère de l'objet propre de la philosophie, comme métaphysique – le Tout de la réalité – que de ne pouvoir être pensé sans contradiction.

— Comment ! Vous voulez que les Grecs soient grands par ce qu'ils ont de plus décevant ? Par leur échec même ?

— Mais c'est un échec sublime ! Car il tient à ce que, face au Tout de la réalité, la condition de l'homme se révèle une condition éclatée, la raison une raison éclatée. Platon est aussi nécessaire que Démocrite, Démocrite aussi nécessaire que Platon. C'est cette contradiction, cette tension, qui est la vie même de la raison.

– Qu'entendez-vous par cette « vie de la raison » ?

– La raison est vivante lorsqu'elle raisonne sur ce qu'est le réel (*ti to on*), sur ce qui est réel et sur la totalité du réel : alors elle ne peut que spéculer sans pouvoir conclure, et ce questionnement est sa vie. Car il y a plusieurs métaphysiques possibles, et la raison, dans ce qui est le domaine propre de la philosophie, fait toujours naître de nouvelles questions, de sorte que l'on n'en finit pas d'argumenter, sans jamais prouver – sinon, la métaphysique serait une science.

– Vous-même, cependant, opérez un choix entre les différentes métaphysiques. Comment fonder ce choix si on ne peut le fonder en raison ?

– Une philosophie est indissociable d'un philosophe. Je retiens seulement, parmi les métaphysiques, celle qui est en résonance avec mon être intime, qui a en moi un écho. Les autres, je ne les sens pas ; elles ne correspondent qu'à des possibilités abstraites.

– N'est-ce pas un peu facile ?

– Nullement, car mon choix résulte d'une méditation qui, au long des années, n'a fait qu'un avec ma vie, et qui a son répondant dans ma nature de philosophe… Puis-je vous offrir un café ?

$\mathcal{A}$ PLUSIEURS REPRISES, j'ai parlé de Julie. Aminthe est son nom. C'est un joli nom. On le lui dit souvent. Elle est venue à Treffort le 9 avril 2005, avec Fanny et Marilyne, pour le week-end. Je ne l'ai pas revue depuis. Elle avait voulu visiter les cimetières autour de Treffort. Aujourd'hui, elle songe à une thèse sur la mort. Je n'avais eu aucune nouvelle d'elle depuis un an. La pensée que j'avais d'elle était un peu soucieuse. Mais voici qu'une lettre arrive enfin, de huit grandes pages, sans alinéa – une joie pour moi. Après avoir énormément lu et beaucoup travaillé pour son mémoire sur Kierkegaard, Julie se sentit comme épuisée et sombra un moment dans la déprime – déprime dont « je sors à peine », dit-elle. Mais elle a lu *Oisivetés*, et voici ce qu'elle en pense :

> « Si je vous fais part de mes états d'âme de jeune fille un peu paumée, c'est en raison du fait qu'ils expliquent pourquoi je ne vous ai pas écrit plus tôt. Depuis que j'ai terminé mon mémoire, j'ai été incapable de lire un bouquin de philosophie, comme si, après avoir dévoré des dizaines et des dizaines

d'ouvrages sur le sujet pour réaliser mon travail, j'en avais désormais la nausée. Et pourtant, je voulais absolument lire le second tome de votre *Journal*, car il me semblait intéressant de vous en parler, consciente que j'avais la chance de pouvoir échanger des idées sur un écrit avec l'auteur lui-même. C'est chose faite. Je me permets donc de vous faire part de mon sentiment sur votre œuvre, laquelle est, comme à votre habitude, merveilleusement bien écrite. Ce dernier livre est, à mes yeux, une vraie réussite. Cependant, pour être parfaitement honnête, en plus de l'engouement qu'il a suscité en moi, votre écrit m'a également laissée quelque peu dubitative. Je m'explique. De nombreuses pages, qui s'attachent essentiellement à peindre l'homme que vous êtes et moins le philosophe que vous êtes devenu, sont d'une beauté inouïe, et ont éveillé chez moi de fortes émotions. Je fais référence ici à mon passage favori, qui traite avec une pudeur qui vous honore, du fardeau que représente la solitude [chap. XXXIV]. Il est aussi touchant et beau qu'une chanson de Barbara. D'autres pages, lesquelles n'ont pas une ambition autobiographique, sont, d'un point de vue philosophique, passionnantes, et, en outre, fort convaincantes, notamment lorsque vous traitez de la peine de mort et des raisons pour lesquelles elle doit être condamnée. Par contre, certains passages m'ont laissé pantoise. Lorsque vous consacrez, par exemple, un chapitre entier [chap. XXIV] à la critique du film *Basic Instinct* – alors qu'il a tout de même le mérite, malgré sa médiocrité flagrante, de souligner l'aspect bestial de la sexualité des êtres humains –, tout en faisant, en parallèle, l'éloge de *Dirty Dancing* – navet d'une niaiserie irritante –, j'ai l'impression que vous vous transformez alors, à ma grande surprise, en jeune garçon naïf et inexpérimenté [j'avoue mon inexpérience, mais à qui la faute ?]. Il en est de même quand vous rapportez votre discussion épistolaire avec M. Comte-Sponville à propose de l'éthique [chap. XII]. Vous considérez que l'existence de Fanny et de Marilyne suffit à vous persuader de la réalité de la bonté de l'être humain. Je partage l'étonnement, ainsi que le scepticisme, ou plutôt le profond réalisme de votre interlocuteur, lequel, ai-je remarqué avec amusement, tente, avec la plus grande diplomatie, de vous faire revenir à la raison, bien qu'il soit, à mon avis, ardu [certes] de persuader une âme comme la vôtre, laquelle paraît, à plusieurs moments de l'ouvrage, d'une innocence extrême, presque provocatrice. Cette ingénuité revêtue par vous-même m'a à ce point troublée que je me demande encore si la globalité du chapitre n'est pas un jeu un peu fourbe dans lequel M. Comte-Sponville jouerait, à ses dépens, le rôle de la victime, et qui vous permettrait de prouver qu'aucun raisonnement méthodique ne permet de convaincre un homme prônant la simplicité de l'expérience vécue, au détriment de la complexité de la théorie abstraite [Julie, votre intelligence me ravit]. Contrairement à vous, je crois que nous ne connaissons jamais vraiment le cœur des êtres qui nous entourent, même celui de nos amis les plus proches [...]. J'ai été également amusée, et, en même temps, honorée de voir qu'un chapitre est destiné à me convaincre que vous n'êtes pas amoureux de la jeune Marilyne [chap. XLVII]. En le lisant, j'ai réalisé que vous n'aviez absolument pas compris mes propos — par ma faute, j'en conviens. Je n'ai jamais soupçonné que vous ayez des sentiments plus qu'amicaux envers la demoiselle. Mais le fait que vous écriviez plusieurs pages à ce sujet pourrait, selon moi, laisser penser le contraire à certains de vos lecteurs, lesquels avaient sans doute déjà été interloqués, tout comme moi, par un chapitre du premier tome de votre *Journal*, intitulé, si ma mémoire est bonne, « Si je vais à Montevideo », dans lequel vous rêviez, tel un jeune prétendant, à l'idée de rejoindre la belle. Vous vous « moquez » gentiment de moi en pensant que je vous suspecte d'avoir plus que de l'affection pour mon amie, et, néanmoins, vous tenez à vous justifier. Il y a là un paradoxe, qui, me semble-t-il, est caractéristique de votre personnalité, complexe et ambivalente. Soyons clairs : en ce qui concerne la célèbre affaire Marilyne, je n'ai jamais saisi pourquoi elle vous "obsédait" à ce point. Certes, Marilyne est formidable. J'en parle en connaissance de cause. Mais vous, cher. Marcel, vous la connaissez si peut ! Ne faut-il pas fréquenter les personnes un temps assez long, en profondeur, pour pouvoir se permettre de porter un jugement de valeur sur elles ? Finalement, la lecture de la suite de votre Journal m'a permis

de mieux vous connaître, humainement parlant, et, par conséquent, de mettre le doigt sur une ambiguïté de caractère que
j'avais, jusque-là, à peine entrevue. Vous êtes un homme à
double facette, mon cher Marcel : un vieil homme sage d'une
rationalité à toute épreuve, et, simultanément, un jeune ado-
lescent candide, d'une pureté désarmante. Mon Dieu, je suis
impatiente de lire le troisième tome de votre Journal […] ».

Julie voit juste. Je dois reconnaître, eu égard aux jeunes
femmes, un certain optimisme, ou même un certain enthousiasme du jugement (qui n'existe absolument pas relativement
à la gent masculine). À cela s'ajoute que, quoi qu'il en soit des
déceptions, j'ai une propension à rester indéfiniment sous le
charme de l'une de ces natures, ou de plusieurs – en général,
de plusieurs. Telle à qui, par plaisir de lui écrire et de lui parler,
j'ai adressé mes vœux en décembre – simple prétexte –, à la mi-
février ne m'a pas encore répondu. Me répondra-t-elle ? Qu'à
cela ne tienne : j'en reste à mon intuition première ; en la voyant
si intimement belle, je n'ai pu me tromper. J'ai foi en elle et
confiance. J'ai une photo d'elle : son indiscutable rayonnement
chasse tout doute.

❧

$\mathcal{A}$PRÈS AVOIR LU le *Journal* d'Hélène Berr (cf. chap. LIII et LIV), j'ai écrit à mon ami Robert Misrahi :

> « Je me permets de vous poser une question à laquelle je songe depuis longtemps : de quel droit dire "juive" une personne qui dit : "Je ne suis pas juive" – bien qu'ayant été traitée comme telle par les hitlériens ? C'est le cas d'Hélène Berr, dont le Journal, qu'elle tenait au temps de l'Occupation, vient d'être publié. "Je ne me sens pas différente des autres humains", écrit-elle. Peut-on dire que Hélène est "juive" si elle ne se reconnaît pas comme telle ? Faut-il la dire "juive", comme le font les hitlériens ?
>
> J'avoue que je ne vous ai jamais *vu* comme un "juif". Si je pense que vous êtes "juif", c'est uniquement parce que je sais – ou crois savoir – que vous vous considérez comme tel. Mais pourquoi vous considérez-vous comme tel ? Je serais incapable de le dire d'une manière claire et précise. Je serais heureux si vous pouviez m'éclairer. »

Robert Misrahi m'a répondu par la lettre suivante (31 janvier 2008) :

« Vous avez raison (et je vous en remercie) de ne pas me considérer comme "juif", et de ne voir que mon être réel et concret de philosophe.

Je récuse (avec vous) les regards extérieurs qui voulaient ou veulent me définir comme juif. En 1942, après avoir porté l'étoile jaune quelques jours, j'ai pris le risque mortel de l'enlever : c'était à moi de me définir, et comme je l'entendrais.

Et je me veux d'abord philosophe athée.

Par ailleurs (et c'est là aussi un élément de ma réponse), je me veux solidaire (sur le plan réflexif et éthique) de cette communauté frappée par la Shoah. C'est ce que j'expliquais, en 1963, dans mon livre *La Condition réflexive de l'homme juif.* C'est pourquoi, sur le plan "historique" et "politique", je suis un juif français laïque (comme je le montre dans mes articles. "Un juif laïque en France", *Entrelacs*, 2004). Je suis donc "juif" par ma décision, et par rapport aux questions de l'antisémitisme et du Moyen-Orient.

Mais cette dimension reste abstraite, en un sens, et purement morale. Concrètement, je suis un philosophe qui se définit par son activité d'enseignement et d'écriture. Et l'essentiel de cette activité me structure et me définit.

Je suis d'accord avec vous : quelqu'un qui n'affirmerait pas lui-même qu'il est et se veut "juif", ne saurait être défini comme tel de l'extérieur. Et ce serait me limiter et m'anéantir que de me définir par ce terme. »

Le 29 mai 1942, une ordonnance allemande imposa aux juifs de porter en public une étoile jaune – une étoile à six pointes, en tissu jaune, avec l'inscription JUIF. Misrahi la porta, puis l'enleva : c'était un acte de résistance. Hélène Berr avait décidé de ne pas la porter : « La porter, je considérais cela comme une infamie et une preuve d'obéissance aux lois allemandes » (*Journal*, p. 54). Ensuite, elle la porte plus ou moins régulièrement et elle souffre : « Je ne croyais pas que ce serait si dur » (p. 57). Robert Misrahi et elle sont d'accord : l'on ne peut dire de quelqu'un qu'il est « juif » si lui-même ne se reconnaît pas pour tel – quoi qu'il en soit de sa solidarité avec les victimes de la barbarie. L'on me dit d'un humain que je rencontre : « C'est un juif. » Je ne le crois pas : j'attends qu'il me le dise lui-même.

LVIII
*L'État indépendant
de Corse*

$\mathcal{P}$ASQUALE PAOLI (1725-1807) est, pour les Corses nationalistes, le « Père de la patrie » C'est le héros sous le « généralat » de qui les Corses ont réussi à se gouverner eux-mêmes (1755-1769). La Constitution qu'il leur donna, inspirée de Montesquieu, était républicaine (souveraineté du peuple, séparation des pouvoirs) – signal qui fut entendu aussi bien par les « Insurgents » de la Guerre d'Indépendance américaine, que par les révolutionnaires français. De Corte, centre politique du nouvel État, Paoli administra et réforma. Il organisa l'enseignement primaire, et surtout fonda l'Université de Corte (1765), destinée à former les cadres dont l'île avait besoin. Les enseignants étaient, pour la plupart, des religieux franciscains. Mais à la bataille de Ponte-Nuovo (8 mai 1769), les paolistes sont vaincus par les troupes du comte de Vaux, et c'est la mainmise française sur la Corse. Paoli s'exile en Angleterre, l'Université est fermée ; elle le restera jusqu'en 1981. Arrive 1789. Paoli se rallie à la Révolution. Il rentre dans son île, adoubé par les Constituants. Il conçoit alors la Corse comme formant un

État autonome, à l'intérieur d'une fédération unissant les deux nations, la « corse » et la « française ». Les Corses s'administreraient eux-mêmes, sous la protection de la France. Toutefois, après l'exécution de Louis XVI (21 janvier 1793), Paoli est dénoncé comme contre-révolutionnaire, puis mis hors la loi par le Comité de salut public. Il fait appel aux Anglais, lesquels, loin de le reconnaître, instaurent un royaume anglo-corse, nomment un vice-roi, rappellent Paoli à Londres. Le 14 octobre 1795, il quitte pour toujours son île natale.

Qu'en est-il aujourd'hui ? Mes amis Noël, Corse d'origine, et Émilie, Corse d'adoption, me font observer que l'État corse n'aurait plus, comme au temps de la rivalité des puissances et des guerres européennes, besoin d'une protection. Dès lors que la paix et la sécurité règnent en Europe, il pourrait être véritablement indépendant. Cela est juste. Du reste, la Corse serait membre de l'Union européenne, où chacun des membres est sous la protection de tous. La Nauru est un État d'Océanie. C'est un atoll de 21 km², peuplé (en 2008) de 13.000 habitants ; il a été admis au sein de l'Onu en 1999. Le Tuvalu est un État d'Océanie. C'est un archipel de 9 atolls. Sa superficie est de 24 km², sa population de 10.000 habitants ; il a été admis à l'Onu, en 2000. La Kiribati (900 km², 84.000 habitants) a été admise à l'Onu en 1999. Alors, pourquoi pas la Corse (8.680 km², 260.000 habitants) ? Sans aller jusqu'en Océanie, n'avons-nous pas l'État d'Andorre (465 km², 65.000 habitants), admis à l'Onu en 1993 ; l'État de Monaco (2 km², 34.000 habitants), admis à l'Onu en 1993 ; le Liechtenstein (160 km², 33.000 habitants), admis à l'Onu en 1990 ; l'État de Saint-Marin (61 km², 277.000 habitants), admis à l'Onu en 1992. Et, en ce jour du 15 février 2008, le Kosovo ne s'apprête-t-il pas à proclamer son indépendance ? Alors, encore une fois, pourquoi pas la Corse ?

Il est clair que la Corse a autant de mérite que les États ici nommés à être reconnue comme un État souverain et à être représentée à l'Onu. D'où vient qu'elle n'ait pas encore conquis son indépendance ? Cela vient de ce qu'elle n'est pas capable de la vouloir – parce qu'elle se compose d'une multitude d'âmes et de volontés claniques, sans qu'il y ait une seule âme collective et une unique volonté. Seul une sorte de nouveau Paoli pourrait avoir assez d'autorité, de prestige, pour que soit mis un terme à la « guerre » des clans. Il faudrait un chef charismatique qui soit aussi un politique habile.

En attendant, les indépendantistes commettent des attentats visant l'État français. Ils se trompent de cible. La France accorderait l'indépendance à la Corse dans le cadre de l'Union européenne, si seulement il y avait *une* Corse, et non plusieurs.

Lᴇ 24 ᴊᴜɪʟʟᴇᴛ 2007, les infirmières bulgares retenues en Libye furent libérées. Le président Sarkozy a été pour beaucoup dans cette libération. J'en ai éprouvé pour lui de la gratitude, et je l'ai exprimée (*supra*, chap. VIII). Il en serait de même s'il parvenait à faire libérer Ingrid Betancourt et les otages des Fᴀʀᴄ (Forces armées révolutionnaires de Colombie) dans la jungle colombienne. Il est des choses à porter au crédit de Sarkozy. Pourtant, à la mi-février 2008, une majorité de Français jugent, d'après un récent sondage (paru dans *Le Journal du dimanche*), qu'il n'est pas « un bon président ». J'incline à être de leur nombre. Car il émet trop d'idées, qu'il lance et martèle, quoiqu'insuffisamment réfléchies. Le 13 février, au dîner du Cʀɪꜰ (Conseil représentatif des institutions juives de France), il a exprimé le souhait que « tous les enfants de CM^2 se voient confier la mémoire de l'un des 11.000 enfants français victimes de la Shoah ». J'ai appris cela en écoutant France-info. Idée détestable, folle, accablante, ai-je pensé aussitôt. J'étais impatient d'entendre la protestation des esprits sensés.

À ma consternation, les dirigeants de divers partis politiques approuvent, croyant plaire aux juifs. Enfin, une voix s'élève, celle de Simone Veil, « Inimaginable, insoutenable et injuste », s'écrie-t-elle : « Nous-mêmes, anciens déportés, avons eu beaucoup de difficultés, après la guerre, à parler de ce que nous avions vécu, même avec nos proches. Et aujourd'hui encore, nous essayons d'épargner nos enfants et nos petits enfants » (cité in *Le Figaro*, 16 et 17 février 2008). Je me retrouve dans ces paroles, où l'on discerne quelque chose du véritable amour, qui est ce dont les enfants ont besoin – et non qu'on les fasse vivre avec l'image d'un enfant de leur âge griffant de ses menottes le mur de la chambre à gaz. Il est heureux que la présidente de l'Association de la Maison d'Izieu (« Il est inconcevable de faire porter une mémoire individuelle à un enfant particulier »), la présidente du Centre d'Histoire de la Résistance et de la Déportation, CHRD (« Il ne faut pas culpabiliser nos enfants. Cette mémoire est trop lourde, même pour un adulte »), le président de l'Amicale d'Auschwitz-Birkenau du Rhône (« On ne peut pas charger un enfant d'un tel fardeau. Déjà lors d'un décès, on essaie normalement de les préserver »), et des secrétaires de syndicats d'enseignants, aient marqué beaucoup de réserves (d'après *Le Progrès* du 16 février 2008). Ma sœur Michèle, quant à cette idée de parrainage des enfants de la Shoah, pense que Sarkozy « ne se rend pas compte ». Mais le président persiste : « On ne traumatise pas les enfants en leur faisant cadeau de la mémoire d'un pays », a-t-il dit à Périgueux (*Le Figaro*, n° cité). Il « botte en touche », piteusement. Car il ne s'agit pas, M. le Président, de la « mémoire d'un pays » : un enfant gazé, ou brûlé vif, ou jeté vivant dans un puits, c'est beaucoup plus précis. Quel « cadeau » ! et quels rêves ! Et puis, pourquoi, comme les nazis, isoler les enfants juifs, les séparer de tous les enfants du monde – des enfants brûlés vifs à Oradour le 10 juin 1944, de ceux brûlés vifs au Kenya récemment, des enfants mourant de faim au Darfour, etc. ?

« Ne peut-on retenir l'idée de parrainage ? », me dit mon ami Jean-Claude. « Chaque enfant de CM^2 (si l'on s'en tient à cette classe) ne pourrait-il parrainer un enfant de la population du Quart-Monde, misérable et démunie ? Vous parrainez Nice et Sandrine au Burundi. Ne serait-il pas préférable qu'elles soient parrainées par des petites filles de leur âge ? » L'idée est tentante, je l'admets, mais ne risquerait-on pas de créer un terrible sentiment de frustration chez les enfants déshérités, par la conscience du contraste entre ce que d'autres enfants ont, et qu'ils n'ont pas ? Il faut ou changer réellement leur condition, ou ne pas leur donner la mesure de l'iniquité du monde.

❧

« *T*OUS LES HOMMES recherchent d'être heureux. Cela est sans exception », dit Pascal (*Pensées*, fr. 425 Br.). Voilà ce que l'on répète, que l'on rabâche, sans se soucier de le vérifier vraiment. Que l'on s'en tienne à l'observation de soi : on verra que l'on désire toutes sortes de choses, mais non « le bonheur ». Pascal veut pouvoir dire que « personne, *sans la foi*, n'est arrivé à ce point où tous visent continuellement » (*ibid.*). Il doit donc d'abord faire admettre qu'il y a, chez tous les hommes, un désir naturel de bonheur. Mais il ne peut l'affirmer que par réflexion, non par constatation : « Je n'écris ces lignes, et on ne les lit, que parce que je m'y procure plus et qu'on y trouve plus de satisfaction [qu'à autre chose] » (*ibid.*, n. 2). « Que parce que » : ce n'est donc pas observé, mais conclu. On présume que ce que l'on appelle « bonheur », ou « plaisir », est ce en vue de quoi (le *telos*) l'on fait tout ce que l'on fait. De sorte qu'ensuite, quoi qu'on fasse, on dit que c'est en vue de cette ultime fin. Pascal a rejoint Montaigne : « toutes les opinions du monde en sont là, que le plaisir est nostre but, quoy qu'elles en prennent divers moyens ; autrement on les chasserait d'arrivée [dès le début] » (*Essais*, I, XX, PUF, p. 81). Chacun accordera que son but, si but il y a, ne peut être que le bonheur ou le plaisir. Mais ce but supposé est implicite aux activités. Il ne correspond pas à l'expérience immédiate du désir, mais à une réflexion sur le désir : « Comment pourrait-on ne pas vouloir le bonheur ? On doit *donc*, quoi que l'on désire, ne désirer, au fond, que le bonheur, non son contraire. »

J'avais douze ans. Mon désir d'être admis au concours des bourses était aussi grand que l'était la crainte de l'échec. Je ne songeais aucunement à ce que serait ma joie si j'étais admis. J'avais quinze ans. Je sarclais ou je sarmentais dans les vignes de mon père. Accablé d'ennui, je ne faisais qu'attendre que sonne l'angélus de midi. Alors, quel soulagement ! – mais je ne l'anticipais pas. Professeur dans le secondaire, je désirais fort entrer à l'Université. En serais-je plus heureux ? Si je m'étais posé la question, j'aurais dû m'avouer mon incertitude. J'ai conté qu'un jour de décembre 1960 – j'avais déjà trente-huit ans –, j'ai failli connaître le grand bonheur. J'étais amoureux de Marie-Noële. Je l'avais ramenée à la Cité universitaire, et, dans la voiture, avant qu'elle ne me quitte, je désirais l'embrasser. Or, ma pensée n'allait qu'aux gestes que je ferais, nullement à ce que serait mon état d'esprit d'homme heureux, que je n'imaginais pas, et n'imagine toujours pas. Lorsque je suis allé en Grèce en 1986, je n'avais qu'un désir : voir le Parthénon. Mais la joie extrême que j'eus à le voir, soit de la terrasse de mon hôtel, soit du Lycabette, soit de la Pnyx ou de la colline des Muses, soit de l'Olympieion, du Stade ou du Parc National, cette joie, chaque fois nouvelle et variée, était inanticipable. Ce que j'avais désiré : voir le temple d'Athénée, non la joie elle-même – que je ne pouvais même pas imaginer. On parle du désir de bonheur. Comment pourrait-on désirer, comme si c'était un objet précis, ce dont on n'a qu'une idée très vague ? On désire beaucoup de choses dont on sait qu'elles ne nous rendront pas heureux – par exemple, aller à l'enterrement d'un proche, entrer en clinique pour une intervention –, et beaucoup d'autres qui, pense-t-on, nous rendront plus heureux –, comme d'aller à Katmandou, ou d'épouser Gilberte. Sera-t-on plus heureux ? On le pense, on se le figure, mais dans son immédiateté, le désir n'est que celui-ci : aller au Népal, épouser Gilberte. Émilie dessouche le terrain où sera sa plantation d'oliviers. Elle me dit : « Je suis heureuse quand le travail avance. » Elle travaille pour enlever les souches des arbres abattus, non pour être heureuse d'avoir fait cela, bien qu'elle le soit.

Sa mère Thétis le lui avait dit : Achille avait le choix entre deux « destins » : ou accomplir l'exploit qui lui vaudrait, sous les murs de Troie, une « gloire impérissable », ou vivre dans sa patrie une longue vie tranquille (*Iliade*, IX, 410-416). Il refuse le bonheur d'une vie paisible, mais sans gloire. Les « meilleurs » (*aristoi*) choisissent la gloire, dit Héraclite, tandis que « les nombreux » (*oi polloi*) sont « repus comme du bétail » (fr. 29 DK). Évariste Galois, Pouchkine, se sont battus en duel pour défendre leur « honneur », ou l'« honneur » de quelque autre personne : étaient-ils heureux, sur le champ, lorsqu'ils se firent tuer de bien sotte façon ? L'on voit, chez la Cléopâtre de Corneille, dans sa tragédie *Rodogune*, la passion du pouvoir pour lui-même, en l'absence de tout idéal, et cette passion aller jusqu'au crime, puisque la reine, pour conserver le trône, fait poignarder l'un de ses fils et veut empoisonner l'autre. Il serait ridicule de dire qu'elle cherchait ainsi son bonheur. On connaît *Colomba*, la nouvelle de Mérimée. Colomba a eu son père assassiné. Pourquoi dire que, songeant à la vengeance, elle n'a en vue que son bonheur ? On plaque, sur la diversité des choix de vie et des fins recherchées, une idée *a priori* – idée toute faite et passe-partout : quoi que l'homme désire, il ne désirerait, au fond, que son bonheur. En fait, les hommes s'engagent dans toutes sortes d'actions, où la mort et le malheur sont plus probables que leurs contraires – la guerre, la résistance armée, par exemple. L'homme « veut être heureux, et ne veut être qu'heureux », dit Pascal (fr. 169 Br.). En ce cas, Jean Moulin ou Jean Cavaillès ont pris un singulier détour. Mais je m'en tiens à ma modeste expérience. J'étais conscient que je n'aurais le grand bonheur que par l'amour. Cependant, j'ai préféré vouer ma vie à la recherche de la vérité, cela au détriment des joies de l'amour et du bonheur, non certes que la philosophie ne m'ait pas donné un certain bonheur, mais parfois ce fut tout le contraire.

Mais si le désir de bonheur n'est pas universel, reste que ce qui est expressément recherché peut bien être « le bonheur ». L'éthique commune du bonheur le place dans les *avoirs*, non dans l'*être* intérieur : avoir une bonne santé, une bonne situation, une belle maison, une famille unie. De plus, les gens ont conscience, à notre époque, de la nécessité d'un art de vivre : on mange moins et mieux, on boit moins, on fume moins, etc. Cependant, l'éthique commune est désarmée devant la perte des avoirs : maladie grave, perte de situation, rupture du lien familial, vieillesse, mort. Alors, l'individu malheureux a souvent recours à l'illusion religieuse.

Il peut aussi s'être fortifié intérieurement par la philosophie. Les philosophes conseillent d'abord de ne pas se compliquer la vie, si l'on veut être heureux – ce qui confirme le fait que ceux qui se compliquent la vie, par la poursuite de fausses valeurs, ne veulent pas vraiment être heureux. Épicure et Lucrèce condamnent la passion amoureuse, la recherche du pouvoir ou de la gloire. Montaigne condamne l'ambition, l'appétit de gloire, la recherche des honneurs, le dévouement excessif aux autres, tel qu'il l'a observé chez son père, maire de Bordeaux. De plus, le philosophe, par la sagesse, s'habitue à vivre détaché de ses avoirs et dans l'hypothèse où il perdrait tout – n'oubliant pas, du reste, qu'il perdra tout par la mort. La pensée de la mort instruit à se détourner de ce que l'on *a*, pour se tourner vers ce que l'on *est*.

J'AIME LES LETTRES de Julie, spontanées et pourtant réfléchies, sincères et pourtant laissant à deviner, qui sans avertissement ont passé du « vous » au « tu » (non sans revenir parfois au « vous »), et de l'amitié à l'affection, presque à la tendresse. Qu'elle soit si jeune et moi si âgé, cela nous laisse une immense liberté de tout dire. La lettre de sept pages que je reçois aujourd'hui, 21 février, est un commentaire de ma conférence, « La Voie certaine vers "Dieu" ». La voie à écarter est la voie rationnelle ; la voie à suivre est la voie de l'image. La première mène au Dieu-concept, qui – Julie l'accorde – est une fiction de la raison. Julie fait un rapprochement avec Kierkegaard. Mais si lui et moi mettons à bas toute théologie, il y a chez lui une sorte de théologie négative, alors que pour moi il n'y a pas de théologie du tout. De plus, j'ai condamné le rapport solitaire à Dieu comme relevant d'une infatuation de soi. Julie se demande surtout pourquoi l'on s'est tellement entêté à vouloir prouver l'existence de Dieu, toujours insatisfait par les preuves données, en imaginant d'autres. Voici sa réponse :

« Ne pas parvenir à démontrer l'existence de Dieu, c'est laisser entrevoir la possibilité de sa non-existence, et ainsi de devoir faire face à l'idée que nous ne flânerions [*sic*] pas au paradis après notre mort, et ne reverrions jamais nos proches décédés. Or, pour la plupart d'entre nous, cette idée est d'une tristesse effrayante. Je pense à ce qu'a dit Simone de Beauvoir à l'enterrement de Jean-Paul Sartre : "Nous ne nous reverrons pas là-bas." Ces paroles sont probablement très vraies, mais je les trouve un peu sordides. Imaginez : si toutes les oraisons funèbres étaient du même acabit ! Quelle angoisse ! En pareil cas, l'aveuglement ou, dit autrement, la croyance, est bénéfique – évitant aux ami(e)s et à la famille du défunt de sombrer dans une intolérable et épouvantable dépression. »

Julie aime énormément ses parents, sa sœur, ses ami(e)s. Elle ne verrait pas d'inconvénient à « flâner » avec eux dans les vertes prairies paradisiaques.

Dans la seconde partie de la conférence, je suis la voie de l'image. Jésus-Christ est « l'image (εἰκών) de Dieu ». Ce Dieu ne peut être qu'un Dieu d'amour. Mais dans cette expression, « Dieu d'amour », il n'y a de réel que l'amour. Quel amour ? L'amour inconditionnel du « prochain », c'est-à-dire de l'autrui quelconque, fût-il l'ennemi. Julie m'approuve et me taquine un peu :

« En ce qui concerne la voie de l'image, je n'ai qu'une chose à dire : vous auriez fait un très bon prêtre, cher Marcel ! [Je l'admets] Plus sérieusement, je trouve votre interprétation de la Bible et de son enseignement très belle, puisqu'elle se résume en un mot : l'amour. Mais la question est : les hommes sont-ils capables d'un tel amour ? Si l'on se penche sur l'histoire universelle, la réponse est non. La voie de l'image est peut-être impossible à prendre, car, bien que les hommes ne soient pas mauvais, ils ne sont pas en mesure d'aimer au sens fort et évangélique du terme, c'est-à-dire aussi bien son ennemi que son ami. En revanche, je tenais à te dire que je ne suis pas convaincue de la non-gratuité des actions bonnes. J'ai, en effet, réalisé qu'il m'arrivait souvent d'en accomplir. Le jour de la saint Valentin, j'ai appelé mon père dans la journée, en lui disant qu'il serait bon qu'il achète un bouquet de fleurs pour sa femme, ma mère. Celle-ci n'est absolument pas au courant de ce coup de fil. Elle ne le sera jamais, et j'en suis heureuse. Si j'ai agi de la sorte, c'est simplement pour faire plaisir à ma mère, qui aurait été peinée si elle n'avait rien reçu de mon père en ce fameux jour. Mon acte était donc purement gratuit. Ni remerciement, ni satisfaction personnelle. Gratuit. Même chose lorsque j'ai offert des places de cinéma à Fanny. Je n'attendais rien en retour. J'ai simplement été contente qu'elle le soit. J'ai fait, à quelques jours d'intervalle, des actions bonnes dénuées de tout intérêt. Non pas que je n'en eusse jamais fait auparavant, mais j'avais fait abstraction de cette capacité en moi. À force de jeter un regard noir sur l'humanité, je me suis incluse dans ce tout, et, de ce fait, je me suis dévalorisée. En m'ouvrant les yeux, Marcel, tu m'as permis, en quelque sorte, de prendre conscience que j'étais effectivement capable de vraie bonté. Je t'en remercie donc […] » [Est-ce à dire, Julie, qu'après avoir pris le parti d'André Comte-Sponville dans le débat que j'eus avec lui sur la bonté de l'être humain – *supra*, chap. LVI –, tu inclinerais à me donner raison ?]

Suivant en cela la méthode de Platon dans *Le Sophiste*, Julie et moi avons beaucoup débattu du genre « amour » et de ses espèces. Aussi achève-t-elle sa lettre en copiant pour moi un poème de Paul Géraldy, « Chance ». Géraldy, dit-elle, « perçoit l'amour-passion comme la femme romantique que je suis » :

[…]
Mon amour, imaginez-vous
tout ce que le sort doit permettre
pour qu'on soit là, qu'on s'aime et que ce soit nous ?
[…]

Je téléphone à Julie. Je la remercie de sa lettre et je lui explique pourquoi ce fut pour moi une chance de n'avoir pas eu cette chance-là. Car, si j'avais connu l'amour-passion partagé, je n'aurais pas écrit autant de livres.

« – Ne regrettes-tu rien ?

– Je ne regrette rien. Je ressens seulement une terrible frustration.

– Si tu revivais, quelle voie choisirais-tu ?

– Je choisirais la voie philosophique et ascétique, quoi qu'il en soit de ma frustration. Pour moi, être heureux est chose secondaire. Et je m'applique à mépriser le plaisir. »

❦

CLÉMENT ROSSET m'a toujours été sympathique. La photo que je vois de lui dans le n° 17 de *Philosophie magazine* (mars 2008) me conforte dans ce sentiment. Il semble un marin breton échappé d'un naufrage (n'est-il pas né, en Normandie, bien près de la Bretagne ?). À la sympathie s'ajoute l'estime pour la cohérence de sa pensée, la clarté de sa langue, sa très grande culture (plus littéraire que philosophique), la subtilité de son intelligence. Il représente dignement la non-philosophie : il thématise et authentifie la perception commune du réel, se séparant par là de la généralité des philosophes. Dans *Oisivetés* XIV, je demandais : Clément Rosset « est-il vraiment philosophe ? » – dès lors que son « réel » est le réel de tout le monde. Je rappelais qu'un philosophe se reconnaît à ceci qu'il pose la question : « Qu'est-ce que c'est qui est l'être (τί τὸ ὄν, Aristote, *Méta.*, Z, 1028b 4) ? » Dans l'« Avant-propos » de *L'École du réel* (Éd. de Minuit, 2008), Clément Rosset écrit : « Ma quête de ce que j'appelle le réel est très voisine de l'enquête sur l'être qui occupe les philosophes depuis les aurores de la philosophie. À cette différence près que presque tous les philosophes s'obstinent à marquer, tel naguère Heidegger, la différence entre l'être et la réalité commune, alors que je m'efforce pour ma part d'affirmer leur identité » (p. 7). « Presque tous les philosophes... » : Rosset est en accord avec les « Écossais » (Thomas Reid et ses disciples), lesquels s'en tiennent à la perception immédiate du réel.

« Les gens raisonnables savent très bien ce qui est réel et ce qui ne l'est pas », dit Éric Weil (*Essais et conférences*, Plon, 1970, t. I, p. 297). À eux s'opposent les philosophes qui posent, eux, la « question de la réalité » : qu'est-ce que le réel ? qu'est-ce qui est réel ? Or, Clément Rosset, comme tous les philosophes, dit ce qu'est pour lui le réel : non-philosophe en tant que se séparant de tous les autres ou presque, il est encore philosophe. On pourrait être tenté de reprendre à son égard l'objection que Socrate adresse à Ménon, dans le *Ménon* de Platon. « Que dis-tu, Ménon, qu'est la vertu ? » (71d), lui demande-t-il. Et Ménon d'expliquer en quoi consiste « la vertu d'un homme », puis « la vertu d'une femme », et « d'une fille », « d'un garçon », « d'un vieillard », etc. À quoi Socrate réplique : « Je ne cherche qu'une unique vertu, tu me présentes un essaim de vertus. » Lorsqu'il distingue trois sortes de réels – « un réel bienheureux avec lequel on s'accorde volontiers, un réel qui nous est indifférent, et, enfin, un réel insupportable qu'on cherche à fuir » (*Philosophie magazine*, n° cité, p. 59) –, Clément Rosset ne nous donne-t-il pas un « essaim de réels » ? Nullement, car il ne s'agit que des manières différentes dont nous réagissons au réel, non du réel lui-même, lequel n'est rien d'autre que ce qui se donne immédiatement.

Mais « ce qui se donne immédiatement n'est pas réel, ni pour Platon, ni pour le positiviste ou le sceptique », dit Weil (*op. cit.*, p. 299). Propos que Rosset — isolant la première partie de la phrase — juge « insensé » (*L'École du réel*, p. 207). C'est là être sévère envers celui qui fut son collègue à Nice, et dont Yvon Belaval disait : « Weil : un sage, le seul sage que j'aie rencontré parmi les philosophes » (*Kant-Studien* 69, « Éric Weil, 1904-1977 »). Weil avait opéré, dans ses dernières années, un retour de Hegel vers Kant. Aussi Clément Rosset a-t-il Kant en ligne de mire, dénonçant son « délire » : « L'un des philosophes les plus déli-rants est Emmanuel Kant, qui a l'aplomb d'affirmer que le temps et l'espace n'existaient pas en dehors de notre cerveau, que la réalité elle-même n'était que le fruit de nos représenta-tions. Le kantisme n'est rien moins qu'une folie qui a conta-miné l'université française depuis la fin du XIXe siècle » (*Philosophie magazine*, n° cité, p. 58). En fait, chez Kant, il n'est pas question du « cerveau », mais de l'entendement, sans lequel et sans l'unité qu'il leur apporte, l'espace et le temps n'ont pas de réalité (pour autant qu'une chose réelle n'est pas un pur divers, mais a son unité en soi) — thèse, je l'accorde, insoutenable, étant contre-dite, entre autre chose, par l'expérience de l'indépendance du temps (cf. mon *Orientation philosophique*, PuF, p. 136 et 138, n. 11). Quant à la réalité, ce que dit Rosset ne vaut que pour l'objet empirique, alors que, pour Kant, la réalité essentielle est celle de l'esprit.

Écartant l'idéalisme kantien, Rosset ne peut que rejeter « l'aberration métaphysique de Platon, qui préfère les idées aux choses » (*op. cit.*, p. 60). Pourtant, que fait d'autre Rosset lui-même, qui, plutôt que de se borner à boire, manger et dormir, écrit des livres où il développe ses idées ? Or, il ne peut soute-nir ni qu'il n'a pas d'idées, car, en ce cas, les mots dont il use n'auraient pas de sens, ni que le mode d'être des idées est le même que celui de la réalité sensible. Certes, les idées qui don-nent sens aux mots du langage n'ont rien à voir avec les Idéessubstances, éternelles et immuables, de Platon. Et il faut admettre qu'elles s'offrent immédiatement à l'esprit : « J'entends par le nom d'idée cette forme de toute pensée, par la perception immédiate de laquelle j'ai conscience de cette pensée même », dit Descartes. Mais bien que l'idée et l'objet sensible s'offrent, l'un et l'autre, immédiatement comme réels, il s'agit de deux sortes de réalités. Prenons, dit Rosset, comme exemple d'objet sensible, le camembert : « Dès que je l'ai reconnu comme camembert, je l'ai identifié comme incomparable », car je ne peux rien dire de sa saveur, si ce n'est qu'elle est différente de toute autre saveur. Ainsi, ajoute notre « réaliste radical », l'on reste « coi et sec à l'égard du réel en général, dès lors qu'on entreprend d'en décrire le caractère majeur, je veux dire la singularité » (*L'École du réel*, p. 112). Considérons maintenant l'idée de camembert. Dirai-je que je ne peux rien dire de l'idée de camembert, sinon qu'elle est différente de toute autre idée de camembert ? Évidemment non, puisqu'elle n'en est justement pas différente. Ainsi, la restriction, par Rosset, du réel à la réalité sensible, suppose un réalisme qui ne se pense pas lui-même ; mais un philosophe doit penser sa propre pensée.

Opposé à Platon, comment Rosset ne le serait-il pas à Parménide ? Or, ici, grosse surprise : l'être de Parménide ne serait rien d'autre que le réel au sens de Rosset ! « ce qui existe existe, ce qui n'existe pas n'existe pas », et « tu ne forceras jamais ce qui n'existe pas à exister » : ces mots de Parménide [mais je ne puis accepter la traduction de εἶναι par « exister »] enferment, selon Rosset, la vérité définitive sur l'existence – ou sur l'être, ou sur la réalité, car tous ces mots sont pour lui synonymes (*op. cit.*, p. 254). On est, ou on n'est pas. On n'est pas à moitié. On n'accordera pas à Platon qu'« il faut que ce qui n'existe pas existe en quelque façon » : la chaise *est* la chaise et *n'est pas* la table, certes, mais cela n'autorise pas à accorder une quelconque existence au non-être. Les caractères de l'être, tels que les analyse le fragment 8 (DK) du *Poème*, sont les caractères de toute existence, dès lors que celle-ci est présente : « La réalité du café est celle de celui que je bois en ce moment » (p. 260). Le café que je bois est réel ici et maintenant, ni ailleurs, ni avant, ni après. La réalité sensible ne va pas sans paramètres spatio-temporels : il lui appartient d'être « bornée, selon le temps, par les limites du passé et du futur ; selon l'espace, par les limites de l'ailleurs » (p. 271-272). Or, que dit Parménide ? Que « ce qui est est sans passé ni futur et "existe *maintenant*" (*nun esti*) » (p. 260). Le caractère de l'être parménidien d'être « indépendant du passé et du futur », et « inaltérable, inengendré, impérissable, immobile », appartient à l'existence présente, à la réalité commune.

Une pareille interprétation – tout à fait paradoxale – du fameux *Poème* est évidemment inacceptable. Je bois mon café. Tel est mon présent. Mais il n'y a pas de coupure nette entre le passé et le présent, le présent et le futur. Et comment soutenir que ce qui, bien plus qu'un être, est un événement, n'est pas soumis « à l'altération, au passé, au devenir » ? Ce serait, en ce cas, « une réalité *irréelle* », dit Rosset (*ibid.*). Où l'on voit qu'il fige le réel. On regarde un film. On fait une pause. Les personnages, ce qu'ils font, tout se fige. C'est ainsi que Rosset voit le monde. Il oublie Héraclite. Mais Parménide ne l'avait pas oublié. Le premier geste de Parménide consiste même en une « radicalisation » de la pensée d'Héraclite. Elle ne supprime pas la notion même de « monde », si essentielle pour l'Éphésien, mais elle fait naître et mourir le monde lui-même, de façon que non seulement toutes choses sensibles, mais leur organisation en monde, leur être-monde, soient entraînés dans le flux héraclitéen. Quant à la seconde « radicalisation », elle consiste en ceci que la pensée parménidienne vise à se fonder dans une éternité plus incontestable que celle consentie au monde par Héraclite, car se tenant dans un « maintenant » (νῦν, 8. 5) qui n'est plus le maintenant temporel, qui est éternel, au lieu de n'être rien de plus que la durée sempiternelle du temps (cf. mon *Parménide*, PuF, « Présentation », p. 30).

Il y a du sucre sur la table. Selon Rosset, l'être de Parménide est le morceau de sucre. Faux. L'être de Parménide est le *il y a*. Rosset, qui entend prendre ses distances à l'égard de l'interprétation traditionnelle, a été victime de cette même interprétation traditionnelle, en traduisant ἔστιν (fr. 8. 2) par « il est », au lieu de « il y a » :

> *De voie pour la parole*
> *Ne reste que* il y a. *Sur cette voie, les signes sont nombreux :*
> *Qu'étant inengendré, il est aussi impérissable,*
> *entier, unique, inébranlable et sans terme.*

On pourra toujours dire qu'*il y a…* quelque chose – mais ce ne sera jamais la même chose. Essentielle donc est la distinction entre *il y a* et *ce* qu'il y a – distinction que Rosset dit refuser, du moins sous sa forme habituelle où l'on oppose l'« être » et l'« étant ».

Limitons-nous au réel tel que l'entend Clément Rosset. Qu'est-ce qui le caractérise ? « Chaque objet est singulier et il est impossible de décrire sa singularité. Je peux comparer le camembert et le livarot ou le pont-l'évêque, mais dire ce qu'il est en lui-même, décrire sa saveur particulière, j'en suis incapable. Le camembert est à lui-même son propre patron » (*Philosophie magazine*, n° cité, p. 58). Chaque objet réel est « comparable seulement à lui-même » : « il n'y a pas deux brins d'herbe semblables. » Mais qu'en est-il des objets techniques ? Rosset prend comme exemples le camembert, le brin d'herbe. Pourquoi pas le cachet d'aspirine – qui est pourtant un « objet réel » ? De plus, la singularité ne suffit nullement à définir le réel. On la trouve, en effet, affirmée dans des philosophies qui ont des conceptions du réel tout autres que celle de Rosset. À la cour de Hanovre, Leibniz, ami de la princesse Sophie, défiait les courtisans de lui trouver, dans le parc du château, deux feuilles absolument semblables. Pas plus qu'un poète ne fait deux fois le même sonnet, Dieu ne saurait créer deux fois le même être. Il n'y a pas de raison pour refaire ce que l'on a fait. De là, chez Leibniz, le principe des indiscernables : il n'y a pas, dans la nature, deux êtres – deux feuilles d'arbre, deux grains de sable… – parfaitement semblables. Or, cela, les Grecs l'avaient dit depuis longtemps. Pour les Stoïciens, deux individus ne sauraient être identiques, chaque être ayant son ἰδίως ποιόν, sa caractéristique permanente, qui lui assure une originalité irréductible. Montaigne (*Essais*, III, XIII, PUF, p. 1065) nous rappelle un passage des *Académiques* de Cicéron : « La ressemblance entre les œufs est passée en proverbe. Pourtant, nous savons qu'il y a eu à Délos, avant sa ruine, des gens qui faisaient commerce de nourrir un grand nombre de poules, et, en examinant un œuf, ils pouvaient dire quelle poule l'avait pondu » (II, XVIII). De plus, Montaigne répondrait à l'objection tirée de la similitude des objets techniques : « La dissimilitude s'ingere d'elle mesme en nos ouvrages ; nul art peut arriver à la similitude. Ny Perrozet ny autre ne peut si soigneusement polir et blanchir l'envers de ses cartes qu'aucuns joueurs ne les distinguent, à les voyr seulement couler par les mains d'un autre. La ressemblance ne faict pas tant un comme la difference faict autre. » Or, tant Leibniz que les Stoïciens ou Montaigne se gardent d'en rester au réalisme vulgaire de Clément Rosset.

« Il m'est impossible de savoir si j'existe, ni si je n'existe pas », disait Mme Guyon (citée par Schopenhauer, *Le Monde...*, t. I, § 68). Nathaniel Hawthorne se sentait « un rêve et non quelqu'un de vrai ». Montaigne est « en doute si la vie que nous vivons est vie, ou si c'est ce que nous appelons mort, qui soit vie » (II, XII, PuF, p. 526). Descartes se demande si nous ne rêvons pas toujours, et fait la supposition que ce soit le cas. Clément Rosset lui-même, rappelant le mot de Lucrèce, « le masque arraché, la réalité demeure » (*De Rerum natura*, III, 58), ajoute : « Encore faut-il, évidemment, que demeure quelque chose » (*L'École du réel*, p. 462), ce qui implique que l'on peut se poser la question. Il n'y a peut-être que des apparences sans rien derrière, comme l'enseigne Pyrrhon (selon mon interprétation – que Rosset évoque, p. 463), ou peut-être se peut-il que les idées seules soient réelles : « L'arbre n'est pas réel ; seule est réelle l'idée d'arbre » (p. 464-465). Dès lors, Clément Rosset en vient à convenir : 1) que « rien n'est plus ambigu que cette notion de réel, qui se laisse si facilement entendre en des sens diamétralement opposés » (p. 465) ; 2) qu'il a été « insuffisamment explicite sur la définition – ou plutôt l'absence de définition – du réel » (p. 466). Que signifie cela ? Simplement que Rosset émerge de la non-philosophie. Il en vient à la philosophie. Car la question du philosophe est bien : qu'en est-il du réel ? Qu'est-ce qui est vraiment réel (ὄντως ὄν) ? Qu'est-ce qui mérite d'être dit « réel » ? Telle est, dit autrement, la « question de l'être », bien mieux et plus clairement posée par Montaigne que par Heidegger : « Pourquoy prenons nous titre d'estre, de cet instant qui n'est qu'une eloise dans le cours infini d'une nuiĉt eternelle, et une interruption si briefve de nostre perpetuelle et naturelle condition ? » (II, XII, PuF, p. 526).

❧

*H*UIT JOURS APRÈS celle dont j'ai parlé au chapitre LXI, je reçois une nouvelle lettre de Julie, de six grandes pages, toujours sans alinéa. À mon choix de vie, inspiré par ma vocation à ne jouir ni n'agir, mais seulement à penser et à philosopher, elle oppose le sien, qui seul s'accorde avec son goût de la vie – d'une vie vécue avec les autres dans la joie partagée. Je suis si présent dans sa lettre que, pour être présent dans ce chapitre, il me suffit de la reproduire ici. Julie parle d'elle et de moi indissociablement, nous éclairant l'un par l'autre. Par son amicale opposition, je la sens proche de moi jusque dans sa proximité à elle-même.

> « [...] Tu avais eu la gentillesse, il y a quelques années, de m'offrir *La Mort et la pensée*, publié aux Éditions de Mégare. Lorsque je l'ai étudié (car tout livre de philosophie, selon moi, ne se "lit" pas, mais s'étudie), son idée principale, l'indissociabilité de la pensée et de la mort, était déjà la mienne. Or, jusqu'à ce que ce livre se retrouve entre mes mains, je commençais à vouloir me défaire de cette idée, à en douter, car certaines personnes appartenant à mon "entourage philosophique", mais aussi et surtout

certains philosophes admirables (Spinoza, Nietzsche) tentaient de me convaincre de ce qu'ils considéraient comme une erreur. Mon "obsession" de la mort, et mon incompréhension à l'égard de ceux qui affirment ne pas penser à la mort, voire, je dois bien l'avouer, mon "mépris" à leur égard, me pesaient. Étais-je un esprit "malade", sinistre, glauque ? M'intéressais-je vraiment à l'essentiel ? À force de passer mon temps à m'interroger sur la mort, à tout relier à elle, ne me trompais-je pas de voie ? Finalement, tout en tentant de ne pas faire de la mort ma seule idée fixe, j'ai tenu bon, c'est-à-dire que j'ai assumé clairement mon intérêt majeur pour ce sujet – qui, par là même, n'est pas, à mes yeux, un non-sujet –, et cela grâce, majoritairement, à la lecture de ton livre. De ce fait, je te remercie. Lorsque tu m'as envoyé la nouvelle édition de *La Mort et la pensée*, je me suis penchée sur la Préface, laquelle est inédite. Un passage a particulièrement attiré mon attention. Tu parles de ton choix de mener une vie prudente, laquelle te permet de mettre toutes les chances de ton côté afin de mourir de façon naturelle, et donc de "jouir" de la vieillesse. Ton âge est la preuve de la réussite de ta méthode. Néanmoins, tu restes chanceux, parce que tu aurais pu être la victime d'un accident ménager mortel (fuite de gaz dans ta maison, etc.). De plus, vivre en "ermite", loin des dangers que représentent les autres (les fumeurs, par exemple) et les objets (avion, voiture), ne t'a pas épargné la douloureuse épreuve du cancer, nonobstant ton existence saine. C'est d'ailleurs ce qui est terrible dans la mort. Elle frappe au hasard le téméraire et le prudent, l'hédoniste et l'ascète... Elle est profondément injuste, dénuée de sens (je pense, notamment, à la mort subite du nourrisson). En sortant acheter mon pain, il est possible que je me fasse renverser par un chauffard. Par conséquent, essayer d'évaluer, à l'excès, les risques mortels que nous encourons me paraît vain, car notre impuissance à gouverner les événements aura, face à notre prudence, le dernier mot. Le trépas peut arriver à tout instant, que nous l'ayons provoqué ou non. Il faut s'efforcer de vivre avec cette épée de Damoclès, pour qu'elle ne parvienne pas à nous paralyser. "Jouer" avec ou contre la mort est une partie perdue d'avance. Nous devons penser à celle-ci, évidemment, mais sans pour autant que la possibilité permanente de mourir parasite chacun de nos choix, et nous pousse à la passivité et à l'inaction. Cependant, je comprends ta décision de mener ton existence loin de ce que tu considères comme des risques inutiles, dès lors que tu t'es fixé comme mission de créer ta propre philosophie, et que, par là même, tu te dois d'avoir une vie longue. Je te comprends donc, mais ne peux te suivre, notamment parce que je ne me donne pas comme "tâche existentielle" de produire une œuvre, car je ne crois pas en avoir la capacité intellectuelle. Si j'avais eu tes aptitudes, j'aurais peut-être opté pour le même type d'existence que la tienne. Mais, lorsque je songe à ma soif d'aventures, et mon besoin de la présence des autres, mon envie de nouveauté, mon désir d'expérimentation, mon addiction à des plaisirs nocifs (le vin, les clopes), j'en viens à penser que, même si j'avais eu du "génie", et, ainsi, le devoir de ne pas le "gâcher" en me détournant de la création, je n'aurais pas voulu en faire le deuil. En outre, contrairement à toi et à Lao-tseu [cf. *Tao Te king*, chap. XLVII], je ne suis pas convaincue que l'on puisse véritablement savoir les choses "de loin", sans en faire l'expérience. Je trouve toute connaissance abstraite un peu suspecte, parce que, comme son nom l'indique, détachée du réel, du concret. Un savoir objectif peut sembler juste, convaincant, logique, vrai, et pourtant ne correspondre aucunement à la réalité. Je ne saisis pas non plus comment, toi et d'autres philosophes de renom, pouvez vous intéresser à une multitude de sujets sans ressentir la nécessité de les mettre à l'épreuve dans votre vie personnelle. D'autant plus que certaines vérités doivent être soumises à l'existence concrète, pour les prouver ou les réfuter. Et puis, n'est-il pas frustrant de se contenter de penser les choses, non de les vivre ? Un jour, pour contrecarrer Kierkegaard, tu m'as dit que l'on pouvait très bien parler d'amour-passion, sans jamais avoir éprouvé un tel sentiment. Or, lors de l'un de nos derniers appels téléphoniques, je t'ai parlé de la non-durée de cet amour, lequel s'évapore avec la disparition du désir sexuel, qui meurt assez rapidement. Tu m'as alors répondu que, sur ce point, n'ayant jamais vécu une relation passionnelle et réciproque suffisamment longue, tu ne pouvais pas émettre un avis. J'en conclus qu'il est essentiel, quand on part à la recherche du vrai, d'allier abstraction et concrétisation.

Finalement, pour la plupart d'entre nous, êtres simples et ordinaires, la prudence ne peut être le maître mot de nos vies sans que l'on risque de passer à côté d'elles. Pour nous autres, à quoi bon se vouloir sérieux à tout prix ? Ta propre prudence, Marcel, est constructive, fertile, car elle t'a permis de te donner corps et âme à ta vocation. La mienne serait, *a contrario*, stérile, puisque je n'ai pas l'ambition de faire progresser l'humanité en quelque domaine que ce soit, à cause de mes limites intellectuelles. Je mourrai dans l'anonymat le plus complet. Les hommes du futur ne se souviendront pas de moi. Ainsi, pour donner un sens à mon existence, je ne vois qu'une solution : voyager, découvrir la nature dans son infinie beauté, rencontrer des gens différents et apprendre d'eux, je ne rêve que de cela ! En attendant d'être financièrement à l'aise pour accomplir ce rêve, j'essaye de profiter au maximum de la vie, en jouissant allègrement des plaisirs qu'elle offre. C'est pourquoi je suis une adepte des bons repas, des apéritifs qui durent des heures, pendant lesquels, en charmante compagnie, et buvant plus que de raison, on refait le monde ; des baisers échangés avec l'être aimé… À ce sujet, je me réfère souvent à l'histoire suivante. Un patient demande à son médecin : "Docteur, je ne bois plus, je ne fume plus, je ne fais plus l'amour : vais-je vivre plus longtemps ?" Le médecin répond alors : "Je ne sais pas, mais ce qui est sûr, c'est que vous allez trouver le temps plus long !" En plus de trouver cette fiction amusante, elle me semble assez juste, parce qu'elle met implicitement en évidence le fait que l'intérêt, la richesse d'une existence et le bonheur qu'elle offre, ne se mesurent pas au nombre d'années vécues. On peut alors se demander s'il n'est pas préférable de vivre moins longtemps, mais plus intensément. Pour conforter ce point de vue, je garde à l'esprit l'histoire d'Adrien, un ami du frère de mon compagnon, lequel est décédé à trente ans, pour des raisons qui me sont obscures, en Inde, il y a quelques années. Ce garçon était un aventurier dans l'âme. Il passait six mois de l'année à travailler pour pouvoir financer ses voyages les six mois suivants. Lors de son enterrement, j'écoutais les personnes présentes. Toutes disaient, et par là même réalisaient, qu'il avait eu une existence beaucoup plus "dense" que d'autres qui meurent au double ou au triple de son âge.

Qu'importe la durée, pourvu qu'on ait l'intensité ! Une leçon de vie à laquelle j'adhère, en raison, peut-être, de ma jeunesse [...]. »

Julie oppose la longue vie prudente et la vie brève, mais ardente : deux « types d'existence », dit-elle, dont elle m'attribue le premier et se réserve le second. Cette analyse est juste. Je me reconnais dans ce que Julie dit de moi. J'admets que l'intensité de vie et le grand bonheur sont liés à l'amour-passion partagé, et j'avoue n'en avoir aucune expérience – pas même du baiser des amoureux. Cette ignorance de la passion, et des joies qu'elle donne si elle est réciproque, ne vient pas de ce que les occasions de céder à la beauté et au charme m'auraient manqué, car, au contraire, j'en eus beaucoup : elle procède, comme Julie le discerne parfaitement, d'une *décision* de vouer ma vie exclusivement à la recherche de la vérité, et de dédaigner le bonheur. Freud dirait peut-être que l'instinct du moi brimait le désir sexuel. Mais je vous demande pardon, jeunes femmes, qui m'avez adressé des signes clairs que je n'ai pas voulu comprendre. Je ne vous ai pas oubliées. Et parce que je me suis refusé le bonheur, la frustration demeure.

Cependant, je suis tenté par une autre opposition que celle développée par Julie : celle entre la vie répétitive, qui est une sorte de mort, et la vie créatrice, qui, seule, est vie vivante. « Héraclite ôta de la totalité des choses le repos et l'arrêt, car cet état ne convient qu'aux morts », dit Aétius (I, 23, 7). Les morts « reposent » : par eux rien n'arrive et plus rien ne leur arrive. La vie est changement ; celui qui ne change plus meurt. Tout ce qui vit vit en accord avec ce qui est l'essence même du monde, le « Feu toujours vivant » (πῦρ ἀείζωον, fr. 30 DK). Pourtant, Héraclite dit aussi que le Feu, « en se transformant reste en repos » (fr. 84a DK). C'est que la vie du monde a un caractère cyclique, et les cycles impliquent similitude. Le Feu se change – s'éteint – en mer, s'éteint davantage en terre, mais suivant le chemin inverse il redevient ce qu'il était (fr. 31 DK). Sur toutes choses plane la loi des saisons. Le mot *hôra* (ὥρα), « saison », enveloppe l'idée de période, de cycle, de répétition, et donc de repos dans le changement – même si cette répétition n'est pas à l'identique, car rien n'a lieu deux fois. Or, si la vie est toujours changement, celui-ci n'est pas nécessairement répétitif, il peut être créateur. Il est répétitif dans la nature ou dans une vie d'homme soumise aux rythmes naturels ou habituels ; il est créateur chez celui qui se renouvelle sans cesse dans ce qu'il fait. Si j'en étais resté à la vie de paysan qui était celle de mon père, avec les semailles, les fenaisons, les vendanges revenant chaque année, je n'aurais eu qu'une vie répétitive, fastidieuse, quoi qu'il en soit des menues variations d'une saison à l'autre. Mais si en tant qu'enseignant, j'ai connu le côté répétitif et harassant de la vie, ce qui a été l'essentiel et m'a fait une vie vivante et même pleine d'allégresse, a été le côté par lequel j'ai innové dans les champs de l'intelligence, ne me contentant pas des chemins tracés, mais les traçant à nouveau, ou traçant de nouveaux chemins. Qu'il s'agisse de mes études portant sur les auteurs, ou de celles portant sur les sujets principaux de la philosophie, j'ai fait un travail peu ou prou dissemblable de tout autre, personnel, par lequel je me suis véritablement exprimé. Or, la personnalité peut-elle s'exprimer autant dans la vie « intense » que nous décrit Julie, que dans une œuvre d'art ou de philosophie ? Évidemment non. Un « bon repas entre amis » ressemble à un bon repas entre amis, un « amour-passion » ressemble à un autre, le « baiser échangé avec l'être aimé » ressemble au précédent. De là, fréquemment, le désir d'autre chose. On aspire à de nouveaux amis, de nouveaux amours,

des voyages et aller en Inde. Mais ce ne sont là que change-
ments de surface. La frustration est au cœur de la personne, car
ce n'est pas dans les plaisirs que celle-ci peut s'exprimer, mais
seulement dans l'œuvre. Et l'œuvre est création, non répétition. Celle-ci, selon Freud et Héraclite, a quelque affinité avec
la mort ; mais la création, avec la vie.

« La France, c'est quelque chose qui existe
pour moi. Il m'est désagréable d'être contre
mon pays. »

Jean-Paul Sartre

« Si je devais militer pour l'Europe, ce serait pour une
Europe des régions », m'écrit mon amie Françoise. Elle me sait
favorable à une Europe « des nations ». Or, d'un point de vue
historique, la nation est quelque chose de récent par rapport
aux régions, qui, si l'on songe aux anciennes provinces, remon-
tent à l'Ancien Régime et plus haut encore.

Il faut « prendre conscience du caractère foncièrement
historique de l'idée nationaliste ». Oui. Mais la morale des droits
de l'homme a aussi un « caractère foncièrement historique ».
Elle n'en a pas moins une valeur en soi. Que l'idée de nation
soit une création de l'histoire n'en entache pas la valeur. Qu'est-
ce, essentiellement, qu'une nation ? Une fois que l'on a dit
cela, on a défini une forme possible de communauté politique,
c'est-à-dire une sorte de conception ou de modèle du vivre-

ensemble qui vaut en soi. Platon, d'ordinaire, oppose de façon radicale la « génération » (γένεσις) et l'« essence » (οὐσία). Pourtant, il parle d'une γένεσις εἰς οὐσίαν (*Philèbe*, 26d), d'une génération qui a pour terme une *ousia*. S'agissant de l'idée de nation, le mot « génération » ne renvoie pas, en premier lieu, à un processus historique, mais à une idéation, c'est-à-dire à un processus mental de formation d'une idée (cf. *Vocabulaire* de Lalande). Ce processus est tout à fait comparable à celui qui a lieu dans l'esprit d'un mathématicien qui en vient à concevoir une nouvelle figure, ou construction, ou fonction, ou méthode, ou problème, ou géométrie – par exemple, Pascal concevant son fameux « triangle », ou son père Étienne, son non moins fameux « limaçon ». Or, les objets mathématiques ont leur valeur en eux-mêmes, reconnue par tous les mathématiciens, quoi qu'il en soit de l'idéation qui les a produits. Il en va de même pour l'idée de nation.

La France est-elle, comme me l'écrit Françoise, le « foyer natal » de cette idée ? Il ne le semble pas. Cet honneur revient plutôt à la Corse, et à Pascal Paoli qui, entre 1755 et 1769, forgea la « Nation corse ». Car, lorsque les Constituants déclarent que « le principe de toute souveraineté réside essentiellement dans la nation » (*Déclaration des droits de l'homme de 1789*, art. 3), lorsque, le 20 septembre 1792, au moulin de Valmy, les soldats de Kellermann, mettant les chapeaux au bout des baïonnettes, emplissent l'air de cris « Vive la nation ! », l'idée de nation est déjà là. Elle est venue de Corse. Au début de son « généralat », en 1757, Paoli envoie au roi de France un émissaire « en qualité de délégué de la Nation (*in qualità d'Inviato della Nazione*) ». Tout en offrant au roi la suzeraineté de la Corse (ce qui la délivrerait de la domination génoise), il marque sa volonté de préserver les « droits de la Nation » (M.-Th. Avon-Soletti, *Essai sur la constitution de la Corse*,

« La Marge édition », 1999, vol. II, p. 951). Quelques années plus tard, le général « a réussi à bâtir une Nation fondée sur un territoire, une population et des organes constitutionnels et institutionnels » (*ibid.*, vol. I, p. 262). La Nation, à ses yeux, ne va pas sans la démocratie comme l'entendent les Corses, c'est-à-dire non comme un combat dont sort vainqueur le camp majoritaire, mais comme impliquant « une représentation de tout l'éventail politique qui donne l'image la plus exacte possible de la Nation » (*Ibid.*, p. 454). Car, pour Paoli, la condition de l'éclosion d'une nation est le consensus populaire. Ce consensus, il l'a obtenu par un travail d'explication acharné. Il a dû avoir raison d'Antoine Colonna de Bozzi, qui voulait gouverner la Corse du Sud, et mener une guerre séparée contre Gênes ; de la sœur d'Antoine, Bianca Rossi, qui affichait son adhésion au parti français, et sa volonté de voir la Corse devenir française ; des séparatistes qui voulaient l'union de leurs provinces avec Gênes ; de ceux qui, habitants du *Delà* (d'au-delà des Monts), ne pouvaient accepter d'être gouvernés par quelqu'un du *Deçà* (Paoli est né à Morosaglia, au nord-est de Corte) ; d'Emmanuel Matra, qui s'était fait nommer « général », et qui, avec sa nombreuse clientèle, obligea Paoli à une véritable guerre civile. Cependant, Pascal Paoli parvint à ses fins, et, en 1768, après que Gênes eut cédé la Corse à la France, la mobilisation fut massive, des contingents du *Delà* se joignant à ceux du *Deçà*, dans un grand enthousiasme collectif. Paoli ne manqua pas non plus de se faire reconnaître par les États, lui et la Nation corse. Dans sa lettre du 21 mai 1765, le duc de Choiseul, secrétaire d'État, assure le « Général de Paoli » que Sa Majesté, en envoyant des troupes dans l'Isle, ne cherche qu'à « procurer à la Nation corse, sous sa garantie, la tranquillité et la liberté qu'elle désire », et l'expression « Nation corse » revient cinq fois dans la lettre. On la trouve, ensuite, aussi bien dans la lettre de Choiseul à Paoli du 23 mars 1767, que dans le Mémoire du gouverneur génois à « Messieurs les Corses » du 6 septembre 1766, ou dans le « Plan génois proposé au roi de France », du 3 mars 1768. Paoli a réalisé ce qu'il voulait : l'unité de la Nation dans la diversité de ses composantes, et obtenu la reconnaissance internationale. Mais le 8 mai 1769, il perdit la bataille de Ponte-Nuovo contre les Français. Cet échec mit fin à la guerre d'indépendance, et le condamna à l'exil.

Je conçois une Europe des nations où la Nation corse aurait sa place. Françoise ne veut qu'une Europe des régions. Mais la région n'a pas l'autonomie d'un État, alors que la nation a sa forme de gouvernement, qui est l'État démocratique. C'est par le consensus démocratique, que la notion d'unité nationale prend un sens réel et vivant. À certaines heures critiques, une immense émotion collective traverse toute la nation. Ainsi en 1792, ou en 1794, avec les soldats de l'an II, en 1871 avec les armées de la République, en août 1914, au jour fatal de la plus absurde des guerres et de la moins évitable, et le 11 novembre 1918, ou le 26 août 1944, lorsque le général de Gaulle descend les Champs-Élysées dans Paris libéré. La nation vibre ; une région ne vibre pas. La nation est une grande chose. La région est une petite chose : que sont le Limousin, l'Auvergne, la Bretagne, sans la France ? Une région où l'on a un véritable vivre-ensemble, comme la Catalogne, l'Écosse, rêve d'être une nation et de se gouverner elle-même. Je suis natif de la Corrèze, qui, avec la Creuse et la Haute-Vienne, forme la région du Limousin. Il ne me viendrait pas à l'esprit de me dire « limousin ». Cela me semblerait ridicule. Si mon pays s'était limité au Limousin, j'aurais étouffé. Dans ma famille, on ne parlait que de Paris. Ma grand-mère maternelle et son mari, Michel, y avaient travaillé, ma mère y était née, mon père et ma mère y avaient eu leur bref voyage de noces (ils n'eussent pu l'imaginer ailleurs), mes oncles y avaient leur métier. Moi-même n'ai eu de cesse que de pouvoir aller faire mes études supérieures à la Sorbonne. Ni Clermont, ni Limoges, ni Bordeaux ne comptaient. Loin de tout particularisme provincial – « local » ou « régional » –, mon esprit a toujours eu un ancrage national, ennemi pourtant de tout nationalisme borné, car ne pouvant concevoir la France, dans son essence idéale, que comme ouverte à l'universel.

❧

$\mathcal{L}$E MOT « TERRORISTE » date de la Révolution française. Les « terroristes » sont les « massacreurs » (ou « égorgeurs », ou « septembriseurs », ou « travailleurs ») des prisonniers de la Conciergerie, de l'Abbaye, des Carmes, etc., entre le 2 et le 5 septembre 1792. Cet événement se situe avant le régime proprement dit de la Terreur, lequel suit la chute des Girondins (2 juin 1793). Après le 9 thermidor, une enquête instruite par une commission dite commission des Cinq, fit la lumière sur les auteurs, et, dans une certaine mesure, sur les responsables du massacre. Le rapport de cette commission, signé Lambinet, date du 30 germinal an III (avril 1795). Le citoyen Bereyter est « prévenu d'être un terroriste décidé et l'un des membres de la section pendant le règne du terrorisme » ; le citoyen Martin est « prévenu d'avoir été au nombre des assassins et d'être un fameux terroriste » ; le citoyen Paillet est « prévenu d'être un terroriste prononcé » ; Arnichard est « prévenu d'être un partisan des terroristes » ; quant à Barbeau, il n'est prévenu que d'être un « anarchiste » – mot qui, lui aussi, date de la Révolution (d'après Horace de Viel-Castel, *Les « Travailleurs » de septembre 1792*, Paris, Dentu, 1862). Le rapport, datant de 1795, ne permet pas de dire si le mot « terroriste » était déjà en usage trois ans plus tôt, au moment des faits qu'il désigne.

Qui furent les premiers terroristes ? Jules Michelet, qui a eu connaissance du rapport Lambinet, note que ce rapport « désigne uniquement des gens établis, sur lesquels on pouvait remettre la main [bien d'autres, en nombre indéterminé, restèrent non identifiés], en tout cinquante-trois personnes du voisinage, presque tous marchands de la rue Sainte-Marguerite et des rues voisines. Ils sont de toutes les professions, horloger, limonadier, charcutier, fruitier, savetier, layetier, boulanger, etc. Il n'y a qu'un seul boucher établi. Il y a plusieurs tailleurs, dont deux Allemands, ou peut-être Alsaciens » (*Histoire de la Révolution française*, livre VII, chap. V). J'ai moi-même ce rapport sous les yeux, grâce à H. de Viel-Castel. Il comporte soixante-six noms, et non cinquante-trois. Aux métiers énumérés par Michelet, je puis ajouter : cordonnier, chapelier, potier, tourneur, ciseleur, mercier, charron, serrurier, orfèvre, vinaigrier, aubergiste, rôtisseur, couvreur ; les deux Allemands se nomment Steker et Ficher.

Certains des massacreurs étaient payés. Paillet est prévenu d'avoir dit « qu'il gagnait plus à dénoncer et à faire guillotiner les citoyens qu'à travailler ; qu'on lui donnait près de cinquante livres par chaque individu, et que trois lui rendaient cent cinquante livres » (Viel-Castel, p. 49). Mais s'il y avait des salariés, il y avait aussi beaucoup d'« égorgeurs amateurs ». Pourquoi des boutiquiers, des commerçants, des artisans, des négociants établis se laissèrent-ils gagner par la fureur meurtrière ? Leur commerce avait périclité avec la Révolution, laquelle continuait à cause de ceux qui avaient parti lié avec l'étranger et empêchaient le retour à la paix. L'étranger, justement, était là. On avait annoncé la prise de Verdun (« Les voilà, criaient les massacreurs ; les voilà, les traîtres ! ceux qui ont livré Verdun… ») ; un vent de panique soufflait, le tocsin sonnait. Et puis, l'on était sûr de l'impunité…

Certes, les massacreurs ne représentaient pas tout le peuple de Paris. Le citoyen Gariot, ayant demandé à un autre citoyen de venir avec lui « pour se débarrasser des scélérats qui étaient en prison », se vit répondre qu'il n'était pas un assassin. Le citoyen Picard, ayant engagé deux particuliers à se porter avec lui aux prisons de Bicêtre, où il était « occupé » depuis le matin, se vit opposer deux refus. Le citoyen Rativeau, fruitier, se vit reprocher sa conduite par sa femme – à laquelle il répondit : « Ça ne te regarde pas. » Les Parisiens laissèrent s'accomplir les massacres – complices « par *hébétement*, par stupeur », a-t-on dit ; par lâcheté surtout. Le peuple avait horreur du sang répandu. Cependant, « il regardait faire les "travailleurs" sans trahir son émotion, tant il avait peur d'être accusé du *crime de tristesse* » (Viel-Castel, p. 15). Que faisait-il d'ailleurs, que suivre l'exemple des sept cent cinquante membres de l'Assemblée législative, qui laissèrent en silence violer des lois qu'ils disaient sacrées (si ce n'est que Robespierre, Tallien, Marat, Danton, et d'autres, firent élargir sans jugement quelques personnes qu'ils voulaient sauver), tant ils craignaient d'être accusés de « modérantisme », autre mot de l'époque, et crime qui conduisait à l'échafaud.

𝒟ANS LA *RÉPUBLIQUE* DE PLATON, après que Socrate a décrit l'organisation de la cité juste, en définissant la place et le rôle de chacune des classes de citoyens, il expose ce qu'il appelle un « beau mensonge » : il faut faire croire aux citoyens qu'ils sont frères, ἀδελφοί (III, 414e). Socrate « veut dire, en réalité, que les hommes sont frères », dit Sartre (Benny Lévy et J.-P. Sartre, *L'Espoir maintenant*, Verdier, 2007, p. 54). Non ! il ne s'agit pas des « hommes », mais de « ceux qui font partie de la cité » (415a), des citoyens. Socrate veut que gouvernants, gardiens, artisans ou laboureurs, bien qu'appartenant à des classes différentes, se pensent comme frères, parce qu'issus – c'est là qu'est la fable – de la même mère, la terre, non pas la terre universelle, mais la terre natale, celle « qu'ils habitent », et qu'ils ont à défendre. Si on laisse de côté la fable, cela signifie que la mère est la cité (*polis*). C'est pourquoi, Benny Lévy a raison de dire qu'« au sens des modernes », cette terre est « la

---

1. Texte paru dans la revue *Grandes signatures* (n° 2, mai/juin 2008), repris ici avec l'aimable autorisation du directeur, Louis Faton, que je remercie (M.C.).

nation » (p. 54). Socrate alors dirait : « Vous qui faites partie de la même nation, vous êtes tous frères. » Le mot « fraternité » est dans la devise de la République. Sartre dit : « La fraternité, c'est le rapport de l'espèce entre ses membres » (p. 54). C'est là la fraternité universelle. Mais la fraternité entre les membres de la cité, ou de la nation, n'est que la fraternité restreinte, que l'on trouve déjà, observe Sartre, dans le clan, dont tous les membres ont une unité matricielle à partir du totem.

Il y eut pourtant un moment, dans l'histoire de France, où la nation n'était pas le cadre d'une fraternité restreinte, mais était porteuse d'une fraternité universelle. Ce moment – qui ne revint jamais – fut celui des premières heures de la Révolution française (juillet 1789-septembre 1791). La nation venait de naître. Après la prise de la Bastille, un souffle nouveau traversa la France. Partout, dans les villes et les villages, se constituent des fédérations qui envoient leurs délégués à Paris, pour une fédération générale, dont la fête aura lieu le 14 juillet 1790. Les patries provinciales – le Languedoc, la Provence, la Bretagne, etc. –, jusque-là bornées à elles-mêmes, se subliment dans la grande patrie. « La fraternité aplanit tout obstacle », dit Michelet (*Histoire de la Révolution française*, livre III, chap. XI), et le peuple devient nation. Or, les aspirations et les volontés de la nation s'expriment dans les déclarations et les décisions de l'Assemblée constituante, et d'abord dans la sublime *Déclaration des droits de l'homme et du citoyen* (26 août 1789) – des droits de tout homme, en tout lieu. C'est pourquoi, explique Lamartine, « la révolution qu'a faite l'Assemblée constituante est devenue une date de l'esprit humain, et non pas seulement un événement de l'histoire d'un peuple. Les hommes de cette Assemblée n'étaient pas des Français, c'étaient des hommes universels. Ils étaient et se sentaient des ouvriers de Dieu, appelés par lui à restaurer la raison sociale de l'humanité, et à rasseoir le droit et la justice par tout l'univers. Aucun d'eux ne renfermait sa pensée dans les limites de la France. La déclaration des droits de l'homme le prouve. C'était le décalogue du genre humain dans toutes les langues. La Révolution moderne appelait les Gentils comme les Juifs au partage de la lumière et au règne de la fraternité » (*Histoire des Girondins*, livre VII, chap. I). Sartre dit que les révolutionnaires, « de 92 jusqu'à la Commune, se réclamaient de la fraternité » ; Benny Lévy précise : « C'est la fraternité des insurgés de 93 qui est en question » (p. 43). Mais après la chute des Girondins, c'est la Terreur. De là cette notion de « fraternité-terreur », qu'il faut ensuite désintégrer, puisque, comme le reconnaît Sartre, « la violence est le contraire de la fraternité » (p. 59). Or, si l'on a trouvé la fraternité associée à son contraire, c'est que l'on s'est référé à 92 et 93, c'est-à-dire à l'époque où la Révolution avait dégénéré. En 90 et 91, la Révolution était encore dans sa vérité. Alors, il n'y eut « pas un de ses apôtres qui ne proclamât la paix entre les peuples » (Lamartine, *ibid.*, chap. II). Mirabeau, La Fayette, Robespierre lui-même honnissaient la guerre et la violence. Adrien Duport réclamait l'abolition de la peine de mort, argumentant que la société, en se réservant l'homicide, le justifiait d'une certaine façon, et Robespierre, bien différent de celui de 93, demandait « qu'on désarmât la société de la peine de mort ».

Dès lors qu'il oppose la fraternité et la violence, Sartre est donc fidèle à l'esprit initial de la Révolution. La fraternité a existé dans des groupes restreints – le clan, la cité, la nation –, mais il faut « étendre l'idée de fraternité jusqu'à ce qu'elle devienne rapport unique et évident entre *tous* les hommes » (*op. cit.*, p.59). La fraternité est la « fin ultime » de l'histoire : « La fraternité est ce que seront les hommes les uns par rapport aux autres quand, à travers toute notre histoire, ils pourront se dire liés effectivement et activement les uns aux autres » (p. 57). Or, « ce n'est pas la violence qui fera sauter les étapes et nous rapprochera de l'humanité proprement dite » (p. 58). Alors, quoi ? Réponse : l'amour.

Lorsque Sartre conçoit la fraternité comme l'aboutissement du long processus de l'histoire – « il faut croire au progrès » (p. 26) –, comme « la fin dernière qui a toujours été celle des insurgés ou des révolutionnaires » (p. 48), il oublie la leçon de Socrate. Que dit Socrate ? Qu'il faut, *dès maintenant*, faire croire à ceux qui appartiennent à des classes différentes qu'ils sont des frères. Ce qui, pour Socrate, vaut dans le cadre de la cité, il faut le prêcher universellement. Il y a les capitalistes et les prolétaires, les riches et les pauvres, les gens de droite et les gens de gauche, mais ce qu'il faut leur rappeler dès maintenant, c'est qu'ils sont frères. Sartre est tout près de comprendre cela lorsqu'il s'oppose à Marx, lui rappelant que « le rapport le plus profond entre les hommes, c'est ce qui les unit au-delà [en deçà plutôt] des rapports de production ; c'est ce qui fait qu'ils sont des hommes » (p.52). Mais il recule lorsqu'il s'agit de reconnaître que le bourgeois est un homme, un frère, et qu'il faut l'aimer. Il en reste à la triste phraséologie habituelle : « Du moment que je dis la droite, pour moi ça veut dire des salauds » (p. 25).

Pourquoi hésite-t-il devant le mot « amour » ? Cela risquerait de l'amener du côté du christianisme. Or, insiste-t-il, « la morale que nous envisageons n'est pas liée à la tradition du christianisme » (p. 24). Soit ! Mais il y a ce que dit le Christ, et que l'on doit considérer *à part* de la « tradition du christianisme » et des dogmes. Or, de quoi a-t-il parlé, sinon de « fraternité » ? Que signifie, en effet, fraternité sinon « amour fraternel », qui est ce dont il parle. La leçon du Christ est une leçon d'amour. C'était déjà la leçon de Socrate. S'il arpente les rues, les places et les jardins d'Athènes, se tient près des comptoirs des marchands, entre dans les boutiques, pour, chaque fois, « aborder comme un frère aîné » les citoyens de sa ville et les étrangers, soit pour répondre à leurs questions, soit plutôt pour les interroger et les amener, de question en question, à se mieux connaître afin de s'amender, c'est qu'il les aime : φιλῶ, avoue-t-il (*Apologie*, 29d). L'amour socratique est bien le véritable amour « du prochain », puisqu'il veut rendre meilleur. Mais il a un caractère restreint au cadre de la Cité. Jésus lui donne un caractère universel. Saint Paul, saint Pierre transmettent la leçon : « Que l'amour fraternel (φιλαδελφία) vous lie d'affection entre vous ; prévenez-vous d'égards mutuels » (*Épître aux Romains*, 12. 10) ; « En obéissant à la vérité, vous avez sanctifié vos âmes, pour vous aimer sincèrement comme des frères » (*Première épître de saint Pierre*, 1. 22).

Et il s'agit d'un amour, « pour les hommes » (φιλανθρωπία), pas seulement pour les chrétiens. L'Évangile de saint Matthieu le dit : « Tu aimeras ton prochain comme toi-même », où le « prochain » est n'importe quel membre de la famille humaine. Or, le mot « famille » est celui-là même dont use Jean-Paul Sartre : « Le rapport familial est premier par rapport à tout autre rapport. D'une certaine façon, on forme une seule famille » (p. 53). Mais *quand* forme-t-on une seule famille ? Sera-ce à la fin de l'histoire ? Non, c'est dès maintenant. Et que reste-t-il à souhaiter et à vouloir, sinon que ce soit une famille unie ? Rien ne s'oppose alors à ce que l'on reprenne le commandement de Jésus, transmis ainsi par saint Jean (13. 34) : « Je vous donne un commandement nouveau : aimez-vous les uns les autres. » En reconnaissant que tous les hommes sont « frères » (p. 53), que le rapport « premier » entre eux est le rapport de fraternité (p. 52), Sartre est tout près de dire la même chose. Il le dirait s'il dissociait la fidélité au Christ et les dogmes. Il reconnaîtrait qu'il n'y a pas lieu d'attendre la fin de l'histoire pour s'aimer les uns les autres, qu'il faut que ce soit dès maintenant.

❧

ANDRÉ HEYMANS m'écrit d'Ostende – pardon, d'Oostende – qu'il a été « heurté à plus d'un endroit » par un article de François Jullien, « Universels, les droits de l'homme ? », paru dans *Le Monde diplomatique* de février 2008. Lui-même, dans son ouvrage *L'Universalisme* (Bruxelles, Le Roseau vert, 2006), exalte le « texte majeur » de la Déclaration universelle des droits de l'homme, proclamée le 10 décembre 1948 par l'Assemblée générale des Nations unies, texte « conçu, dit-il, dans un esprit de grandeur morale encore jamais atteinte » (p. 340) – comme si ladite « grandeur morale » n'avait pas été atteinte, avant tous autres, par les hommes de la Révolution française le 26 août 1789, avec la Déclaration des droits de l'homme et du citoyen.

Cela, François Jullien ne l'oublie pas. Mais tout en écrivant d'excellentes choses sur la Déclaration de 1789, reprise dans les Constitutions françaises de l'an I (1793), de l'an III (1795), de 1848, de 1946, et relancée par la Déclaration universelle de 1948, il entend battre en brèche la prétention de cette Déclaration à une universalité de principe devant être reconnue par tous les humains comme dotée d'une évidence morale fondatrice.

Il observe que les droits de l'homme sont un produit de l'histoire, pensant par là relativiser leur valeur. Mais quelles découvertes ou créations de l'homme (religions, systèmes philosophiques, œuvres scientifiques, œuvres de l'art) ne sont pas issues d'un « conditionnement historique particulier » ? Et en quoi cela empêche-t-il de juger de la valeur qu'elles ont en elles-mêmes ? Le théorème de Pythagore est-il moins exact parce qu'il a été inventé, dit-on, par Pythagore, dans des conditions définies ? Et le message du Christ moins beau parce qu'il a été délivré dans la Galilée du premier siècle de notre ère ? Et la philosophie de Descartes moins cohérente parce que Descartes s'était retiré en Hollande pour y être tranquille ? J'ai rappelé, au chapitre LXIV, qu'autre chose est la génération, autre chose l'essence, et que, selon Platon, la génération peut avoir pour terme une essence, laquelle vaut en soi.

Mais, observe François Jullien, les droits de l'homme ne sont pas admis partout : « d'autres options culturelles les ignorent ou les contestent ». Et alors ? En quoi l'ignorance, le traditionalisme borné, les retards culturels sont-ils un argument contre les avancées de la culture ? En quoi les aberrations morales de l'époque des Mérovingiens sont-elles un argument contre les impératifs moraux d'aujourd'hui ? Le concept de droits de l'homme « ne trouve aucun écho dans la pensée de l'Inde classique », où il n'y a pas « isolation » de l'homme, ni vis-à-vis des animaux, ni vis-à-vis du monde, ni vis-à-vis du groupe. Soit ! Mais l'Inde classique a cédé la place à l'Inde moderne, grâce à la colonisation, et il n'est aucun dirigeant ou homme politique de progrès, depuis le Mahatma Gandhi jusqu'à Sonia Gandhi et autres, en passant par le pandit Nehru, Indira Gandhi, Rajiv

Gandhi, etc., qui n'ait admis les droits de l'homme. S'ils avaient estimé que la conception traditionnelle valait mieux, pourquoi auraient-ils adopté la conception occidentale de l'individu isolé, qui vaut en soi, qui est une personne par lui-même ? Quant à l'expression « droits de l'homme » en chinois, F. Jullien reconnaît que « la greffe étrangère a bien pris en chinois moderne : quand ils revendiquent les droits de l'homme, les jeunes Chinois de la place Tiananmen savent désormais comme les Occidentaux de quoi ils parlent ».

La légitimité de la revendication des droits de l'homme viendrait-elle, demande F. Jullien, « de ce que la pensée européenne qui a porté les droits de l'homme exprime effectivement un progrès historique » ? de ce qu'ils constituent « un gain pour l'humanité qui, comme tel, ne se serait produit que dans la seule Europe » ? Mais alors, ajoute-t-il, « outre que cette justification vaut accusation, au moins tacite, de toutes les autres cultures, sa critique tombe sous le sens : car au nom de quoi jugerait-on d'un tel progrès si ce n'est déjà au sein d'un cadre idéologique particulier ? »

Réponses : 1) La justification ne vaut pas accusation : on ne pourrait reprocher aux Mérovingiens d'ignorer les droits de l'homme que si l'on pensait qu'ils eussent dû les connaître, ce qui serait oublier que les proclamer ne pouvait intervenir que dans des conditions historiques qui, au temps des Mérovingiens, n'existaient pas encore. 2) Si l'on estime que la Déclaration des droits de l'homme représente un progrès, ce n'est pas dans un « cadre idéologique particulier », puisque toute particularité est abolie par leur universalité même. « Toute justification *idéologique* d'une universalité des droits de l'homme est sans issue », écrit F. Jullien. Oui. Aussi une telle justification n'est-elle pas idéologique, mais *morale*. Elle suppose la morale universelle, dont le fondement se trouve, comme je l'ai montré (cf. *Le Fondement de la morale*), dans ce qui est impliqué par le dialogue.

Mais, dit François Jullien, « en dépit de leur prétention universelle », la « marge d'éclosion » des droits de l'homme est rendue « exiguë » par la prégnance des religions qui leur opposent les droits de Dieu : « Quand la perspective de la transcendance domine au point d'aboutir à la constitution d'un autre monde, ces droits sont résorbés dans un ordre qui les dépasse, cosmique ou théologique. » Oui, mais le fait ne fait pas droit. Sont visés le judaïsme et l'islam. Dans le judaïsme, selon le rabbin Yeshayahou Leibovitz, « l'homme n'est pas considéré comme une valeur en soi, mais uniquement par rapport à sa mise en situation devant Dieu. Intrinsèquement, il n'est qu'une des composantes naturelles de la Création – tout comme cette montagne, cet arbre, cet animal. Le judaïsme n'est pas un humanisme ! » (*Judaïsme, peuple juif et État d'Israël*, trad. G. Roth, éd. J.-C. Lattès, 1985, p. 187). D'autre part, la Déclaration du Caire de 1990 sur les droits de l'homme en islam, précise : « Tous les droits et libertés décidés par la présente Déclaration sont liés par les dispositions de la charia islamique. » Or, souligne Mohamed Charfi, « un grand nombre de règles du droit musulman classique ou charia sont contraires aux droits de l'homme tels que compris aujourd'hui par la communauté internationale » (*Islam et liberté*, Albin Michel. 1998, p. 104). Par exemple, la liberté de conscience est proclamée dans l'article 10 : « Mais cet article est conçu de telle façon qu'il n'affirme pratiquement que la liberté d'être musulman » (p. 100). Dès lors, « il est urgent de tourner le dos à l'islam », écrit André Heymans. Oui, puisque – François Jullien n'a pas tort – judaïsme et islam tournent le dos aux droits de l'homme. Il en va autrement dans le christianisme, pour qui Dieu s'est fait homme en Jésus-Christ.

Or, contre les doctrines qui nient ou contestent les droits de l'homme au nom d'un « Dieu » qui se réduit, en fait, à l'idée que s'en fait l'homme, il convient, reconnaît F. Jullien, d'user des droits de l'homme comme d'une arme de « protestation » – arme « qui peut *a priori* servir universellement en tous lieux de notre planète », en quoi, ajoute-t-il, « ils sont, jusqu'à ce jour, sans équivalent ni remplaçant possible ». Sur ce point, on peut le suivre, et également lorsqu'il comprend l'universalité des droits de l'homme comme « en cours, en marche, en procès : en voie de se réaliser », où, pour ma part, j'ajouterais ceci : que la liste des droits de l'homme n'est pas bouclée, que les droits de l'homme ne sont pas achevés. « Tout individu a droit à la vie, à la liberté et à la sûreté de sa personne », dit l'article 3 de la Déclaration de 1948. Certains pensent aujourd'hui que le « droit de mourir dans la dignité » doit être reconnu comme un nouveau « droit de l'homme ».

Mais ce que François Jullien entend par « extension des droits de l'homme », c'est l'extension à des cultures autres qu'occidentales. Et ici, l'abîme avec sa position se creuse à nouveau. Car, prétend-il, « l'extension des droits de l'homme n'est pas de l'ordre de la vérité, mais du recours », et « la question n'est pas de savoir s'ils peuvent être étendus comme énoncé de vérité à toutes les cultures du monde » – auquel cas, la réponse serait « non », dit-il. Où l'on voit que l'essentiel lui échappe totalement. L'essentiel : que la doctrine des droits de l'homme tire sa légitimité de la morale elle-même, laquelle se fonde, disais-je, à partir de ce qui est impliqué dans le dialogue. Cette doctrine n'est que l'expression de la morale universelle, qui a droit à être adoptée par toutes les cultures – simplement parce que, fondée en raison (en raison dialogique), elle s'adresse de plein droit à la raison de chacun.

I

$\mathcal{V}$OICI UNE VIEILLE CHANSON FRANÇAISE qui m'a semblé charmante. On la chantait encore quand ma mère était jeune. Elle avait été remise en honneur à l'époque du gouvernement de Vichy.

La Rose au Boué

Mon père avec ma mère n'avaient d'enfant que moué
   N'avaient d'enfant que moué la destinée la Rose au boué
   La rose au boué
N'avaient d'enfant que moué la destinée ohé !

Ils me mirent à l'école, à l'école du roué
   À l'école du roué la destinée la Rose au boué
   La rose au boué
À l'école du roué la destinée ohé !

L'instituteur d'école vint amoureux de moué
   Il me fit faire une robe, une robe de soie…
   À chaque tour d'aiguille ma mie embrasse-moué…

C'est pas l'affaire des filles d'embrasser les garçons…
Mais c'est l'affaire des filles d'balayer la maison…

Quand les maisons sont sales les amoureux
    S'en vont…
Ils s'en vont quatre par quatre en frappant
    Du talon…
Quand les maisons sont propres les amoureux
    Y vont…
Ils y vont quatre par quatre en jouant
    Du violon…
C'est pour ça que dans le village y a pas
    De vieux garçon

II

Voici d'autres chansons que je lis dans le « Cahier de poésies et de chansons » de ma mère (année 1909). Je les note parce qu'elles plaisent à Juliette et aux amies à qui je les ai lues.

Nos vingt ans

Dire qu'on a vingt ans qu'une fois dans sa vie
C'est abaisser son cœur, c'est insulter l'amour
À chaque été nouveau, les fleurs revoient le jour
À chaque amour nouveau, notre âme est rajeunie

On a vingt ans dix fois cent fois et toujours même
Il suffit pour cela d'un baiser, d'un frisson
D'une larme sincère ou bien d'une chanson
Ou d'une voix qui tremble en murmurant : Je t'aime

Le temps dur et fatal qui fait pâlir la flamme
C'est de la neige au front comme aux arbres l'hiver
Mais caché sous le sol, le germe reste vert
Nos vingt ans restent forts, blottis au fond de l'âme

Disons qu'on a vingt ans jusqu'à l'heure suprême
L'amour est infini tout comme le printemps
Et puisque pour souffrir on a toujours vingt ans
C'est que l'on a vingt ans toutes les fois qu'on aime

III

Les quatre opérations

Au lieu de parler politique
Au lieu de traduire le latin
Moi j'apprenais l'arithmétique
Avec Georges mon petit cousin
Supposons que tu deviennes ma femme
Que le curé bénisse notre union
C'est une de plus dans le ménage
Me dit-il : voilà l'addition

Quand vient le soir après la danse
Aux yeux des invités jaloux
Nous sortons du bal en silence
Et nous rentrons tous deux chez nous
Maintenant qu'il n'y a plus personne
C'est encore une supposition
J'ôte ton voile et ta couronne
Me dit-il : c'est la soustraction

Au bout d'un an de mariage
Le bonheur va toujours croissant
Pour nous unir dans le ménage
Nous avons un bébé charmant
Mais au bout de six ans à peine
C'est encore une supposition
Nous avons la demi-douzaine
Voilà la multiplication

Des autres je ne suis point jalouse
Georges est devenu mon fiancé
Je suis devenu son épouse
Comme il m'a dit tout s'est passé
Je suis heureuse, Georges m'adore
Ce n'est plus une supposition
Mais s'il est une règle que j'ignore
Cette règle c'est la division

IV

La leçon de grammaire

Ils sont assis le maître avec sa jeune élève
Elle a quinze ans, lui vingt. Elle a le front joyeux
Lui demeure pensif comme on l'est quand on rêve
Et qu'on interroge les cieux

À quoi peut-il songer à vingt ans ? À cet âge
Où la vie a toujours son aspect enchanteur
Où l'esprit radieux donne à l'âme en partage
Les souvenirs les plus flatteurs

À quoi peut-il songer ? À la douce chimère
Qui berce et bercera toujours le cœur : l'amour
Ce maître donnait la leçon de grammaire
Comme il la donnait tous les jours

Mais ce jour-là Chapsal et ses doctes principes
L'infatigable syntaxe et son langage abstrait
Les règles du sujet, l'accord du participe
Flottaient dans son esprit distrait

Il ne retrouvait pas son éloquence nette
Son cœur devant l'éclat d'un regard sans pareil
Par l'amour tournant douce planète
Autour de ce vivant soleil

Elle s'en aperçut en levant sur son maître
Ses yeux si purs. « Je sens, dit-elle, votre main
Trembler. Si vous souffrez, il vaut mieux remettre
Notre leçon à demain. »

Il se tut, le cœur plein d'une émotion profonde
Puis il dit, en penchant son front méditatif
Ah ! qu'est-ce donc qu'aimer ?
Aimer, dit l'enfant blonde
C'est un verbe à l'infinitif

Mais comme l'horizon que l'ombre épaisse voile
S'illumine soudain dans un rayon du jour
Elle sentit au cœur la clarté d'une étoile
Et son cœur s'éclaira d'amour

Elle comprit alors cette vague tristesse
Cette voix qui tremblait, ces subites pâleurs
Ces mots entrecoupés qui parlent de tendresse
Et encore bien mieux de douleur

Elle comprit soudain ce ravissant proverbe
Qu'il faut aimer pour vivre. Et mettant dans sa voix
Tout son cœur : « Puisqu'aimer est un verbe
Il faut un sujet je crois. »

Le jeune homme frémit : Quand je dis ce mot « j'aime »
Je deviens le sujet d'un verbe si doux
Si je complétais la phrase suprême
Ce complément, ce serait vous

Infinitif divin ! conjugaison bénie !
Verbe fait de tendresse et d'amour palpitant
J'aime, je veux aimer toute ma vie
Je veux aimer dans tous les temps

Un vieil oncle survint (c'était son habitude)
Eh bien ! ce jeune esprit semble-t-il se former ?
Pas trop, dit l'enfant, j'ai bien besoin d'étude
Nous n'en sommes qu'au verbe aimer

V

Le baiser perdu

Mon voisin dans la nuit close
N'auriez-vous pas rencontré
Un baiser couleur de rose
Qui dans l'air s'est égaré ?
Sur les ailes de la brise
Il s'est envolé vers vous
J'en tremble encore de surprise
C'était un baiser bien doux

Refrain

C'est par la fenêtre
Qu'il a dû peut-être
S'envoler joyeux
Vers les pays bleus
Brise vagabonde
Parcourant le monde
Quant me rendras-tu
Mon baiser perdu ?

J'avais entr'ouvert à peine
La fenêtre du balcon
Et le voilà dans la plaine
Voltigeant gai papillon
Dans la saison printanière
Que de baisers tous les jours
Font l'école buissonnière
Sur le chemin des amours

Tout à l'heure au clair de lune
J'ai vu roder près d'ici
Un lutin cherchant fortune
Et j'en ai bien du souci
Maraudeur que rien ne lasse

Aimant les fruits défendus
On prétend qu'il fait la chasse
À tous les baisers perdus

Mais qui vient frapper de l'aile
À ma vitre avant le jour
Est-ce déjà l'hirondelle ?
Non voisine c'est l'amour
Il nous offre quelque chose
Au bout de ses jolis doigts
C'est un petit baiser rose
Qu'il a trouvé dans le bois

VI

Lettre d'une fauvette à un pinson

Hier dans l'écorce béante
D'un vieux chêne fleuri de houx
Laissé là poste restante
J'ai découvert ce billet doux :
Monsieur Pinson propriétaire
Professeur de chant demeurant
Dans le grand jardin du notaire
Sur le troisième arbre en entrant
Monsieur, j'ai reçu votre lettre
Toute palpitante d'amour
Et je suis imprudente peut-être
En y répondant à mon tour
Car bien des jaloux à la ronde
Nous observent d'un œil furtif
Que nous veut donc ce méchant monde
Puisque c'est pour le bon motif !
Puis, si maman savait la chose
Elle nous chasserait du nid.
Et je ne veux pas qu'elle pleure
Surtout surtout à ce moment

Songez que je ne suis pas majeure
Il nous faut son consentement
Je vous écris en cachette
Sur la feuille d'un romarin
La crainte me trouble la tête
C'est pourquoi je griffonne un brin
Et tandis que ma plume folle
Parle gaiement de l'avenir
Auprès de vous mon cœur s'envole
Sur les ailes du souvenir.
Nous nous vîmes à la vendange
Tous deux pour la première fois
À la noce d'une mésange
Avec un rossignol des bois
Vous escortiez une hirondelle
Qui n'y voyait que d'un œil
Pour moi je m'appuyais sur l'aile
D'un vieux galantin de bouvreuil
D'un commun accord nous quittâmes
Nos compagnons laids et grincheux
Et côte à côte nous marchâmes
Sans plus nous occuper d'eux.
Puis ensuite, au bal, sur la mousse
Vous n'avez dansé qu'avec moi
Me parlant d'une voix si douce
Que je croyais mourir d'émoi
Et ce ne fut pas sans murmures
Que nous quittâmes le festin
Et avons-nous mangé des mûres
Et picoré de bons raisins !
Pour finir vous m'avez grisé
Sans pitié monsieur l'enjôleur
En versant l'exquise rosée
Dans le calice d'une fleur
Comme la nuit je suis peureuse
Tous deux nous prîmes le vol
Pendant que la mésange heureuse
Fuyait avec son rossignol.

Puisque autour de nous j'entends dire
Que j'atteins l'âge de l'amour
Comme eux je voudrais construire
Un beau petit nid à mon tour
À nous aimer tout nous invite
Notre avenir sera charmant
Allons, monsieur, venez bien vite
Demander ma patte à maman
J'aurais bien des choses à mettre
Mais maintenant assez jaser
Je termine ma lettre
Et cachette par un baiser
Pendant que mon cœur est en fête
Que l'amour chante sa chanson
Je signe mam'zelle Fauvette
En attendant monsieur Pinson

VII

Les cerises

Hier en sortant de l'école
Mon cousin toujours frivole
M'emmena près d'un moulin
Jouer dans l'enclos voisin
La porte étant entrouverte
Nous fîmes la découverte
D'un superbe cerisier
Portant des fruits par milliers

Refrain

Nous écoutions chanter les bises
Avec mon petit cousin
Et nous les trouvions exquises
Les cerises les cerises
Et nous les trouvions exquises
Les cerises du voisin

Il faisait un temps superbe
Pour un déjeuner sur l'herbe
Et, sur un simple tapis
Le couvert fut bientôt mis
Mon cousin dans les ramures
Me choisissait les plus mûres
Et du haut du cerisier
Emplissait mon tablier

Quand Dieu ! que vois-je apparaître
C'est le vieux garde champêtre
Qui nous ayant vu de loin
Nous observait dans un coin
Mon cousin fit la grimace
Et moi je demandai grâce
Mais il fallut bien jurer
De ne plus recommencer

Refrain

Nous n'écoutions plus chanter les brises
Adieu cousine et cousin
Nous emportions la surprise
Des cerises, des cerises
Nous emportions la surprise
Des cerises du voisin

LXIX
Avec Bergson et sans lui :
plutôt sans lui

Selon Bergson, si l'on peut aller vers Dieu, ce ne peut être qu'à partir d'une expérience de Dieu vécue et vivante, non par les moyens de l'intelligence conceptuelle. C'est là aussi ma façon de voir. La différence entre nous est qu'à ses yeux, il y a une telle expérience, celle des mystiques, alors que pour moi il n'y a pas d'expérience de Dieu. Je ne nie pas la spécificité de l'expérience mystique, mais je ne vois aucune raison de croire qu'elle nous révèle un être réel, puisque je suis incapable de la répéter.

Le Dieu des mystiques, qui est celui de Bergson dans les pages des *Deux sources de la morale et de la religion* sur « la religion dynamique », est le Dieu d'amour. Si j'avais foi en un Dieu, ce serait celui-là, mais comme le mot « Dieu » ne signifie pas pour moi un être réel, dans l'expression « Dieu d'amour », je ne retiens que l'amour. L'amour qui inspire la vie religieuse est, pour Bergson comme pour moi, l'amour évangélique. Mais un tel amour n'est pas, à ses yeux, une invention humaine : il émane de la source absolue de toutes choses, qui est l'amour inconditionnel de Dieu pour sa créature la plus éminente : l'homme. Bref, l'amour dont Jésus-Christ nous fait une obligation émane du Dieu d'amour. Mais qu'il y ait un tel Dieu est réfuté, selon moi, par le fait que l'oeuvre de Dieu se trouve entachée du mal absolu. Ne reste que l'amour.

Voici les reproches que j'adresse à Bergson, sans préjudice de mon admiration pour le merveilleux écrivain :

1. D'aller vers Dieu à partir d'une expérience qui n'est pas la sienne, et de rester une sorte de philosophe-spectateur. Un philosophe doit philosopher non à partir de l'expérience qu'il n'a pas, mais à partir de ses propres expériences fondatrices. Si j'ai parlé de la souffrance des enfants comme « mal absolu », c'est que j'ai vécu cela (bien qu'il ne s'agisse aucunement des souffrances de moi enfant). Ce fut mon point d'Archimède. Même si j'ai reconnu qu'on n'en pouvait conclure, en toute rigueur, que Dieu n'est pas, car un argument n'est pas une preuve, ce fut toujours pour moi un argument sans appel.

2. De placer l'amour à l'origine des choses. C'est un « sublime amour qui est pour le mystique l'essence même de Dieu » (*Les Deux sources*, éd. du Centenaire, p. 1190). Cet amour est « puissance de création », « énergie créatrice » (*ibid.*). Mais quand je vois les horreurs du monde – quand je songe à l'enfant qui agonise écrasé sous la roche pendant un tremblement de terre, ou emporté avec sa maison par le tsunami, ou souffrant d'une maladie incurable, ou griffant de ses menottes la paroi de la chambre à gaz –, il m'est impossible de croire que le monde ait été créé par amour. Le monde est l'œuvre de la Nature infinie (Φύσις ἄπειρος), qui n'est, à l'origine, ni mauvaise, ni bonne. J'admets la religion de l'amour et la valeur sublime de l'amour évangélique, mais je n'y vois que la découverte de Jésus, sans le rattacher à un Dieu quelconque.

3. De traiter le problème du mal avec beaucoup de légèreté. Certes, Bergson ne peut manquer de reconnaître que « la
souffrance est une terrible réalité » (p. 1197). Mais ce n'est là
qu'une concession verbale : derrière les mots, on ne sent pas
Bergson souffrir. Que l'on songe, au contraire, à l'indignation
de Ivan Karamazov devant le spectacle de l'enfant déchiré par
les chiens – indignation qui est celle de Dostoïevski. Bergson
pense que l'optimisme « s'impose ». Il avance deux considéra-
tions : a) « L'humanité juge la vie bonne dans son ensemble,
puisqu'elle y tient. » Soit ! il est bon de vivre. Mais il y a le mal,
et l'on n'en rend pas compte avec un Dieu supposé « tout-
puissant et tout-bon », ou dont on dit qu'il n'est qu'amour.
b) Les mystiques connaissent une « joie sans mélange ». Soit !
mais ont-ils le droit d'oublier, dans la joie, les malheurs qui
accablent nombre d'êtres humains ?

Outre ces trois points principaux, en voici d'autres, de
moindre importance, où le philosophe passe à côté de la vérité, ou, décidément, s'égare :

1. La théologie des mystiques est « généralement conforme
à celle des théologiens », dit-il (p. 1178). Pour ce qui est de l'enseignement théologique, les mystiques « semblent bien l'accepter avec une docilité absolue » (p. 1185). Cela est peut-être
juste. Mais en ce cas, Bergson doit prendre ses distances à l'égard
des mystiques, puisque, selon lui, il n'y a d'accès à Dieu que
par l'expérience, non par la raison des théologiens, et que l'expérience mystique ne révèle rien d'autre que Dieu lui-même
comme amour.

2. Les grands mystiques seraient les « imitateurs du Christ »
(p. 1179). Mais d'abord, le Christ des Évangiles n'est pas un théologien ; ensuite, le Christ, durant sa prédication, n'est pas tourné
vers Dieu, mais vers les hommes.

3. Le Christ serait le « continuateur des prophètes d'Is-raël » (p. 1179). Non ! il y a, au contraire, rupture. Les prophètes d'Israël n'ont pas songé à un commandement aussi extraordi-naire que celui-ci : « Aimez vos ennemis » (Matthieu, 5. 44). Ils eurent, dit Bergson, la « passion de la justice ». Mais la justice n'est pas la charité – l'amour (*agapè*).

4. Bergson écarte l'idée de « fraternité ». L'amour évangéli-que ou « mystique », qui est un « divin amour », « n'est pas la fraternité que les philosophes ont recommandée au nom de la raison » (p. 1173). Or, le philosophe qui entend se fonder avant tout sur l'expérience devrait songer que la fraternité est quelque chose qui a été *vécu*, notamment à certains moments critiques de notre histoire, ainsi en 1790, lorsque, dans l'enthousiasme, se constituent les fédérations, ou dans les tranchées de 14-18, etc. De plus, il oublie que, selon l'Évangile, il convient de nous aimer « comme des frères » (cf. *supra*, chap. LXVI, *in fine*). Comme l'expli-que Bossuet, « Dieu a établi la fraternité des hommes en les fai-sant tous naître d'un seul qui, pour cela, est leur père commun » (*Politique tirée de l'Écriture sainte*, I, 1, 3). J'ai été ému lorsque, après la conférence que j'ai donnée à Toulouse le 27 janvier 2008, une jeune catholique, Marie-Thérèse Mounier, m'a dit que j'étais « son frère en Jésus-Christ ». Jésus-Christ, par son message d'amour, instaure la fraternité universelle.

❧

*J*AVAIS DIX ANS. Après avoir longtemps débuté par la leçon d'instruction civique, la classe, en avril 1932, débutait par la leçon de morale. Comme il est question, aujourd'hui, en 2008, de rétablir la leçon de morale dans les écoles primaires, il me paraît non dénué d'intérêt de donner ici, d'après un cahier que j'ai retrouvé (parmi beaucoup d'autres perdus), un échantillon des préceptes de ce qu'était alors la leçon de morale, tels qu'on pouvait les lire à la première heure de la matinée, inscrits au tableau noir. Il s'agit tantôt de ce que je nomme « morale » (ainsi, dans « Je dirai toujours la vérité », l'on reconnaît un impératif kantien), tantôt de ce que je nomme « éthique », qu'il s'agisse de la façon convenable de se conduire dans la vie (« À table, j'attendrai qu'on me serve »), ou de la façon de se gouverner soi-même en vue d'une vie heureuse (« Sachons borner nos désirs » : le conseil d'Épicure).

9 avril 1932 : Aie la volonté de bien faire.

11 avril : Les animaux domestiques nous rendent de grands services. Soyons bons pour eux.

13 avril : Je ne ferai pas souffrir inutilement les animaux.

16 avril : Aime et respecte les plantes.

18 avril : Ne jette pas le pain : il est dur à gagner.

20 avril : Je mettrai de l'argent de côté pour les mauvais jours.

23 avril : Étourdis, devenez attentifs pour qu'on ait confiance en vous.

25 avril : Réfléchis avant d'agir.

27 avril : Je ne marauderai jamais.

2 mai : À table, j'attendrai qu'on me serve et je demanderai poliment ce dont j'aurai besoin. Je m'essuierai les lèvres avant de boire. Je ne boirai pas ou je ne parlerai pas la bouche pleine.

4 mai : J'enlèverai poliment ma coiffure devant les personnes que je connais et je dirai : « Bonjour Madame », ou « Bonjour Monsieur ».

7 mai : La vraie politesse vient du cœur.

9 mai : Aidons-nous les uns les autres.

30 mai : Honte aux curieux.

1ᵉʳ juin : Je dirai toujours la vérité.

4 juin : Aie du courage.

6 juin : Je prendrai l'habitude de faire chaque jour un examen de conscience afin de me corriger de mes vilains défauts.

8 juin : Je ferai le bien pour le bien, et non pour être récompensé.

11 juin : Sachons borner nos désirs.

13 juin : On hasarde de perdre en voulant tout gagner. Gardez-vous de rien dédaigner.

18 juin : Quand je trouverai un objet ou de l'argent, je le rapporterai à son propriétaire ou à la mairie.

20 juin : Le bonheur le plus délicat, c'est de faire celui des autres.

22 juin : L'ivrognerie et la paresse se donnent toujours la main.

Les agathes, ou agathéa, sont ces petites fleurs, semblables à des pâquerettes mais d'un bleu incomparable, que ma fidèle amie Armelle Hubert, de Saint-Servan sur Mer, m'a envoyées pour tenir compagnie à la cassette qu'elle m'offrait. C'était l'enregistrement d'un entretien qui eut lieu sur France Culture, le 19 août 2007, entre Raphaël Enthoven et Frédéric Worms, sur le thème : « La Philosophie de la joie ». Trois textes, l'un de Bergson, le second de Ionesco, le troisième de Dostoïevski, permettaient de préciser le sens de la joie. Pour Bergson, elle nous révèle l'« intention » de la nature ; pour Ionesco, elle a été, sous la forme de l'allégresse, ce qui lui a rendu l'innocence du monde et le goût de vivre, après le « à quoi bon ? » qui le harcelait ; pour Dostoïevski, elle est ce qui ne doit, en aucun cas, faire oublier le malheur. La souffrance de l'enfant est ce malheur. J'ai parlé de « mal absolu ». Frédéric Worms cite mon article. Il admet que ce que j'ai en vue, après Dostoïevski, est bien un mal sans compensation. Mais Raphaël

Enthoven cite le § 225 de *Par-delà bien et mal* : « La culture de la souffrance, de la *grande* souffrance, ne savez-vous pas que c'est cela seul qui a mené l'homme jusqu'à la cime de son être ? » Et de rappeler la phrase que chacun connaît, mais que l'on ne sait plus où situer dans l'œuvre de Nietzsche : « Ce qui ne me tue pas me rend plus fort. » Or, en ce point, c'est, curieusement, le « spécialiste » de l'œuvre de Bergson (où la négativité a si peu de place) qui insiste sur la négativité : toute souffrance ne permet pas le sursaut, le dépassement ; il y a ce qui rend plus fort, mais il y a aussi ce qui tue – et c'est d'ailleurs ce qui est impliqué par la phrase même de Nietzsche.

Qu'est-ce à dire ? Et que veut dire « tuer » ? Ce qui me tue : non ma propre souffrance, mais celle d'autrui – celle des enfants, ou adultes, que les nazis ont gazés, brûlés vifs, jetés vivants dans des puits, ou de ceux brûlés vifs par les bombes alliées dans les fournaises de Dresde ou de Hiroshima, ou celle des enfants affamés du Darfour, dont les yeux prient, ou de ceux dont la vie est un calvaire par suite de quelque maladie handicapante et incurable, ou la peine infinie de cette femme et de ses enfants que leur mari et père a abandonnés – ce que je ne puis comprendre (ni excuser) –, ou celle de ces enfants, dont Chantal m'a parlé, à qui leur mère a dit : « Je ne veux plus vous voir », et qui ne la voient plus, ou la misère des populations sinistrées lors d'inondations, de tempêtes, de sécheresses, etc., ou l'humiliation et la colère d'un peuple opprimé, ou la crainte des mal-logés d'être jetés à la rue après la saison d'hiver, ou l'angoisse des sans-papiers, à quoi s'ajoutent toutes les peines que peuvent avoir à subir mes proches et mes ami(e)s. Ce qui me fortifie : mes douleurs physiques, mes souffrances morales, mes échecs, mon angoisse. Après un décollement de rétine, je suis resté, à l'hôpital Rothschild, vingt-et-un jours, étendu immobile. les paupières cousues, sans plainte : épreuve d'endurance. Après maint effort, vain et ridicule, pour obtenir l'amour de celle que j'aimais, je gagnai en capacité de mépris pour moi-même dès qu'à un certain attendrissement de l'âme je sentais venir un amour malheureux. Après avoir échoué à un concours difficile, ce qui m'est arrivé trois fois, vivant cet échec comme un outrage, j'ai grandi en courage, j'ai opposé ma volonté au destin (« pas de fatalité ! »). Quant à l'angoisse, que j'éprouve croissante au fur et à mesure que se rétrécit le compte des jours qui me séparent de la mort, elle m'oblige au durcissement de la volonté, à la méfiance envers tout relâchement.

Que veut dire être « tué » par le malheur des autres ? F. Worms insiste : « Oui, il y a ce qui tue. » Puisque ce qui ne me tue pas me rend plus fort, ce qui me tue me rend plus faible. Dans la plupart des cas que j'ai cités, je ne vois pas ce que j'aurais pu faire pour aider : je suis faible, impuissant, comme paralysé. Être paralysé, c'est n'avoir plus la capacité de mouvement et d'action, être comme mort. Il y a les vivants qui souffrent, et je suis inutile aux vivants – du moins dans la plupart des cas, si l'on considère qu'il n'est pas inutile, par exemple, de manifester, comme ces jours-ci (avril 2008), pour le respect par les Chinois de la culture tibétaine ou contre l'expulsion des sans-papiers. Mais l'aide ici apportée est peu de chose, parce que collective, diluée, invérifiable. On me dira : « Vous souffrez pour les autres. Dès lors, ne vous retrouvez-vous pas dans le cas où la souffrance, étant la vôtre, vous fortifie ? » Cela est juste. Je ressens un accablement, un désespoir, mais je refuse l'accablement, le désespoir. Je dois *œuvrer* : si ce n'est pas pour les besogneux, que ce soit pour ceux qui croient n'avoir pas besoin d'aide, ne sachant pas que quelque chose leur manque, comme ils le reconnaîtront lorsque je le leur aurai apporté.

F. Worms semble penser que ce qui tue, ce peut être ses propres souffrances, ce que j'ai exclu pour ma part. Mais n'ai-je pas parlé un peu vite ? Il m'est difficile d'imaginer qu'un événement quelconque m'affectant gravement, puisse abattre mon énergie et mon courage (que serais-je d'ailleurs sans eux ?). Si des situations extrêmes pouvaient avoir cet effet, ce seraient celles où je ne puis imaginer de me trouver, car ma prudence, tout au long de ma vie, m'a permis de les éviter. Si je m'étais trouvé dépendant d'un patron, d'un contremaître, d'un officier d'un grade supérieur au mien, d'un directeur, d'un chef quelconque, peut-être eussent-ils pu m'induire en dégoût, en lassitude, en découragement, en désespoir. Mais ce sont là hypothèses d'école sans réalité, car je ne m'y reconnais pas. « Et si votre femme vous avait quitté ? », dira-t-on. Quoi que ce soit tout à fait inenvisageable (mais sait-on jamais ce qu'une femme vous réserve ?), je veux bien admettre que ç'eût été une épreuve, mais que, certainement, j'aurais surmontée, car elle ne m'aurait pas brisé au point de m'empêcher de regarder vers l'avenir.

Mon rapport à la vie est foncièrement volontaire. Dès que l'on se lève le matin, on a affaire aux « il faut », aux obligations de la journée. Quentin refuse depuis plusieurs mois de se lever. Il est déprimé, dit-on. Il refuse d'enclencher le processus qui le mettra dans l'engrenage des obligations. Il dit « non » *à tout*, en vertu de sa liberté absolue, métaphysique. Lorsque je me lève le matin, j'ai conscience de cette liberté, mais je refuse l'aboulie que Quentin, pour le moment, ne refuse pas. Qu'est-ce qui fait la différence entre nous ? Ce n'est pas d'être aimé, car nous le sommes l'un et l'autre. C'est plutôt le fait d'aimer. Je vois, chez Quentin, une panne (provisoire) de sa capacité d'aimer, plus précisément, de répondre à l'amour que l'on a pour lui. Rien de tel chez moi. J'aime beaucoup de choses, de vivants, d'humains, et très fort certaines personnes (proches ou amies) ; et je ne suis pas en panne de réponse. On ne peut démontrer à quelqu'un qu'il *doit* se lever, car il peut toujours refuser la fin (le *telos*) de ses actions. S'il décide de se lever, ce n'est pas par raison. L'amour seul, comme consubstantiel à la vie, peut faire que la volonté, au lieu de s'abîmer dans l'inertie, veuille vouloir.

Une journée morne, composée d'heures mornes qui se composent elles-mêmes de moments mornes. Il n'y a pas même d'instants, car rien ne se distingue de l'avant et de l'après. Tout se fond dans le terne. Mais voilà que sonne le téléphone. Moment d'humble espoir. C'est Albine (nom générique : voir *infra*). Elle dit : « J'ai fait ceci, j'ai fait cela… », et : « Savez-vous ce que l'on m'a dit ?… », et : « Avez-vous vu à la télévision ?… », et : « Si vous aviez un moment… » Des riens, encore des riens. Le fil du temps s'allonge, s'allonge, se creuse en lacs d'ennui. Je lève les yeux au ciel, regarde l'heure à l'horloge. Qu'une minute est longue ! J'attends que le flot des mots s'arrête. Je suis une poubelle où Albine verse son amertume, ses rancœurs. Je me garde de laisser s'éveiller en moi la moindre impatience. Je subis calmement le débit comme s'il s'agissait d'un phénomène météorologique. Il y a les Albine (je ne songe ici à aucun nom précis). Mais il y a aussi mes amies. Si morne soit l'heure et si forte soit mon envie d'entendre une voix humaine, quand une Albine parle, je préfère encore qu'elle s'arrête, tant l'insignifiant me harasse, et j'ai hâte de revenir à cette plaine grisâtre qu'est ma journée. Je n'en veux nullement aux Albine d'être ce qu'elles sont. Simplement, je préfère, même solitaire, vivre dans la pureté de mon air, où les miasmes de la mesquinerie, de l'envie, de la jalousie, de la médisance, de la supposition fielleuse ne pénètrent pas. Mon goût opère un tri sévère dans les manifestations des humains. Il y a celles que je subis, laisse passer et oublie rapidement. Et il y a celles qui éveillent de la joie dans mon âme. C'est qu'alors mon âme se reconnaît dans une autre âme, dont elle sent la générosité, la bonté. J'entends la sonnerie du téléphone. Je réponds. C'est Inès. Moment magique, éclat de bonheur. Qui est Inès ? Je n'ai pas une amie de ce nom. « Inès » est le nom générique de mes amies les plus proches. « Nom générique » : le mot fait allusion aux « portraits composites » de Galton (le portrait « composite » des six personnes d'une même famille, par exemple, est obtenu si les images des physionomies sont reçues sur la même plaque photographique, chacune pendant un sixième du temps nécessaire pour faire un seul portrait). « Inès » n'est pas plus Émilie que Zahra, ou Élodie, ou Martine, ou autre. C'est un flux de chaleur humaine qui me vient d'elle. Dès qu'elle me parle, je suis comme dans un rayon de soleil ; je me sens vu et aimé. Albine n'aime qu'elle ; Inès s'aime, mais elle m'aime aussi. Dans un portrait composite, les ressemblances ressortent avec force, tandis que les différences s'estompent. Les amies qui composent Inès m'aiment différemment. Chaque amour est lui-même composite : un zeste d'amour érotique (*éros*) – qui fait, pour moi, la différence avec toute amitié masculine –, une grande part d'amitié (*philia*), une part d'affection, de tendresse (*storgè*), une part d'amour fraternel (*agapè*). Comme la part de *philia* est, chaque fois, la plus grande, Inès est avant tout mon amie, bien qu'il y ait en elle quelque chose de l'amante et de la sœur. Que dis-je !

Inès, mon amie, peut jouer bien d'autres rôles : elle peut être mon amante (par la douceur de son baiser, quoique « pas sur les lèvres »), ma sœur, ma servante (je puis lui demander un service), ma fille (à qui j'ai envie de léguer tel bien auquel je tiens), ma compagne (si je vais en voyage), mon épouse (si je reçois des amis), ma confidente (à qui je conte ma vie, mes « aventures » – et peut-être me parlera-t-elle, comme Julie, de ma « pureté désarmante »), ma complice (pour faire de la propagande ou de l'agitation ludique – comme en mai 68), mon élève (à qui j'enseigne qu'il faut avoir lu *La Princesse de Clèves* et l'avoir admiré), ma disciple (qui place, comme moi, à la Source de toutes choses non le prétendu « Dieu » d'un monothéisme obsolète, mais la Nature infinie), et l'adepte de ma religion de l'amour. Il n'y a qu'un seul personnage qu'Inès ne peut être, dont elle ne peut jouer le rôle : ma mère. Or, lorsque la journée se traîne dans la monotonie, sans autre interruption que le coup de téléphone d'Albine et des moments de lourd ennui (Albine est un être composite chez qui domine l'absence de sentiments vrais, et qui distille l'ennui), que survienne, dis-je, la sonnerie du téléphone et que j'entende : « C'est Inès », alors quelle bouffée de joie ! D'un coup, me voici transporté sinon au septième ciel, en tout cas sur la colline des Muses, d'où je vois le Parthénon : oui, c'est comme une réminiscence de ce moment. On dira qu'il faut peu de chose pour me donner un grand bonheur. Je l'avoue. Beaucoup peut être égal à peu (beaucoup de mots qui, ou ne sont que ce qu'il faut dire, ou n'émanent pas de l'âme et n'apportent rien), mais peu peut être égal à beaucoup (peu de mots, mais riches d'émotions vraies, et qui disent plus qu'ils ne disent). J'ai écrit récemment à Martine : « Je ne te connais que depuis une dizaine de jours, et pourtant… » Merveilleuse langue française, qui permet de dire une infinité de choses en trois points…

Si je suis allé en Corse, où j'ai vécu, du 20 au 27 avril, la semaine la plus heureuse de ma vie, c'est d'abord parce qu'Émilie a souhaité, a voulu ce voyage, certaine qu'il y avait, entre l'âme de ce pays sévère et mon âme, une affinité qui me le ferait aimer. Mais c'est aussi que j'avais soif de voir Émilie dans son milieu de vie : soit à l'hôtel L'Atrachjata (« Le Crépuscule »), organisant, dirigeant, fixant le travail de chacun, soit au Centre équestre, route de Petraghje, à monter son cheval Frappeur (à l'heure même où j'écris ceci, elle est en train, avec Marie-Line, la fille de Noël, de donner leur avoine aux chevaux), soit chez son ami Noël, dans sa maison de bois, où règne un esprit chaleureux. Et encore ceci : je souhaitais connaître Noël, afin de comprendre ce qui avait bien pu faire qu'elle en soit devenue amoureuse. J'ai été rassuré, et heureux que son choix ait été bon. C'est après qu'elle fut venue me voir, en 2001 (j'ai conté cela), que vivant en Haute Corse, dans la Castagniccia, et cherchant à s'instruire dans le travail de la châtaigne, elle rencontra un montagnard qui en savait tous les secrets. C'était Noël. Je l'ai vu chez lui ; la sympathie entre nous est née aussitôt. Il m'a montré la petite chapelle blanche de saint Pancrace, où a été béni le mariage de sa fille Marie-Ange, et aussi un vieux moulin à châtaigne, dont j'ai admiré les meules, l'une en granit, l'autre en silex. Or, alors qu'Émilie est souvent inquiète, et n'est pas exempte, en dépit de son énergie et de sa force, d'une sorte de fragilité, Noël, avec sa volonté de reprendre toujours le dessus, et aussi son esprit, son humour, sa perpétuelle bonne humeur, lui apporte sérénité, confiance, sentiment de sécurité ; sa générosité aussi m'a frappé, car il est de ceux qui donnent non ce qui ne leur tient plus à cœur, mais au contraire ce à quoi ils sont le plus attachés : ainsi a-t-il donné à Sébastien son livre le plus précieux. Il était important pour moi de pouvoir penser qu'Émilie vivait avec son ami une relation heureuse ; si pourtant elle le quitte, ce n'est pas qu'elle soit moins aimante : c'est que sa nature indépendante et fière, quelque peu sauvage, lui fait une obligation de se retirer dans une relative solitude pour s'y ressourcer, c'est-à-dire pour s'y rendre pleinement attentive au conseil de son dieu (qui n'a rien à voir avec le « Dieu » que l'on connaît trop bien, corrélat fabuleux de l'homme « pécheur »).

La Nature a de multiples visages. Émilie est devenue captive de celui qu'elle montre en Corse. Pour son ami, elle a exprimé ainsi sa façon de sentir, son émotion :

> « Regarde : cette île a fait de moi sa naufragée, sa chanson m'a faite prisonnière [avant de songer à venir en Corse, Émilie a entendu, je ne sais où, un chant corse qui l'a envoûtée], et son cœur solitaire et dévasté mon geôlier. Je lui suis liée comme le jour à la nuit, comme l'arbre à ses racines, comme l'éclair au ciel qui se déchire. Ses jardins abandonnés sont l'espace de mon cœur

amoureux, ses montagnes de solitude les confins de mon horizon, sa terre endolorie ma couche et mon repos.

Ses souffrances, je les aime désespérément, ses couleurs d'automne
sont l'émerveillement de mon cœur, et les vents tourmentés qui
la traversent sont pour moi les plus tendres des baisers. Si tu comprends cela, alors tu comprendras que l'amour que je porte est
aussi sauvage qu'infini, parce que l'inévitable souffrance ne fait
qu'enflammer l'incendie de ce feu dont mon cœur est inconsolablement épris. »

Ce qu'elle aime si fort, si passionnément, Émilie a voulu
que je l'aime aussi. Et je l'aime en effet aussi fort, aussi passionnément, mais cependant dans une forme plus précise que ce
qui vient d'être dit. Il s'agit d'un terrain. « Il ne s'agit que d'un
terrain », dira-t-on. C'est comme si l'on disait de l'*Iliade* : il ne
s'agit que d'un poème. Émilie a voulu avoir en Corse son « Jardin », où il y aurait, au milieu d'une mer d'oliviers, au sommet
d'une colline, sa maison. Or, ce Jardin, dont elle va faire une
oliveraie, après maint combat contre les monstres et les géants
– l'administration –, elle l'a maintenant. Avec l'aide de Noël,
d'ouvriers et d'amis, elle a déboisé une colline, l'a dessouchée,
l'a labourée, l'a hersée ; puis des piquets ont été plantés en
ligne, au nombre de plus de sept cents, chacun indiquant l'em-
placement d'un olivier. Les choses en sont là. Le terrain, par
son ampleur, sa forme arrondie, avec une déclivité régulière et
douce, m'a semblé d'une telle beauté que l'image m'est venue à
l'esprit de la colline des Muses, à Athènes. Je vois le terrain
avec les yeux d'Émilie, et je le vois aussi bien comme un Poème
que comme un acte de foi. Le site merveilleux avec, d'un côté,
les montagnes enneigées, de l'autre la mer, fait tout autour un
grand silence, comme si allait s'y faire entendre une oraison
d'action de grâce. Du reste, lors de l'un des trois pèlerinages
que j'ai fait en ce lieu, me tenant au sommet où sera la maison,

j'ai eu dans l'esprit une prière au dieu de tous les espaces et de toutes les formes. Si ce dieu est celui d'Émilie, il s'agit d'un appel à suivre l'inspiration génératrice de toutes choses, afin d'agir et de réaliser dans la beauté. L'acte du travail qui plante l'arbuste est déjà beau en soi, et l'olivier planté est la beauté devenue évidente. J'imagine la joie d'Émilie devant son poème de terre et d'eau, de douceur et de lumière, de feuilles et de fruits mûrs. Car un poème ne se fait pas seulement avec des mots. Ainsi ai-je rêvé devant le terrain d'Émilie, près des quelques chênes-lièges, arbousiers et myrtes que, sur la crête, elle a laissés.

Émilie n'étant pas délivrée, comme moi, de l'astreinte du travail, ne pouvait me suivre dans toutes mes pérégrinations en Corse. C'est ainsi qu'elle ne put me suivre à Ajaccio. Mais elle fit en sorte que je sois accompagné par trois entités charmantes, Claudine, Annie et Claire, avec qui je vis et admirai la grotte de Napoléon, la maison natale de l'Empereur, le vieux quartier, le port, les Sanguinaires. Claudine alla rechercher les quarante-trois cartes postales que j'avais oubliées sur une table, Claire fut notre chauffeur. Elle me dit que, descendante de Mistral, elle n'avait rien de lui : de Treffort, je lui ai envoyé la grande œuvre du poète, *Mireille*, dans une édition du XIXᵉ siècle. Au retour d'Ajaccio, sentant que j'étais un peu inquiet par la vitesse effrayante avec laquelle Claire dévalait le col de Vizzavona (Émilie aussi aime la vitesse), Claudine dit qu'il fallait s'arrêter un moment pour me laisser admirer le Pont Génois sur le Tavignano, ce qui fut fait – après quoi, Claire montra plus de retenue. Il y a quantité de ponts en Corse, le plus célèbre étant le Ponte Nuovo, sur le Golo. À l'instigation de Noël, Émilie m'y amena. Site émouvant, où la défaite des troupes de Paoli (par la faute de la compagnie prussienne de Gentili, qui tira sur les nationaux) face aux Français, scella la fin de l'indé-pendance corse. Après une minute de silence en hommage aux héros, Émilie et moi allâmes à Corte. Nous vîmes la citadelle, la place et le cours Paoli, la place saint Marcel, puis descendî-mes au bas de la ville, jusqu'à l'Université. La bibliothèque sur-tout nous intéressait. C'est mon édition d'Héraclite, qu'Émilie, en 2001, avait consultée, qui l'avait décidée à venir me voir à Treffort : mémorable événement. S'y trouvait-elle toujours ? Elle s'y trouvait. Nous en fûmes ravis, tout en constatant qu'elle paraissait n'avoir pas été souventefois maniée. Mais dès lors qu'elle avait une fois attiré l'attention d'Émilie, elle avait joué son rôle pour l'éternité. Émilie me dit qu'elle n'avait pas mon édition de Parménide. Je la lui ai envoyée dès mon retour à Treffort, avec la dédicace suivante :

pour Émilie
qui, par la logique rigoureuse de son être,
  se montre de la race de Parménide,
qui, par là, se sépare du tout-venant des humains,
  les laissant à leur errance,
mais qui, si l'on sait l'écouter,
  apporte la joie et la lumière, une chance de salut et de bonheur

hommage d'un amical amour
  profond et absolu

« Si l'on sait l'écouter… » Je n'avais pas su l'écouter en 2001, lorsque son propos, « Qu'est-ce que misère et souffrance face à la bonté infinie ? », m'avait heurté, de sorte que j'avais vu, entre elle et moi, « une discordance qui était un abîme » (*Confession d'un philosophe*, chap. XVIII, p. 134). De là une page insupportable à Émilie, qu'elle ne peut relire sans souffrir, bien qu'elle me l'ait pardon-née. Je regrette d'avoir écrit cette page. Je n'avais pas compris Émilie. Aujourd'hui, mon intuition me dit qu'elle voit juste :

j'entends que la bonté qui émane de la Source de toutes choses et se déploie dans la diversité innombrable des formes, est quelque chose qui a droit de nous remplir de joie, sans qu'il y ait à la mettre en balance avec la souffrance (celle en laquelle j'ai vu un « mal absolu »), et sans qu'il y ait lieu de voir en elle une compensation de cette souffrance, car elle est d'un ordre totalement autre (mon incompréhension venait de ce que je ne savais pas dissocier la « bonté infinie », telle qu'Émilie l'entend, du Dieu du christianisme). Sans doute Émilie est-elle plus que moi à l'écoute de l'essence de la vie, et finalement plus grecque que moi. Admirable, sublime Émilie ! Comme je m'en veux de t'avoir fait souffrir !

Cette dédicace m'en rappelle d'autres. Ainsi celle par laquelle Émilie dédie à son ami Noël le livre qu'elle lui offre, *Tempi Fà : Arts et traditions populaires de la Corse*, de Pierre-Jean Luccioni :

> « Noël, le temps qui passe n'efface pas la mémoire de ceux venus avant nous, puisqu'elle s'inscrit dans chaque instant de nos vies. C'est pour cela qu'il est beau de construire et façonner le monde avec notre cœur. Que les battements de nos cœurs s'unissent encore longtemps aux symphonies de nos anciens ! »

... et celle par laquelle je lui offre *Quelle philosophie pour demain ?*

> « Sapho : "Les uns estiment que la plus belle chose qui soit sur la terre sombre, c'est une troupe de cavaliers ou de fantassins ; les autres, une escadre de navires. Pour moi, la plus belle chose du monde, c'est pour chacun celle dont il est épris."
> Mais pour moi, Émilie, si je te vois si belle, ce n'est pas parce que je suis épris de toi ; c'est, au contraire, parce que je vois d'abord – avec les yeux du corps, mais surtout de l'esprit – ta beauté dans son évidence, que, de toute nécessité, je suis porté à t'aimer. »

Nous étions venus à Corte imprégnés du souvenir de Paoli, car nous avions visité à Morosaglia, au hameau de la Stretta, sa maison natale, où est installé le Musée départemental Pascal Paoli, lequel rassemble des souvenirs du « général de la Nation », des portraits de lui par de grands peintres, etc. ; quant à ses cendres, ramenées d'Angleterre à Morosaglia en septembre 1889, elles reposent depuis dans la chapelle familiale. Le Musée et la cour étaient encombrés d'enfants qui apprenaient le nom du « Père de la patrie ». Le combat de Paoli pour l'indépendance de la Corse le rendit célèbre dans toute l'Europe. Voltaire l'exalta ; et l'on voit son nom apparaître dans une idylle de Hölderlin, *Émilie à la veille de ses noces*. Noël m'a offert le livre de Marie-Jean Vinciguerra, *Hölderlin et Paoli* ; je lui en suis reconnaissant.

Aller à Bonifacio avec Émilie était un rêve. Il s'est accompli. Pour voir la vieille ville avec des maisons aux escaliers extraordinairement étroits et raides, le port avec l'eau bleue entre les carènes des navires, le cimetière marin, les falaises, elle m'a aidé de son regard. Cependant, les vents tourmentés qui sont pour elle « les plus tendres des baisers », ne furent pas vécus par moi de la même façon, notamment lorsque, d'un souffle insolite et rageur, ils emportèrent mon chapeau. Reste que, quoi qu'il arrive (et même si sa conception du baiser me laisse quelque peu perplexe), tout, avec Émilie, n'en est pas moins merveilleux.

Elle a tant fait pour moi, et elle a tant d'indulgence ! Elle n'avait pas voulu que je loue une voiture. Je louai une 207 Peugeot, laquelle me conduisit allègrement dans le maquis, où je me mis en tête de suivre l'ancienne voie ferrée de Bastia à Bonifacio. J'eus des surprises désagréables et ma voiture aussi. J'appelai Émilie sur mon portable, pour lui conter comment je triomphais, non sans plaies et bosses pour mon véhicule, de la pierraille, des fondrières et des trous d'eau. Elle s'inquiéta, accourut à mon secours, alors qu'avec mon génie habituel, je m'étais tiré d'affaire. Or, elle me pardonna. Je ne lui dis pas qu'un pardon venant d'elle est tellement doux qu'il donne envie de recommencer.

Lorsqu'Émilie n'agit pas par obligation mais spontanément, c'est toujours par amour. Elle est venue me chercher à Bastia, m'y a ramené, m'a conduit à Corte, à Bonifacio, à Morosaglia, dans les villages de la montagne où elle avait ramassé les châtaignes avec Noël, dans le village de Prunelli di Fiumorbo, où Emmanuelle tenait absolument à me voir, et au vieil Aléria à admirer l'appartement qu'elle va occuper, qui a vue sur le site antique, et à l'étang d'Urbino, où nous avons déjeuné avec Noël et Marie-Pierre, et au Campo Quercio, où nous avons dîné avec Noël, Marie-Ange et Olivier, et où Francesca, petit génie de six ans, m'a offert le merveilleux dessin du bateau de ses rêves, que j'ai mis sur la cheminée de ma salle à manger, à côté de sainte Fortunade gardée par un lion.

Que conclure ? « Émilie vous aime », dira-t-on. Si tel est le cas, pourquoi ne le dit-elle pas ? Mais pourquoi le dirait-elle, même si c'est le cas ? Ces questions me paraissent étrangères au sujet, lequel, pour moi, est seulement Émilie, et non son rapport à un humble mortel qui, lorsqu'il pense à elle, ne pense nullement à soi, est au contraire libéré de soi, et, dans cette liberté, est aussi heureux qu'un mortel peut l'être.

❦

LXXIV
C'était il y a quarante ans...

LE MOUVEMENT de mai 68 ne fut pas une révolution, car les institutions ne furent jamais en péril. Ce ne fut pas non plus une révolte, mais un ensemble confus et non contrôlé de plusieurs révoltes corporatistes – des étudiants, des ouvriers, des employés, etc. Pour moi, ce fut surtout une récréation. J'étais alors maître-assistant à la Faculté des Lettres de Lille. En mars 1968, un calme profond régnait à la Faculté. On s'y ennuyait un peu (Pierre Viansson-Ponté ne venait-il pas d'écrire dans *Le Monde* son fameux article, « La France s'ennuie » ?). Le directeur du département de philosophie, Éric Weil, partit tranquille aux USA, et le doyen Reboul en Israël, tout aussi tranquillement. Quand ils revinrent, vers le 10 mai, quel ne fut pas leur ébahissement devant ce qu'était devenue la Faculté ! Ils prêchèrent le retour au calme. On rit, on se moqua d'eux. Le doyen dut se démettre, suivi par l'ensemble du conseil. Un nouveau conseil fut élu, dont j'étais. Que demandait-on ? Je crois que l'on aspirait simplement à plus de considération de la part des « mandarins » Les assistants, qui étaient souvent des hommes et des femmes âgés, étaient lassés d'être traités avec une hauteur et une condescendance, voire un mépris, qui contrastaient avec le respect dont ils avaient été l'objet lorsqu'ils enseignaient dans le secondaire (pour ma part, durant treize ans). En philosophie, le maître était Éric Weil, amical et bienveillant. Nous le vénérions. La révolte ne le visait pas. Mais les assistants philosophes suivaient le mouvement, et la tourmente n'épargnait personne. C'était une sorte d'effondrement des relations convenues et figées. Les Professeurs, avec un P majuscule, n'impressionnaient plus. On prétendait leur parler d'égal à égal : n'étions-nous pas aussi des travailleurs ! Conscients d'avoir mérité leur chaire, ils étaient ulcérés. On les cataloguait comme « de droite », alors que, bien sûr, il fallait être « de gauche ». Nous avions réunions sur réunions. J'avais souvent la parole. Je réclamais un « consensus » — mot qui fit son apparition en ce temps-là. Je ne me prenais pas au sérieux. Je jouais un rôle, tout prêt à l'abandonner à la fin de la représentation, ce qui arriva lorsque, le 30 mai, le général de Gaulle siffla la fin de la récré.

Dans l'université, le mouvement ne fut guère qu'une sorte de jacquerie. Il était né spontanément et avait crû d'un seul coup, comme un feu de paille. À Lille, il s'était confiné dans la bulle universitaire, n'avait pas débordé vers le monde ouvrier. À l'université même, il était resté interne au corps enseignant. Du reste, ce qui était contesté n'était pas la hiérarchie comme telle, mais la manière dont elle était vécue. Les non-Professeurs exprimaient une frustration morale. C'était la révolte des humiliés et des offensés.

À m'en tenir à ce que je connais, je dirai que le résultat du mouvement de mai 68 à l'université fut un bien. Les Professeurs descendirent de leur piédestal. Ou plutôt, il n'y eut plus de piédestal. Les maîtres-assistants (que l'on appela bientôt maîtres de conférence) ne furent plus choisis par les seuls Professeurs, mais élus par un collège comprenant les maîtres-assistants. C'est ainsi qu'au début de 1969, je fus élu à la Sorbonne. Le corps enseignant resta structuré hiérarchiquement, mais l'ambiance, la tonalité des relations humaines se trouvèrent profondément modifiées. Désormais, entre le professeur responsable d'une « unité de valeur » et ses adjoints, régna un esprit d'équipe. De plus, après le tremblement de terre de mai, un sentiment nouveau de solidarité se fit jour chez les enseignants, et une nouvelle cordialité – avec, souvent, le tutoiement – les rapprocha. Quant aux étudiants, ils constituèrent des populations fort différentes, selon la part qu'ils avaient prise à l'agitation. Ceux de Nanterre et de la Sorbonne gardèrent quelque temps des habitudes de contestation. Puis, le temps passa, l'esprit de sérieux revint. – Qui, étudiant ou enseignant, a vécu mai 68, garde le souvenir d'une sorte d'allégresse. Pendant vingt-sept jours, l'on s'était échappé d'un monde contraignant par la multitude des obligations qui imposent des formes fixes à la vie – au jaillissement de la vie. Cette vie avait jailli de façon inopinée, intense, surprenante. Il en restait l'idée qu'après tout, l'on n'est obligé à rien qu'à ce à quoi l'on s'oblige soi-même, et que la liberté métaphysique (la possibilité permanente de dire « non » à tout) était le trait essentiel de l'homme.

❦

LXXV
Solitude de mon amour

AYANT, DEPUIS NOVEMBRE, avec la cherté du fioul, cessé de chauffer une grande chambre où se trouve le poste de télévision, je me suis déshabitué de faire usage, de celui-ci, au point qu'aujourd'hui, alors qu'aux premiers jours de mai, la chaleur est là, je n'incline pas à revenir à mon ancienne habitude de regarder au moins la présentation du journal, cela sans même avoir à résister à la tentation, car il me faudrait, au contraire, un effort pour revenir à ce qui me paraît être maintenant une déplorable manie, les nouvelles pouvant être reçues en écoutant France Info, et les images étant inutiles. Mais cette indifférence ne se limite pas à la télévision. Les journaux aussi, à l'exception de ceux des pays de l'Ain parce que plusieurs de mes amies y écrivent, non seulement ne m'inspirent plus que de l'ennui, mais sont même devenus, pour certains, insupportables à lire. Or, une telle indifférence à l'égard de la télévision et des journaux, ne vient pas d'un parti pris d'indifférence, mais d'un rejet spontané, comme si j'avais à me protéger d'un péril, comme si se laisser envahir par ce que déversent les

308

quotidiens ou ce que l'on voit à l'écran, c'était devenir une sorte de poubelle, se gâcher et se perdre. Du reste, il me faut l'avouer : l'indifférence aux média entre dans le cadre d'une indifférence plus générale aux autres – non à tous, mais aux humains collectifs, qui sont le tout-venant des humains. Lors même que je passe des jours entiers dans la solitude, n'allez pas croire que je m'ennuie et que j'aimerais recevoir « une visite ». Il m'arrive de ne sortir de chez moi qu'aux moments où j'ai chance de ne rencontrer personne, tant j'appréhende le caractère convenu, le vide des propos échangés. J'ai besoin de n'avoir rapport qu'aux choses essentielles, et que l'on me parle, comme Émilie, lorsqu'elle est venue me voir en 2001, ou récemment en Corse, de « vérité », d'« amour », d'« infini », de « beauté » – de dieu aussi (le sien). Qui, dans mon village, a souci de ces choses-là, je veux dire d'y réfléchir, d'y penser ? Certes, il n'est sans doute personne ici qui ne soit bien disposé à mon égard. Je suis « le philosophe », je crois que l'on « m'aime bien ». Mais comment pourrait-on me comprendre, les valeurs auxquelles on se réfère étant tout autres que les miennes ? Qui se soucie avant tout, comme moi, de la recherche de la Vérité (mais oui, avec un grand V !) ? De quoi parle-t-on ? J'ose à peine le dire : du prix des denrées, des problèmes de la sécu, des cotisations pour la retraite, du chômage… Or, ce sont là choses générales, qui concernent tout un chacun, alors que ce dont il s'agit, à mes yeux, c'est, pour chacun (même s'il faut manger, se soigner, etc.), de vivre authentiquement sa propre vie, qui ne ressemble à aucune autre.

Haïssant toute dispersion, je reflue vers moi-même, je rentre et me concentre en moi. Ce que j'y trouve alors, c'est l'objet absent de mon amour. Dans son texte sur l'île de Corse, Émilie écrit : « L'amour que je porte est aussi sauvage qu'infini » (cf. *supra*, chap. LXXIII). Elle ne dit pas : l'amour que je *lui* porte. Je comprends cela de la façon suivante, sans être certain que ce soit ce à quoi songe Émilie. J'aime, mais c'est une sorte d'amour sans emploi, qui cherche son objet – mais le cherche en vain parmi les choses finies. J'aime plusieurs personnes, dont je pourrais dire ici les noms, mais elles sont inégales à l'objet de l'amour, de sorte que celui-ci se rétrécit pour elles, devient commun. L'objet de l'amour est la beauté, et elles sont inégales à la beauté : je les vois trop engluées dans la quotidienneté morne. Quelle beauté ? Non pas la simple beauté physique, ostensible, non méprisable pourtant, mais une beauté qui rayonne du dedans. Et non pas une beauté qui soit l'Idée platonicienne du beau, ou qui soit générale, mais une beauté accordée à la sorte d'amour dont mon âme est possédée. Car c'est un amour singulier comme mon âme même, et qui choisit, qui trie, qui comporte une exigence, un appel. Il veut un amour qui lui corresponde, et n'importe quel amour que l'on a pour moi ne le peut. Être aimé ne me suffit pas. Il faut que ce soit de la façon dont l'amour que j'ai en moi contient la définition. « Définition » : le mot est-il juste ? Peut-on *définir* ce qui est singulier, comme l'est mon âme elle-même ? Et il n'est pas étonnant qu'il soit sans emploi : quelle âme peut trouver sa juste réponse dans une autre âme ? Ainsi suis-je avec cet amour qui tâtonne et qui cherche. Il paraît devoir être comblé par une nature féminine, puis par une autre. Mais il ne trouve pas vraiment son objet. Émilie est à part. Mon amour pour elle s'accompagne de ravissement. Je ne vois que de la beauté en elle. Mais cependant mon amour reste trop contemplatif. L'amour veut être participé. Émilie n'apporte pas la réponse qui apaiserait mon amour dans le bonheur. Il y a du bonheur de part et d'autre. Mais j'ai beaucoup plus de bonheur à être près d'Émilie qu'elle n'en a d'être près de moi. De là, de mon côté, une souffrance et, dans mon amour, une sorte de plainte. J'aime et je pleure. J'ai un trésor et je n'ai aucun moyen de le dépenser complètement. Il reflue sur lui-même, n'ayant pas d'écho en tous points fidèle. Et ce que je dis là vaut aussi du côté d'Émilie. L'amour qu'elle porte, qui est infini, rencontre-t-il son objet et la paix ? Sans doute incomplètement. Sinon, pourquoi dirait-elle que son cœur est « inconsolablement épris » ?

L'amour que je porte est un feu solitaire. Avec qui le partager ? Je cherche autour de moi. Vaine recherche. C'est en Corse qu'il me faut aller. Là seulement le feu que je suis peut rencontrer un autre feu – dans la plainte peut-être, car cet autre feu est tellement assuré de soi qu'il n'a guère besoin de mon supplément de flamme. Plainte, mais bonheur cependant, car l'ardeur de ce feu symbolise avec ma propre ardeur [« symboliser » : avoir de la conformité – sens ancien]. Même si, Émilie, tu ne peux partager mon enthousiasme, en toi, je veux dire dans le pays de tes pensées, je suis, par sympathie, chez moi, comme dans le pays où il n'y a que du vrai et du beau. Peut-être y a-t-il quelque indiscrétion à parler ainsi, et quelque audace. Pardonne-moi. Pardonne aussi mon souhait : qu'il y ait, entre toi et moi, une sorte de Pont génois, où l'on puisse passer sans cesse de toi à moi, de moi à toi – j'entends de tes pensées aux miennes et l'inverse. Mais ton âme porte un amour que seul le dieu peut combler. Alors je reste sur la rive, te voyant comme le pays enchanté où, parmi des pensées nobles, je suis chez moi, mais comme en rêve.

Émilie ! Tout, avec toi, devient intense. Enfin, l'on vit ! Et à Treffort, je ne vis que par cette pensée de vivre avec toi – je veux dire dans les moments, même rares, où je suis avec toi. Je songe à ta conversation, lorsque tu laisses parler ton intuition des choses et ton cœur. Elle est surprise et joie. Aucun des thèmes rebattus n'y a sa place. On est devant le monde comme devant un temple. On accède au sérieux, non au sens de ce qui est sérieux dans la vie sociale, où l'homme du sérieux est l'homme d'une seule chose et, qui plus est, d'une chose *finie*, mais au sens de ce qui vous fait vibrer, admirer et pleurer. Quand je pense à toi et à ta Parole, des larmes me viennent, tant je te *ressens* et communie avec cette bonté que tu es. Je parle de cette bonté qui en toi est source plutôt que vertu, étant foncière et n'ayant pas à être voulue. Souvent, après m'avoir expliqué quelque chose, « Tu comprends ? », me dis-tu. Mais est-ce que je te comprends ? Tout, dans ton propos, est tellement autre que ce que les humains collectifs peuvent penser dans leurs catégories que, certainement, tu les déconcertes et les effrayes. L'amour même que j'ai pour toi, bien que total et n'excluant rien de ce que je vois de toi, ne s'accompagne pas d'une compréhension complète : bien des traits de toi, parlant ou réagissant, me provoquent à un dépassement, de même que les cimes des montagnes vous provoquent à vous élever.

Te comprendre, cela ne doit peut-être pas s'entendre en termes conceptuels : si, près de toi, je me sens devenir meilleur et plus libre, c'est peut-être alors que je suis le plus près d'une vraie compréhension de toi. Ou, lorsque je suis devant ton terrain et le perçoit comme une sorte d'hommage à ton dieu, et une sorte de pont jeté entre la terre et le ciel.

❧

Dᴀɴs ʟ'Iᴅʏʟʟᴇ *Emilie vor irhem Brauttag*, de Friedrich Hölderlin, le frère d'Émilie, Édouard, va combattre en Corse sous les ordres de Paoli, qui l'accueille en ami et en père. De tout cœur, il prend part à cette « guerre virile » qui doit assurer l'indépendance de l'île. Il meurt au combat, et pleurer devant son tombeau est maintenant, pour Émilie, une raison d'aller en Corse :

> *Dans ton sein*
> *Il repose, belle Corse ! Et tes forêts*
> *L'abritent de leur ombre, et tes brises*
> *Aux doux jours d'automne soufflent, avec amour, sur lui.*
> *La lumière de ton crépuscule dore son tertre.*

(trad. Marie-Jean Vinciguerra)

Pourquoi Édouard est-il allé en Corse ? La cause de Paoli était juste, et il admirait le héros :

> *J'adule le Général. Souvent en rêve*
> *Je l'avais presque vu tel qu'il est…*

Pourquoi Émilie voudrait-elle aller dans l'île ? Là-bas se trouve le « tertre » qui abrite le corps de son frère.

Mais pourquoi Édouard écrivait-il à Émilie et à leur père : venez, « venez dans ce pays neuf ! » ? « Pays neuf » : voici une première raison. Puis : « Il est un noble peuple, ici, en Corse… » Viennent alors des raisons plus précises.

D'abord, la beauté de l'île :

> *Que de merveilles avons-nous à admirer dans cette île bienheu-*
> *reuse !*

… ensuite, le fait que ce soit une « île bénie », habitée par un « peuple religieux » :

> *C'est pour un peuple religieux que le fils de Saturne*
> *Épargna cette rive, en mêlant l'âge d'or*
> *Au bronze.*

On songe au mythe des races, dans Hésiode. Les Corses, étant de la race de bronze, sont des guerriers. Mais Zeus ayant voulu qu'ils ressemblent aux hommes de l'âge d'or, cela signifie que, s'ils aiment la guerre, ce n'est pas pour la guerre elle-même, mais pour la paix – une paix où, délivrés du joug étranger, ils seront satisfaits des biens qui leur sont accordés et en jouiront paisiblement.

De là, la dernière raison invoquée par Édouard : la guerre de Paoli aura une fin – la Corse sera indépendante. C'est alors qu'Émilie et son père pourront venir :

> *Nous accomplissons notre devoir*
> *Et menons à bien notre noble tâche.*
> *Alors, vous vous baiserez le triste sol de la patrie*
> *Et vous viendrez vivre avec nous,*
> *Émilie ! Il plaira au vieux père*
> *De se retrouver parmi les vivants,*

De vivre une nouvelle jeunesse
Et enfin, de reposer, à sa mort, dans une terre inviolée.

Or, après la semaine qu'en avril j'ai passé en Corse, je ne songe qu'à y revenir. Que dis-je ! Je rêve d'y finir mes jours, et, moi aussi, d'y « reposer ». Pour quelles raisons ? Certes, aucune de celles que fait valoir Édouard. La Corse n'est pas indépendante. Elle n'est plus un « pays neuf » ; elle n'est plus « inviolée », mais violée au contraire, notamment par la base de l'OTAN, dont le bruit des avions et des tirs pollue le centre équestre de Noël et Marie-Line. Elle est belle, oui, mais je ne traverse pas la mer pour la seule beauté des paysages. Enfin, si le peuple est religieux, cela ne peut être au sens panthéiste, le seul avec lequel je pourrais me sentir en affinité.

Les raisons que j'ai de revenir en Corse se réduisent à une seule : Émilie y vit – une Émilie qui est toute différente de l'Émilie de Hölderlin. À supposer que cette dernière vive en Corse, je n'aurais aucune envie de la rejoindre. Elle est tellement différente de « mon » Émilie ! Comment pourrais-je m'intéresser à un être dont le caractère s'inscrit à ce point dans la monotonie ! Elle est fidèle à la mémoire de son frère, elle a une grande pureté d'âme, elle aime tendrement la nature et les bêtes : soit ! mais tout cela dans l'immuabilité, sans aucune de ces variations qui font la vie.

Émilie – la vraie – est tout le contraire de cette fiction. Sa nature – n'est-elle pas amante d'Héraclite ? – fait qu'on la pense volontiers comme unissant les contraires : sérénité et angoisse, certitude et interrogation, force et fragilité, inquiétude et confiance, souffrance et bonheur ; franche, elle est aussi réservée, réaliste, elle est aussi imaginative, proche, elle est aussi distante. Cependant, je ne puis ajouter : courageuse et lâche, belle et laide ;

belle et courageuse, elle ne peut être autrement. Lors de ma venue en Corse, j'ai été surpris de la voir dépendante de la cigarette, cela en contradiction avec son exaltation et son amour de la vie : faiblesse – qu'elle reconnaît –, mais ni lâcheté, ni laideur.

Je ne sépare pas Émilie de son monde, de son cadre de vie, de son entourage, puisqu'elle les a choisis et qu'ils reflètent quelque chose de son âme. Quand je l'imagine dans le vieil Aleria, ou sur la colline dont elle a fait son terrain, ou au centre équestre à brosser ou à monter son cheval Frappeur, je participe de ce qui fait au jour le jour sa vie, et je me sens retenu de rester non loin d'elle en ces lieux, comme si j'étais un vaisseau qui y eût jeté l'ancre. Si je songe maintenant aux humains qui sont ses proches, ses adjoint(e)s de travail ou ses ami(e)s, comment oublier la façon dont ils m'ont reçu, admis, comme si un ami d'Émilie était comme désigné pour avoir sa place dans une communauté dont elle est le foyer – communauté non structurée et comme naturelle. Voici la différence entre ici et là-bas. Dans la France d'ici, les amitiés dont je puis me réjouir sont nombreuses, mais elles sont disjointes : mes amis corréziens n'ont pas de lien avec ceux de Paris, ni ceux d'Antibes avec ceux de Saint-Jean-de-Luz, etc., tandis que, dans l'« île bienheureuse », comme Émilie était un centre et un foyer, je me suis trouvé aussi comme un centre et un foyer. J'étais « Marcel », dans une communauté – communauté pouvant s'élargir jusqu'au point où elle est cernée par l'ailleurs. « L'océan ceinture les terres », rappelle Édouard à l'Émilie de l'idylle : d'un côté la Méditerranée, de l'autre, la mer tyrrhénienne – le *mare etruscum* des Latins. De là un sentiment de solidarité qui a son fondement dans une solidarité voulue par la géographie. Et je me sens membre de la grande famille d'Émilie. Les amitiés qui m'entourent ne sont pas disjointes. Elles forment une seule grande amitié. La Corse est mon amie.

J'ÉCRIVAIS, au chapitre XXIX : « S'il y a ou non, un Dieu, on l'ignore, mais qu'il y en ait un ou non, le chemin "vers Dieu", le vrai chemin de vie, n'en est pas affecté. » Ce chemin est celui de l'amour inconditionnel de tout être humain (« inconditionnel », c'est-à-dire qu'à la suite de Jésus-Christ, on ne pose même pas comme condition qu'autrui ne soit pas un ennemi). Ainsi se trouve définie la religion de l'amour. J'ajoutais : « La religion de l'amour est une religion sans Dieu » – le mot « Dieu » étant pris au sens des théologiens.

Émilie adhère entièrement aussi bien à ma religion de l'amour qu'à mon rejet du Dieu des religions instituées, des théologies et des dogmes. Cependant, elle reste insatisfaite. La religion de l'amour, telle que je l'entends, nous laisse confinés dans la sphère humaine. Certes, il faut aimer, mais il faut un amour non seulement inconditionnel mais illimité, c'est-à-dire non limité à l'homme, élargi à tous les êtres, et, comme dit Émilie, immense et infini. Seul cet amour est la juste réponse au Geste initial d'où est née toute vie. Dès lors que j'ai mis à bas toute théologie et rejeté le créationnisme, j'ai pu maintenir ma métaphysique de la Nature, où la Phusis (Φύσις) omnienglobante est la génératrice de toutes choses.

Émilie admet cette notion, à la condition, si la *Phusis* est la Source, de lui accorder un caractère divin. Qu'est-ce que cela signifie ? Qu'est-ce que cela ajoute d'essentiel ? La *Phusis* est Vie, est la Source toujours vive, et tout ce qui en découle ne peut être que vivant.

Mais si l'on dit que la Source est « divine », on entend quelque chose de plus, à savoir qu'elle engendre dans la beauté, et que toutes ses productions participent de ce qui est beau et bon. Or, que la Source ait un caractère divin, qu'elle ne crée ni le laid ni le mal, le spectacle de la nature en fait foi. Pourquoi la beauté des œuvres de la Nature, pourquoi la beauté du monde, si la Source était malicieuse en elle-même, préférant le mal au bien ? Tout ce qui existe suppose une Bonté originelle et infinie, et non une sorte de puissance neutre, indifférente à créer d'une façon ou d'une autre, bonne ou mauvaise. Les êtres sont le résultat d'innombrables gestes de bonté, qui sont la multiplication d'un Geste unique et éternel. Si donc l'on veut être fidèle à l'esprit de la Source, à ce qu'Émily Brontë appelle la « toujours présente Déité », Hölderlin le « saint » (*Heilige*) ou la « Divinité » (*Gottheit*), Émilie la « Vie » ou « dieu », il n'y a qu'une façon de faire : réaliser dans sa vie le plus de bonté et de beauté qu'il nous est possible. Or, cela ne se peut que par l'amour, tout amour particulier trouvant sa justification et son fondement dans l'amour infini par lequel on doit répondre à l'éternel et inlassable Amour qui, par pure bonté et gratuité, nous a fait vivants. « Ô bienheureuse Nature ! (*O selige Natur !*) ô bien-aimée, dont je suis le bien-aimé ! », s'écrie Hölderlin. Cette exclamation pourrait être celle d'Émilie — compte tenu que *selig*, « bienheureux » signifie, pour Hölderlin, « qui partage la vie du dieu ». Pour Émilie, chaque être humain, et d'ailleurs chaque être, est une parcelle de l'universel esprit divin, qui, dans l'immensité de la nature, inspire et anime partout la vie. Je recueillais la parole de Jésus : « Aimez-vous les uns les autres ; aimez vos ennemis » ; mais je n'en donnais pas le fondement. Il faut aimer les humains, et le monde et les êtres du monde, parce que c'est la réponse appelée par l'Amour, qui, dès l'origine, et bien avant l'amour que se sont porté nos parents, a comme ménagé notre venue – ce qui ne signifie pas la prévoir ou l'anticiper (l'absurdité d'un Dieu qui sait déjà l'avenir a été écartée…).

La *Phusis*, ou, si l'on préfère le langage religieux, la Déité primordiale, est le Poète universel. Elle n'agit pas simplement, elle crée, à la façon d'un peintre qui, certes, agence du mieux possible les traits et les couleurs, mais qui ne voit ce que son tableau devait être qu'une fois achevé. Toute vie, dans la nature, n'est qu'évolution créatrice, et l'avenir ne peut advenir qu'à mesure, il ne peut advenir d'avance. Or, si l'homme doit vivre selon sa destination, c'est-à-dire aimer, ce ne peut être, lui aussi, qu'en créant, c'est-à-dire non simplement en contemplant, mais en agissant, *en créant*. On contemple la nature, on en voit la beauté. Mais cette beauté n'existe que par une création continuée, car la Source n'est pas active seulement « au commencement » et une fois pour toutes, mais éternellement et à tous les moments du temps. Si les êtres finis n'étaient pas soutenus par elle et par sa toute-présence, toutes choses sans doute sombreraient aussitôt dans le néant. On aime la Déité en l'imitant, et, puisqu'elle est créatrice, en créant. Et dès lors que l'on crée sous l'inspiration de l'amour, il faut que ce soit avec le souci du beau et du bien, en rejetant le mal.

Quel chemin dans la vie doit-on prendre ? L'amour trace ce chemin. Et il n'y a qu'un chemin. Pourtant, nous pouvons nous tromper, et même nous tromper absolument. Car ce chemin, nous pouvons le suivre dans un sens ou dans le sens contraire. La Déité n'a pas décidé d'avance de l'usage que l'homme ferait de sa liberté. L'homme peut toujours, en bien, en valeur, monter ou descendre, aller vers le haut ou vers le bas. L'orientation n'est pas définie par un but fixé d'avance, mais par l'opposition à l'inclination vers le bas. On s'élève par la lutte, la guerre en et avec soi-même. Émilie est une guerrière, mais non violente. Comme Athéna.

LA SOUFFRANCE DES ENFANTS apporte un démenti à la considération de la « bonté infinie » de Dieu ou de la Déité. Voilà ce que je disais dans la *Confession d'un philosophe*. Émilie n'avait pu sans souffrir lire cette page du chapitre XVIII, où j'affirmais la « discordance » de nos sensibilités. J'ai reconnu depuis (cf. *supra*, chap. LXXIII) que le malentendu entre nous était dû à mon incompréhension. J'assimilais la Déité d'Émilie au Dieu tout-puissant, tout-connaissant et tout-bon, du judéo-christianisme. Or, la Source de toutes choses, la Nature, non pas aveugle mais bienfaisante, et, comme telle, divine, n'a rien à voir avec le Dieu rémunérateur et vengeur. Elle n'est que générosité, et, ignorante de l'avenir, elle laisse libre.

Or, mon amie Verveine, après avoir lu cette même page, a voulu évoquer son expérience aussi bien de la souffrance que de la bonté qu'elle dit être « de Dieu », et ainsi loin de vouloir trancher entre Émilie et moi (celui que j'étais…), nous comprendre – pense-t-elle – tous deux.

Elle m'a écrit la lettre suivante :

Cher Marcel,

11 mai. Le dimanche provincial touche à sa fin, et je suis heureuse de venir parler avec toi.

Confession d'un philosophe : le livre m'intéresse, me passionne, et particulièrement les chapitres consacrés à Émilie. À ce propos, je voudrais te dire quelque chose. Tu voudras bien m'excuser si je parle de moi : j'ai si peu d'intérêt. Mais vraiment, j'ai quelque chose à dire à propos de la « bonté infinie » dont parle Émilie et de la souffrance des enfants qui te tourmente tant. Je trouve également injuste la souffrance des femmes, des vieillards, et même la souffrance d'un superbe jeune homme de trente ans ou d'une belle adolescente de seize ans.

Je souffre – je te l'ai confié – d'une très grave maladie mentale dont on ne guérit pas. On la soulage avec des neuroleptiques, avec le lithium. C'est la psychose maniaco-dépressive, qu'on appelle aujourd'hui « troubles bipolaires ».

J'ai vu, sur Arte, des jeunes gens atteints de cette maladie. Une jeune fille disait : « Je souffre le martyre. » Un homme disait : « C'est l'enfer. » Un autre homme racontait comment, en vacances en Israël, il a été victime d'une crise de délire, s'est déclaré espion auprès des services de sécurité, a été emprisonné, torturé, jusqu'à ce qu'on reconnaisse que c'était un malade mental.

Ces personnes interrogées sur Arte étaient jeunes. Ce n'est plus mon cas. J'ai donc derrière moi tout un passé de souffrance, d'épisodes délirants, et le présent me fait dire : « J'ai l'enfer dans la tête. » J'ai connu la peur panique. Je me voyais entourée de policiers dans une dictature. J'ai écouté un jour un musicien argentin – pas Miguel Estrella – parler de la peur. C'est exactement ce que je ressentais. J'étais tellement submergée par une peur galopante que je me posais la question : « Pourquoi cette peur ? On va t'arrêter, te torturer, te tuer peut-être. Mais tu peux le supporter. Cela ne justifie pas cette terreur. » La peur était pire que tout, incontrôlable. Bien sûr, c'est plus terrible d'être vraiment arrêtée, violée, torturée. Mais la peur était la même, même si le risque était nul – pas vraiment nul, car on se retrouve en hôpital psychiatrique.

Je passe sous silence les événements dramatiques de ma vie, les échecs, les humiliations, les déceptions, et cela toujours plus ou moins lié à cette psychose.

Et malgré tout, je sens l'amour de Dieu ! Il m'apporte le don de sa paix infinie. À certains moments.

À Pâques 82, j'ai été très malade. Je disais à l'abbé Pierre Fontan : « J'ai le sentiment d'avoir vécu la Passion du Christ. » Et l'abbé m'a répondu : « Vous l'avez vécue. » – Mais je connais la Résurrection : quand on m'a soignée, entourée de l'amour de mes proches, je suis revenue à la vie.

Je ne reproche rien à Dieu. Je l'aime et je recense ses bienfaits. Et la mort, c'est pour moi le moment où je le rejoindrai totalement. Je m'estime à juste titre comblée par ses bienfaits. Bien sûr, il y a le cyclone en Birmanie, les tremblements de terre, l'Irak. De toutes mes forces, je prie pour ceux qui souffrent. Est-ce parce que la Création n'est pas achevée, qu'elle est dans les douleurs de l'enfantement ?

Le mal existe, en nous et hors de nous. Néanmoins, dans cette solitude où je suis, torturée par l'enfer de la psychose, je sens la Présence de Dieu, et je lui dis merci. Pas merci pour la souffrance, merci pour la beauté, pour l'amour, pour la poésie, pour la philosophie, pour le café, pour les étoiles, pour le pain frais, pour le soleil et pour la lune.

Voilà ce que je voulais te dire, cher Marcel. Entre toi et Émilie, je ne saurais trancher. Je vous comprends tous deux.

Avec les poètes, je dis : « C'est beau, la vie ! », et aussi : « Je reste roi de mes douleurs. »

Merci de m'avoir si bien écoutée ! Entends-tu aussi le tourlirouli des tourterelles ? Les cris des enfants qui jouent dans le square ? Les voitures qui roulent sur le boulevard ? La vie, tout simplement.

Verveine songe au Dieu chrétien. En ce cas, la contradiction, à mes yeux, n'est pas levée. Mais avec la Déité d'Émilie, la contradiction est levée. Je puis être un fervent de la religion d'Émilie.

❦

*L*ORSQUE JE VAIS CHAQUE MATIN au village par le chemin du lavoir, alors que, sur la chaussée pierreuse, je longe notre ruisseau et me réjouis de son chantonnement (qui le fait nommer « Nakartan »), je ne puis me défaire, à son égard, d'un dédain variable, qui vire au mépris en été. C'est que je mesure ce qu'il est au modèle de ruisseau que je porte en moi, qui a été fixé par le ruisseau qui nourrissait de son eau le village de mon enfance (car on allait « chercher l'eau au ruisseau » : on ne l'avait pas « sur l'évier »), et que, de la maison de mes parents, je devinais à l'orée de la forêt, au bout de la prairie. Alors que le Nakartan se réduit souvent l'été à un filet d'eau, il avait, lui, de l'eau en abondance en toute saison. Généreux et nécessaire, il était comme une personne que l'on aimait. J'aime aussi le Nakartan, car l'amour peut aller avec le dédain. Mais pour un ruisseau, il est maigrichon. Il emmène ses eaux bonassement à la rivière Reyssouze : petit ruisseau, petite rivière, alors que mon ruisseau natal apporte ses eaux bouillonnantes à la somptueuse Dordogne,

1. Texte paru dans *Philosophie magazine* (n° 23, octobre 2008), repris ici avec l'aimable autorisation d'Alexandre Lacroix, rédacteur en chef, que je remercie (M.C.).

exactement en face du site d'Estresse, où le roi Eudes tailla en pièces les audacieux Vikings qui, sur leurs drakkars, avaient remonté la Dordogne en vue de piller l'abbaye de Beaulieu. Mais ma rêverie quitte les Vikings. La Dordogne me fait songer à Montaigne, et à ce passage des *Essais* où il admire que la rivière ait tellement gagné en vingt ans « sur la rive droite de sa descente », qu'elle a ébranlé les fondations de plusieurs bâtiments. Ce même passage m'était venu à l'esprit il y a deux ou trois ans, à l'occasion d'un séjour en Corrèze, lorsque, m'étant arrêté au milieu du pont qui unit Altillac à Beaulieu et regardant vers l'aval, j'observais que c'était, cette fois, sur la rive gauche que la rivière avait gagné, et au point que je ne reconnaissais plus le pré où, enfant, je gardais les vaches, tellement la morsure des courants l'avait étriqué. Que d'heures j'ai passées à regarder l'eau, ne me lassant pas de ses variations. Je savais, bien avant d'étudier Héraclite, que « l'on ne descend pas deux fois dans le même fleuve ». Je me demande auprès de quel fleuve rêvait Héraclite d'Éphèse : le Caystre, tout près ? le Méandre, plus abondant ? Tandis que je rêve à la rêverie d'Héraclite, je croise un passant qui me parle : « Encore de la pluie ! – Hélas ! » Je dis « hélas » pour couper court à la conversation. Je ne suis pas disposé par mon humeur du jour à expliquer à un quidam pourquoi j'aime la pluie. En même temps, les mots que je pourrais dire trottent dans mon esprit : « Quand j'étais, enfant, chez mon père, les jours de pluie étaient les jours bénis, où je pouvais rester à la maison, à lire, au lieu d'aller travailler dans les champs. » Et je me revois dans ces champs, au bord de la Dordogne, avec l'église d'Altillac et le château de la Majorie sur les collines. Je songe à l'enfant que j'étais. Je vois que j'étais déjà celui que je suis devenu. Mais voilà que, chantonnant et rêvant, le Nakartan et moi sommes arrivés au village. Fini de rêver !

Noël et Émilie me disaient : pourquoi ne pas venir vivre avec nous en Corse ? Je répondais ne pas vouloir que mes amis assistent à mon dernier déclin. Je me souvenais que ma femme avait été contente de n'être atteinte de la maladie de Parkinson qu'après qu'elle fut venu vivre à la campagne, loin de ses amies parisiennes. J'ai eu quatre-vingt-six ans. La maladie peut survenir à tout moment. Je ne crois pas avoir à craindre la maladie d'Alzheimer : tout risque de ramollissement cérébral me semble invraisemblable. Mais la rupture de quelque vaisseau sanguin peut me laisser handicapé. Or, j'aurais horreur d'offrir à mes amis un spectacle lamentable, où leur affection dégénérerait en pitié.

Telle est donc la raison qui m'avait fait écarter l'idée de vivre en Corse mes dernières saisons. Mais cette raison a perdu de sa valeur lorsqu'il m'est venu à l'esprit de demander à Émilie si elle accepterait que je choisisse la mort volontaire, et que, pour le dernier acte de ma vie, nous décidions ensemble du moment opportun. Elle a accepté, preuve d'amitié que je tiens pour extraordinaire, et même inouïe. Mourir, je le crois, me sera facile, si cela a lieu en présence d'Émilie, comme jadis, pour Socrate, en présence de Phédon (et si, comme Socrate fait avec Phédon, je puis « lui caresser la tête, et presser dans ma main les cheveux qui flottent sur son cou », *Phédon*, 89b). Quant au moyen de la mort, j'en dispose grâce à un incomparable ami que j'ai dans le corps médical.

Mon corps mort devra rester en Corse avec mon âme, et non être rapatrié sur le continent, car si ma patrie est la Corrèze, ce sera aussi la Corse. Mon souhait, ai-je dit à Émilie, serait que ma tombe soit sur son terrain, dans la partie basse et sombre, cachée sous des chênes-lièges. Mais elle veut, au contraire, que ma tombe soit au haut de la colline, sous un olivier, près de sa maison. Elle aura un banc de pierre sur lequel elle se reposera et me parlera. Hésiode évoque les « bons génies de la terre, gardiens des mortels, dispensateurs de la richesse » : c'est là ce que je serai, c'est l'honneur qui me sera accordé. Émilie, avant tout, aime son dieu, et elle rapporte tout amour humain à son dieu. Qu'elle veuille que ma tombe soit près de sa maison, je vois là cependant une preuve d'amour extraordinaire, que je ressens avec un bonheur inouï. En ce monde, où l'absolu du don et de la sincérité est chose fort rare, notre rencontre, d'Émilie et de moi, a été, a-t-on pu dire, d'une grande beauté. Mais le choix d'Émilie de me vouloir près d'elle, elle en sa maison ou sur le banc, moi non loin, cela pour que notre rencontre n'ait pas de fin, grâce à un échange indéfini de mots et de pensées, et à une mutuelle participation aux vibrations de nos âmes, ce choix, dis-je, a quelque chose de fabuleux ou de divin. L'on quitte la terre. Au sommet de la colline, l'on est chez les dieux. (« Mais votre âme, dira-t-on, sera morte avec votre corps » : voilà un de ces enfantillages désespérants qui n'appellent pas de réponse.)

On me dit qu'en Corse, comme en France continentale, il est interdit d'être enterré sur une propriété privée. Oui, mais en Corse, on est loin de la rigidité barbare qui s'impose sur le continent ; on est humain. Ange Fraticelli est le maire d'Aleria. Il comprendra que si je souhaite que ma tombe soit sur le terrain d'Émilie, ce n'est pas par suite d'un goût bizarre, mais par l'effet d'une exigence et d'une nécessité spirituelles, qui tiennent, autant qu'à mon attachement indéfectible à Émilie, à ma vision religieuse – au sens d'Émilie – du monde et de la vie. Or, si le maire d'Aleria, dont dépend le terrain d'Émilie, est convaincu du bien-fondé de notre souhait, il est peu concevable qu'en haut lieu on veuille s'en tenir à la règle formelle, dès lors que les faits montrent qu'en Corse, elle est susceptible d'exception. L'évidence, en effet, n'est-elle pas là, qu'Émilie et moi relevons de cette catégorie particulière qu'est « l'exception » ?

$\mathcal{A}$LERIA, le 17 mai 2008

Cher Marcel,

Merci pour « La religion d'Émilie ». Il n'y a rien que j'aie envie
de changer, car ce que tu écris à mon sujet est bien tel que c'est
– peut-être pas dans le sens où
tu cherches à me décrire telle
que je suis, mais plutôt en ceci
que chaque étape, chaque pas
se précise et se rapproche
d'une compréhension mu-
tuelle entre nous. De toute façon, sache qu'à mesure que tu
chemines, je chemine aussi.
Comme l'a dit Zénon d'Élée,
celui qui a commencé à avan-
cer après l'autre ne pourra pas

le rattraper, même s'il va plus vite… Cela ne veut pas dire que je

1. Émilie a fait ses études en langue espagnole ou anglaise. « Ce langage que j'utilise n'est pas
celui que je maîtrise », m'écrivait-elle en 2001 (cf. *Confession d'un philosophe*, XVII).

suis trop éloignée, mais que lorsque tu croiras avoir cerné la chose, je serai déjà autre, car c'est l'amour de Dieu qui le veut. Il y a des choses qui ne changent peut-être pas, mais celles qui justement t'intéressent sont celles qui se transforment toujours et encore. Dans la graine, il y a la plante – la fleur, le fruit, l'arbre, l'écorce et la feuille. Mais tant qu'on ne connaît pas la Source, on est toujours surpris de voir qu'à la place de la graine il y a la feuille, ou la fleur à la place de la branche, ou le fruit à la place de la fleur. Quand on chemine vers Dieu, on se retrouve tantôt fleur, tantôt arbre, tantôt branchage ou écorce… tu comprends ? Et ce qui était hier était pour hier… ; aujourd'hui ne répétera peut-être pas hier, car aujourd'hui est un autre jour ! Les hommes cherchent ces répétitions, ces constructions-là. Cela vaut pour les affaires concrètes, mais en ce qui concerne Dieu, le seul axe immuable, c'est Lui. Alors comment savoir… comment vivre sa vie ? Justement : tu disais que ma « théologie » ne voyait pas de prédétermination…[1] Eh bien alors, il faut aller jusqu'au bout de cette idée… ! Trouver le sens de Dieu dans un acte, une réaction, le mot juste, etc., c'est comme tirer une flèche droit vers sa cible (l'unique cible). D'ailleurs, il me semble qu'Homère use souvent de cette métaphore lorsqu'il décrit les paroles sages ou celles des dieux : lorsqu'elles sont justes, elles « atteignent leur cible » (cœur ou esprit de celui qui les reçoit), comme émises par un archer habile. Il faut être en Dieu, ou, comme je le disais, amoureux de Dieu, pour atteindre la cible et voir la fleur éclore, ou supporter d'être une écorce nue et sèche lorsqu'il le faut. Quand les choses ont leur sens en Dieu, tout alors est beau parce que tout est à sa juste place.

Cela, c'était pour répondre un peu à la question : « Quel chemin doit-on prendre dans la vie ? »

En ce qui concerne l'amour, je voulais aussi te dire quelque chose. Aimer, ce n'est ni beau (seuls les romantiques le croient), ni mauvais (seuls les cyniques le pensent), ni bon (seuls les chrétiens et les socialistes le pensent), ni une faiblesse (seuls les endurcis le pensent), ni une force (seuls les bigots le pensent), ni une folie (seuls les simples d'esprit le pensent – s'ils pensent), ni

---

1 Alors que, dans les théologies traditionnelles, « la prescience de Dieu rend tout l'avenir certain et déterminé » (Leibniz, *Théodicée*, 2) – ce qui est fort embarrassant pour la liberté de l'homme (note de M. C.).

une qualité (seuls les prétentieux le revendiquent). Aimer, c'est tout simplement aimer – c'est un chemin. Or, un chemin mène toujours quelque part. Il n'y a pas de chemin sans but, comme il n'y a pas de quête sans sujet[1]. On peut ne pas atteindre son but ou le sujet de sa quête, mais pour pouvoir mettre un pas devant l'autre sans tourner en rond, il faut un cap. Pour moi, le cap, c'est Dieu, mon chemin, c'est l'amour (de Dieu), et que j'atteigne ou non le but est sans importance pourvu que, dans le chemin, je m'engage encore et toujours. Alors j'aime, et parfois j'ai mal, parfois je suis décrite comme mauvaise, parfois je me sens faible et fragile, voire perdue ; parfois je me sens forte, parfois je dois accepter l'humiliation, parfois je dois souffrir, parfois je dois combattre…, mais si c'est dans la voie de Dieu, alors la souffrance m'apporte le bonheur à l'instant, ni après, ni plus tard – bonheur qui n'annihile pas la souffrance, mais qui est là, bien présent : cela, c'est de l'Amour. Je n'essaie pas de m'expliquer pourquoi *moi* je souffre, si je suis dans ce cas-là. Je le vis tout simplement et avec courage. Si je souffre et que je ne ressente que de la souffrance, alors c'est que je suis loin de mon chemin, et là ma souffrance est extrême, insoutenable, et je dois tout faire pour retrouver mon chemin. – Voilà comment je vois la vie chaque jour. C'est aussi simple et difficile que ça.

Et puis, il y a autre chose que je voulais te dire : j'ai longtemps cherché un ami qui sache mieux que moi ce chemin. Il y a eu tant de fois où je me suis perdue, où, pire… je me sentais naufragée. Mais à part les morts[2], aucun vivant n'a pu m'éclairer. Et si jamais je rencontrais une âme amicale ou aimante, je me retrouvais soudain emprisonnée dans un amour d'échange. Dans l'amour, il n'y a ni échange, ni partage. Dans le mariage, la famille, etc., il y a des devoirs, des échanges – mais ni dans l'amitié ou l'Amour. Je te donne une illustration. Imaginons un héros homérique, Hector, ou alors un philosophe, Socrate : choisis qui tu veux. On ne pourrait, je pense, s'empêcher de l'aimer. Mais est-ce que, parce que nous l'aimons, nous devrions penser et attendre qu'il nous aime en retour ? Ou qu'il partage avec nous un moment de sa journée, voire de sa vie ?

1. Sans objet (note de M. C.).
2. Ainsi Attar, Roumi, Héraclite, Socrate… Cf. *Confession d'un philosophe*, chap. XVII (note de M. C.).

Cela simplement parce que nous lui vouons un amour, même inconditionnel ? Ce qui a fait que nous l'aimons, c'est lui ! C'est à lui que nous devons rendre grâce d'aimer, et non à nous de l'aimer ! Pourquoi notre bonheur serait-il plus grand s'il nous aimait comme on l'aime ? Première question : sommes-nous aussi aimable que lui ? Deuxième question : l'échange d'amour est-il nécessaire à l'Amour ?

Si, à la première question, nous ne pouvons répondre « oui », nous pouvons tout de même nous dire que nous avons eu la grâce de le percevoir tel qu'il est, et, de ce fait, de pouvoir aimer et l'aimer. Car certains peuvent passer devant des êtres tels que ceux-là, et ne s'apercevoir de rien (qui est le plus à plaindre finalement ?). Par contre, s'il y a échange d'amour, cela doit ressembler au miracle du printemps lorsque le soleil et la terre se rejoignent, ou lorsque Roumi et Shams se rencontrent[1]. C'est une grâce pour l'un et pour l'autre de se retrouver[2]. Il en est comme, en d'autres circonstances, de deux guerriers homériques qui se rencontrent sur le champ de bataille : même ennemis, la rencontre est bienvenue, car ils sont faits de la même nature exaltée !

Il n'y a pas lieu d'exiger de celui que l'on dit aimer, ni d'échanger ou de partager avec lui, ni de lui dire : « Accorde-moi… » Quand on aime, on est libre, et l'autre est libre. C'est en êtres libres que l'on se rencontre et que l'on s'aime, que l'on s'Aime… comprends-tu ? Cela ressemble à l'amour pour Dieu. Bien sûr, nous sommes aussi des êtres concrets, et nous souhaitons, nous voulons, nous désirons ; alors nous souffrons, nous nous vexons, nous sommes déçus. J'ai du mal, moi aussi quelquefois, alors que je *sais*. Et quelquefois, je m'embrouille aussi, alors que je

---

1. Roumi (1207-1273) est le nom donné par les étrangers à Mowlânâ, « notre maître », dont le nom est Mohammad, le surnom Djalâl-od-din. Il avait reçu l'éducation d'un soufi. C'était un austère prédicateur et mollah lorsque, le 29 novembre 1244, il rencontra un derviche sexagénaire, vêtu de feutre noir, anonyme et inconnu, qui n'était autre que Shams-od-din, originaire de Tabriz. Cette rencontre fait de Roumi un autre homme. Il abandonne la chaire, l'enseignement, la direction des fidèles. Une coupe de vin à la main, il danse l'ivresse éternelle de la Vérité. Amoureux fou, il devient un poète extraordinaire qui remplace la prière par le son et le rythme du *daf* (tambour sur cadre) et du *ney* (flûte), et célèbre la danse spirituelle, le *samâ* (note de M. C.).
2. De se reconnaître comme « faits de la même nature exaltée » (note de M. C.).

sais. Mais lorsque je reconnais la véritable nature des choses, alors ma souffrance je la traverse aussi rapidement que possible – avant de m'y noyer ! Si un sujet nous émeut au point de se trouver à l'aimer, c'est un don : pourquoi lui en demander plus, ou pourquoi attendre de lui qu'il répète, pour notre bon plaisir, l'instant du ravissement ? Pourquoi pas plutôt *être* ! c'est-à-dire ressembler à ces êtres qui nous ravissent le cœur et l'esprit, pourquoi ne pas alors entrer dans leur monde ! ?

Moi, j'y songe sérieusement, tu sais. Un jour, je trouverai la clé et la porte de ce monde, et je suis certaine de découvrir le plus merveilleux des jardins. Et je ne me lasse pas de le chercher (ici, sur terre), ce « paradis » – car, en persan, paradis et jardin sont un même mot !

Je t'embrasse,

Émilie

P.-S. Je suis heureuse que tu songes à revenir, et même à rester, en Corse. Pour la simple raison que je te sais heureux ici – comme j'ai toujours pensé, depuis 2001, que tu le serais.

$\mathcal{D}$E MONTEVIDEO, le 10 avril 2008, Marilyne m'a adressé la lettre suivante :

Cher Marcel,

[…] Je préfère aujourd'hui vous répondre plutôt que de vous parler de la vie que je mène ici.

Je crains les adjectifs qui n'expriment rien en voulant trop dire, me méfie des adverbes pompeux qui croient renforcer la parole trop faible ; en somme, mon ami, qu'écrire qui ne sonne pas pathétique ? Question rhétorique s'il en est, au vu de ma réaction à la lecture de votre lettre – qui, je dois l'avouer, non pas avec honte mais avec timidité, m'a émue à un point que je n'eus pu soupçonner au moment même où j'ouvrais l'enveloppe, ravie de recevoir votre réponse. En effet, elle m'émut jusqu'aux larmes, qui ne cessèrent guère qu'après avoir lu la lettre de Julie, qui venait après celle d'Élodie.

Qu'est-ce qui m'aura fait pleurer ainsi ? Je m'attendais à ce que vous me contiez détails quotidiens et froids hivernaux, entretiens et conférences diverses – non que cela m'ennuie, bien au contraire, mais je me suis trouvée face à une lettre dans laquelle, effectivement, vous parliez de vous, comme vous ne l'aviez jamais fait peut-être, avec toute la simplicité et la candeur que j'avais pu deviner derrière vos sourires et rires enfantins qui donnent envie de vous enlacer, envie que le respect que j'ai pour vous – ce stupide respect qui trop souvent est masque de lâcheté – a toujours frustrée.

Dans cette lettre : le dénuement le plus complet, l'aveu du besoin d'amour, qu'il s'agisse de l'amour amoureux ou de l'amour amical, que tout être humain ressent, du plus désespérément romantique au plus raisonnable et sage – qui se dit (et se croit peut-être) au-delà de toute considération sensible, seul l'intellectuel revêtant de l'importance à ses yeux. L'homme s'en remet à la nature, silencieuse et fidèle amie, pour oublier et s'oublier à la réflexion ; cependant, même ainsi, comment échapper à la réalité plus crue et plus complexe des relations humaines ? Vous m'avez dit un jour que j'étais celle qui ramenait vos pieds sur terre, lorsque la philosophie les faisait s'élever un peu trop. La beauté s'offre à nous sous divers visages : la forme d'une pensée philosophique presque trop bien formulée, la fleur qui n'a pas encore souffert l'effet ternissant de l'âge, une beauté triste, celle de femmes au visage gris, la chanson du cheminot et de la femme aux oiseaux de l'inoubliable Mary Poppins, un baiser d'amis, un baiser d'amants.

… À me rendre compte finalement, que je n'en suis pas la destinataire par hasard, mais parce que vous avez considéré l'amitié que vous porte une jeune femme de vingt-trois ans comme capable non seulement de comprendre, mais aussi de répondre à ce que vous vous êtes risqué à m'écrire, et dont vous ne voulez parler à Émilie ou à Élodie, de peur de porter ombrage à l'amitié qui vous lie. Pourquoi alors cette confiance en moi ? Nous nous connaissons, oui, mais comme dit Julie [cf. *supra*, chap. LVI], si peu en somme, et j'ai senti dans votre lettre que vous m'aimiez au-delà des conventions, des conditions et des mystères dont chaque vie est faite, de façon irraisonnée et irrationnelle. Or, cet amour, je voudrais m'en savoir digne, cette estime, je voudrais l'avoir pour moi : c'est cela, peut-être, qui m'a fait pleurer avec des sanglots typiques de mélodrame, que j'aurais voulu taire, des sanglots d'enfant désemparée devant une autre – énième – forme de beauté.

Je ne suis pas idéaliste, malheureusement ou heureusement, et en ce qui concerne l'amour, j'ai mes réserves, que certaines de mes amies jugent trop grandes, mais que Julie partage. Je ne crois pas à l'amour d'une vie et ne tiens pas à me marier un jour, mais je crois en l'amour, car j'ai aimé et l'on m'a aimée, et malgré les souffrances que l'amour amoureux peut parfois infliger, je recommencerai, avec toujours ce même scepticisme que j'aime à appeler réalisme et qui sauve des désamours les plus cruels. Je me rappelle avoir écrit, au détour d'une rue, il y a de cela deux ans, alors que j'étais en Uruguay : « J'aime l'Uruguay et j'aime Fabian de cet amour qui fait trop mal quand on y pense. » C'était maladroit, candide, mais j'exprimais littéralement ce que je ressentais, à un mois de mon départ de Montevideo. Je ne sais plus si je vous ai dit, cher Marcel, que je me suis séparée de mon « humain de cœur », comme vous l'appeliez, il y a quelques mois, et que nous sommes à présent en très bons termes. Vous vous demandez si nous – vos amies – pouvons comprendre votre frustration face à ce que vous n'avez pas connu ; ma réponse ne peut être que « oui ». Je pourrais vous dire que l'être humain ne se satisfait jamais de ce qu'il a, que de là vient votre frustration. Cependant, dans le cas présent, il s'agit d'amour, non de cheveux frisés ou lisses, ou d'une maison à la campagne ou à la mer ; or, à l'amour, tout être humain a droit, les plus beaux comme les plus laids, les plus intelligents comme les plus ignorants : et s'il ne vous a pas été donné, ou plutôt si vous n'avez pu connaître l'amour réciproque, c'est précisément, ainsi que vous l'avez souligné, parce que vous avez privilégié votre travail, avez préféré votre passion à vos amours, vous privant ainsi plus que tout homme des joies et aléas de l'amour. La frustration de n'avoir pas connu quelque chose grandit en importance lorsque ce quelque chose est, de fait, connu par la grande majorité des êtres humains.

Reste de l'amour ce baiser, symbole d'amitié dans ce cas, et que vous n'osez demander à Élodie ou à Émilie, de peur qu'elles ne vous comprennent [mal] et interprètent mal votre souhait. Je ne doute pas, après avoir lu sa lettre [cf. *supra*, chap. XXXVI], de l'amitié que vous porte Élodie ; cependant, je comprends vos hésitations et ne pourrais vous dire en toute franchise de lui faire part de vos pensées, craignant moi-même qu'elle ne refuse. Il est plus facile

de s'expliquer par écrit [comme nous faisons] qu'oralement, et la
jeune femme, que par ailleurs je n'ai jamais connue, pourrait trouver cette requête – qui me paraît des plus justifiées après la lecture
de votre lettre – étrange, voire déplacée.

[…] « Vivre, c'est essayer », disait le narrateur du dernier roman que j'ai lu. Je passe mon temps à essayer, à me chercher ;
mais dans chacune de mes tentatives, ce qui jamais ne se meut,
à part ma famille, ce sont mes amitiés, celles d'hier et d'aujour-
d'hui – amis qui attendent le jour de mon retour et me récla-
ment, d'autres qui redoutent ce même jour. L'amitié est trop
précieuse pour lui refuser un don, elle est PASSIONNELLE, mais
de ces passions qui durent, et si jamais elle vient à se briser, la
douleur est plus intense et plus durable que celle que provoque
le désamour.

Ainsi que je l'écrivais plus haut, j'ai lu la lettre d'Élodie, dont le
lexique m'a paru au début trop recherché pour exprimer l'Amitié, mais dont la beauté et la simplicité finales me séduisirent et
me convainquirent de sa grande intelligence. Elle m'émut,
comme la vôtre, et je me pris à penser que je devais être fatiguée
ou particulièrement sensible, me souvenant que les paroles de
mon père : « En tout cas, ta mère t'a trouvée très belle », m'avait
aussi émue quelques heures auparavant, alors que je parlais avec
lui par téléphone.

Il manquait la lettre de Julie, Julie qui toujours me fait non
seulement sourire mais aussi rire dans les moments les plus désagréables, qui admire mes choix, et tente de renforcer mon
amour-propre chaque fois qu'il en a besoin, Julie la passion-
nante et la passionnée, Julie l'extravagance et la clairvoyance,
l'insécurité injustifiée, l'intelligence au masque de légèreté, Julie que l'on aime ou que l'on hait. Que j'aime, parce qu'elle ne
me laisse pas le choix.

Julie voit clair, s'exprime habilement, procède presque à un commentaire de texte philosophique en quelques lignes où je reconnais sa façon d'écrire, si particulière, si belle et si dense.

De la même façon que vous m'avez fait lire ces deux lettres, j'ai
senti la nécessité de partager cette correspondance avec un ami
qui, je le savais, allait les apprécier comme il se devait, ou comme
je considérais qu'il se devait. Le sacré d'une lettre tient tant dans

sa rédaction que dans sa lecture ; elle perd de sa valeur si son auteur manie le style comme il manierait un balai, ou si son destinataire la lit sans y prêter plus d'attention qu'à la rubrique cuisine de son magazine préféré. Au-delà de la signification même de votre lettre, de ces lettres, je me sentis si près, me sachant si loin ! trois lettres qui ne parlent pas pour parler, trois lettres qui pensent, sur l'amitié, sur nos amitiés, sur notre amitié.

Je [...] vous embrasse de tout mon cœur, et avec toute l'amitié que je vous porte.

Marilyne

Table

Achevé d'imprimer en mai 2009
sur les presses de l'imprimerie Chirat
42540 St-Just-La-Pendue,
pour le compte des Éditions Les Belles Lettres
collection « encre marine »
selon une maquette fournie par leurs soins.
Dépôt légal : mai 2009 - N° 5620
ISBN : 978-2-35088-013-6

catalogue disponible sur :
http : //www.encre-marine.com